Helmut Dumler

Wanderungen in Schweden

38 Wanderungen mit den Weitwanderwegen Kungsleden und Padjelantaleden sowie den Inseln Gotland und Öland

Mit 90 Farbfotos, 38 Kartenskizzen zu den Touren und einer Übersichtskarte

Bruckmann

Einband-Vorderseite:
See nördlich von Rättvik in Dalarna, Mittelschweden.
(Foto: Hans Jürgen Sittig, Heckhuscheid)

Einband-Rückseite:
Typisches schwedisches Holzhaus in Häradsbygden bei Leksand, Provinz Dalarna.
(Foto: Hans Jürgen Sittig, Heckhuscheid)

Seite 2/3:
Der kleine Fischerhafen Gräsgård an der südlichen Ostküste von Öland, der 140 Kilometer langen »Insel voller Sommer«.

Eine Produktion des Bruckmann-Teams, München
Umschlaggestaltung: Uwe Richter
Lektorat: Jutta Hemminger, Marianne Faiss-Heilmannseder, München
Layout und Herstellung: Bettina Schippel

Gedruckt auf chlorfrei gebleichtem Papier

Die Deutsche Bibliothek – CIP-Einheitsaufnahme

Dumler, Helmut:
Wanderungen in Schweden: 38 Wanderungen mit den Weitwanderwegen Kungsleden und Padjelantaleden sowie den Inseln Gotland und Öland/Helmut Dumler. – München : Bruckmann, 1996
(Erlebnis Wandern)
ISBN 3-7654-2828-0

Gesamtherstellung: Bruckmann, München
Druck: Gerber + Bruckmann, München
Printed in Germany
ISBN 3-7654-2828-0

Inhalt

Schier unendlich…

Dieses Gefühl fesselte mich diesseits und jenseits des Polarkreises. Auf Wanderungen an den Küsten, im Binnenland, im Fjäll, in entlegenen Samensiedlungen, im unwirklichen Licht der Mitternachtssonne. 2000 Kilometer liegen zwischen Malmö im Süden und Kiruna im lappländischen Norden. Schweden ist 486661 Quadratkilometer groß: 7 Prozent sind Kulturland, 50 Prozent Wald, der Rest besteht aus Gewässern (75732 km^2), Heiden, Mooren, Gebirgen, 5347 größeren Fließgewässern. Die Wermutstropfen im Becher: Waldsterben; und von den rund 96000 Binnenseen sind 20000 »sauer«. Nicht hausgemacht, denn 75 Prozent aller Immissionen – giftige Schwefeldioxide und Stickstoffe – tragen die Winde von außerhalb heran, hauptsächlich von England. Ganz zu schweigen von der atomaren Verseuchung Lapplands durch Tschernobyl, von der sich das davon am stärksten betroffene samische Volk wirtschaftlich nur ganz langsam erholt.

Bei 8,8 Millionen Einwohnern, von denen 85 Prozent in größeren Städten der mittleren und südlichen Landesteile leben, kommen statistisch gesehen 20 Menschen auf einen Quadratkilometer, in Deutschland 222. Schweden besitzt etwa 9600 Kilometer Küsten, 5460 Kilometer staatliche Wanderwege sowie 2500 Kilometer Anschlußpfade.

Nüchterne Zahlen! Man vergißt sie in der Weite des Landes, im Dämmerlicht zwischen Tag und Traum. Zwar lästern fast alle Schweden über ihren Staat, setzen seine Steuerschrauben mittelalterlichen Folterwerkzeugen gleich und bezichtigen ihn Orwellscher Methoden. Doch im Prinzip ist die Mehrheit stolz auf ihr Land und ihre Nation – zu Recht. Kein Wunder also, daß die meisten Schweden ihren Urlaub oder die Ferien mit den Kindern im eigenen Land verbringen. Neuerdings auch wegen der persönlichen finanziellen Situation, bedingt durch den EU-Beitritt.

Die Zahl ausländischer Touristen wächst kontinuierlich, nicht allein aufgrund der mittlerweile relativ günstigen Preislage. Inseln aus Wind und Sonne, Salzgeruch in der Luft. So ruhig wie die Berge, die Ströme, Seen und Wälder ist das ganze Land, sich im Norden kontrastreich steigernd zwischen scheinbar unendlicher Wildnis und dünner, dennoch vitaler Zivilisation. Für Mitteleuropäer ist dies eine ganz andere Welt, eine Welt, in der sie, Dichte und Lärm entfliehend, regenerieren und vielleicht lernen, was Stille und Einsamkeit heißt, was Ursprung und Erhalten wert sind. In diesem Sinne appelliert die Samin Mari Boine an ihr Volk. Sie muß überall gehört werden!

Höre Bruder
Höre Schwester
Höre die Stimme der Vorfahren
Warum läßt du die Erde leiden
vergiften und peinigen
Höre Bruder
Höre Schwester
Höre die Stimme der Vorfahren
Die Erde ist unsere Mutter
Nehmen wir ihr das Leben
sterben wir auch

Helmut Dumler

Eines der ungezählten Ferienreviere am Wasser, wo sich jeder Schwede eine »sommarstuga«, das Holzhaus in der Natur, erträumt.

Südschweden

1 Nationalpark Stenshuvud

Das Steinerne Haupt an der Ostsee

Tourencharakter: Unschwierige Rundwanderung. Badegelegenheit am Sandstrand.
Ausrüstung: Leichte Kleidung; festes Schuhwerk ratsam.
Beste Jahreszeit: Frühsommer bis Herbst.
Reine Gehzeit: Nicht ganz 1¾ Std.
Weglänge: 6 km.
Markierungen: Wegweiser; rote Farbzeichen.
Steigungen: 100 m.

Der mächtige, vor 400 Millionen Jahren dem Meer entstiegene skandinavische Urgesteinsschild Linderödsåsen, der etwa die Hälfte von Skåne (deutsch = Schonen), das südlichste Schweden, bedeckt, bäumt sich im Südosten, im Apfelland Österlen, ein letztes Mal auf, ehe er steil in der Ostsee versinkt. Dieses Finale heißt Stenshuvud, das 97 Meter hohe Steinerne Haupt aus rötlichem Granit, Sagenreich von Riesen und Trollen. Auf dem Sediment drum herum ließ das schmelzende Inlandeis vor 13000 Jahren eine Schicht Blockschotter zurück, in dem erst seit den dreißiger Jahren dichter Laubwald wurzelt, hauptsächlich Hainbuchen, Eichen, Eschen, Buchen, daneben Hasel, Linde, Hängebirke. Vorher bildete das Gebiet halboffenes Weideland, unterbrochen von kleinen Äckern.

Da zwischen Skåne und dem Kontinent vor ungefähr 8000 Jahren, als das Klima wärmer war, eine Landverbindung bestand, wanderten Zauneidechsen ein, hellbraun gefärbte, ungiftige Schlingnattern, Haselmäuse; letztere bauen ihr Kugelnest im Gebüsch bis zu zwei Metern über dem Erdboden.

Angesichts der kostbaren biologischen wie geologischen Gegebenheiten an der Ostküste Skånes entstand 1986 auf einer Fläche von 3,9 km^2 der Nationalpark. Sein Areal birgt 450 Arten von Gefäßpflanzen. Bereits 1749 registrierte der Småländer Naturhistoriker Carl v. Linné an botanischen Raritäten den Glänzenden Storchschnabel (Geranium lucidum), das Spring-Schaumkraut (Cardamine impatiens) sowie die gelbe Felsen-Fetthenne (Sedum reflexum). Sie sind

Ausblick vom Ostgipfel des Stenshuvud südwärts über die Ostseeküste, ungefähr in Höhe der dänischen Insel Bornholm.

noch heute vertreten, zusammen mit einer raren Zwergmispel (Cotaneaster niger), dem Erdbeer-Fingerkraut und dem Gefleckten Johanniskraut. An lichten Plätzen wachsen Echte und Nickende Kuhschelle, Große Graslilie, Sand-Strohblume; Küstennähe bevorzugt das distelähnliche Strand-Mannstreu. Von den zahlreichen Orchideen sind die bräunliche Nestwurz ohne Blattgrün, das kerzenförmige Große Zweiblatt, Brand- und Salep-Knabenkraut hervorzuheben.

Der Wegverlauf

Links des **Besucherzentrums** gehen wir in den Wald. Rechts altert eine mehrstämmige *Rotbuche.* Geradeaus ansteigend kommen wir zum Steinwall der im 5./6. Jahrhundert gefügten *Befestigungsanlage* (Fornborg), wohin die Ureinwohner in den Wirren der Völkerwanderung und fortan, bis etwa 1050, bei Gefahr flüchteten.

Wenige Minuten später empfängt uns der *Südgipfel* (Södra huvudet) des **Stenshuvud:** erste Aussichtswarte auf der gewölbten Stirn des »Hauptes«. Prächtiger sind die Blicke vom *Ostgipfel* (Östra huvudet), besonders über den südlichen Küstenstrich. Der nahe, vollkommen felsige **Nordgipfel** (Norra huvudet) – mit 96,9 Metern höchster Punkt des Stockes – breitet den nördlichen Ufersaum vor dem Beschauer aus.

Auf dem Herweg kurz zurück, dann geradeaus bzw. rechts abwärts auf Holzstiegen. Rechtshaltend zu Füßen der Felsen. Links des Weges modert feuchtes Gelände, in welchem der Falsche Dornfarn Nährboden findet und Ende Mai das Maiglöckchen blüht; im Juli verbreitet die Waldheckenkirsche ihren Duft.

An der Gabelung links halten. Beiderseits des sandigen Weges stehen Scheinzypressen, Vertreter der größten nordamerikanische Zypressenart. Sie wird in ihrer Heimat bis 60 Meter hoch.

Am Parkplatz in **Hällevik,** am Nordrand des Nationalparks, unterrichtet eine Informationstafel in deutscher Sprache. Wir wenden uns nach rechts und kurz danach rechts in den Wald. Nun beginnt der mit 47 Hinweistafeln ausgestattete **Natur-Lehrpfad.**

Nach der Lehrpfad-Runde geht es von *Station 33* (Eibe) weiter Richtung Krivareboden. Von einer Wiesenlichtung zeigt sich der Stenshuvud. Bald führt links ein Stichweg zum weißen, 1916 für die Aalfischer errichteten **Leuchtturm** bei den von Grün- und Braunalgen überzogenen Strandfelsen – ein empfehlenswerter Rastplatz. Vom Besucherzentrum knapp 1¼ Stunden.

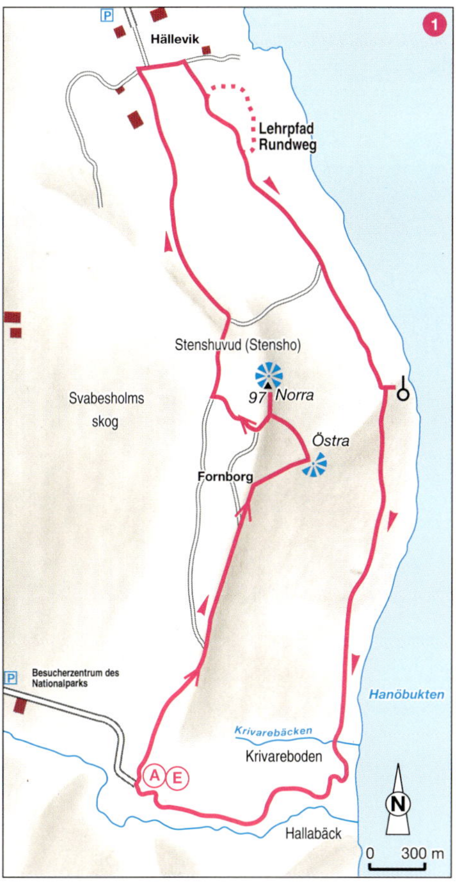

Anschließend wandert man auf abwechslungsreichem, steinigem Weg durch wildromantische Felsszenerien, ehe man sich vor der Wacholderwiese (bronzezeitliche Gräberspuren) links hält. Schlehdorn, Weißdorn und Heckenrosen bereichern das Strauchwerk. Ein Neuntöter fliegt aus dem Gebüsch. Er frißt bevorzugt Wespen. Am feinen, im Sonnenlicht goldgelben Strandsand leckt die Ostsee. Brandseeschwalben segeln ästhetisch durch die Luft, lassen sich vom Wind wiegen.

Wir erreichen **Krivareboden.** Eine der Hütten ist reetgedeckt. Hier hat die Aalfischerei seit dem 18. Jahrhundert Etikette. Auf den Holzgestellen wurde früher das Heu für Viehfutter getrocknet.

Vom *Wasserbunker* rechtshaltend steigen wir mäßig bergan zum **Parkplatz**. Hier führen Panoramabilder die kulturelle Entwicklung des Stenshuvud begreiflich vor Augen und vertiefen dadurch das Gesehene und Erlebte nachhaltig in der Erinnerung.

Nützliche Informationen

Anfahrt: Den Beschilderungen »Nationalpark« folgen. Das Zufahrtssträßchen (2,5 km) zweigt bei den Häusern des 1660 gegründeten Staatsgutes Svabesholm zwischen Kiwik (3 km) und Simrishamn (15,5 km) östlich ab zum großen Parkplatz des Besucherzentrums. Keine Busverbindung; nächste (3,5 km) Haltestelle bei Mellby. Nächster Bahnhof Simrishamn.
Ausgangspunkt: *Besucherzentrum* (Naturum, Kiosk) des Nationalparks; 1.4.–12.6. Montag bis Freitag 10–16 Uhr, Samstag/Sonntag 10–18 Uhr, 13.6.–14.8. täglich 10–20 Uhr, 15.8.–30.9. 10–16 Uhr.
Gehzeiten: Insgesamt knapp 1¾ Std. Parkplatz – Stenshuvud-Nordgipfel 20 Min. Nordgipfel – Hällevik 20 Min. Hällevik – Naturlehrpfad ¼ Std. Naturlehrpfad – Leuchtturm ¼ Std. Leuchtturm – Parkplatz ½ Std.
Unterkunft und Verpflegung: *Privatzimmer* (Bed & Breakfast) an der Straße Simrishamn – Kivik. • *Kivik* (nordwestlicher Stadtrand): Ängdala Vandrarhem, Badestrand, Selbstversorger, Frühstück; 1.5.–1.9.; Tel. (0414) 74079, 73147. Restaurant-Hotel Värsdshus

Leuchtturm und reizvoller Rastplatz im rötlichen Urgestein der Küste, am Rückweg von der Überschreitung des Stenshuvud.

(am Markt); Tel. 71020, 70050. • *Simrishamn*: Traditionsreiches Restaurant-Hotel Swea (Strandvägen 3); Tel. (0414) 11720. Kockska Gården (Storgatan 25) in einem der ältesten Fachwerkhäuser der Stadt; Tel. 11755. Vandrarhemmet Stjärnevallen, 8 km außerhalb; 11.6.–14.8.; Tel. 25182. Gula Huset vid Pumpen (Stora Norregatan 14) im entzückenden ehemaligen Handwerkerviertel; Tel. 10209. Hamnkrogen Maritim (am Hafen), gutes Fischrestaurant. Måns Byckare (Storgatan 8), angeblich eine der zwölf besten Kneipen Schwedens. Pizzerien.
Camping: *Vitemölla* (1 km nordwestlich von Kivik): Einfacher Platz; 1.5.–31.8.; Tel. (0414) 70930, 21076. • *Tobisviks* (bei Simrishamn, 18 km vom Besucherzentrum, östlich der Straße): Auch Hütten, Sandstrand, ganzjährig; Tel. (0414) 19298, 11905. • *Borrbystrand* (5 km nördlich von Simrishamn): Ganzjährig; Tel. 19000.
Andere Wanderung: Vom Südrand des Parkplatzes (hölzerner Überstieg) 3,3 km langer, gut beschilderter und markierter (rot) Rundweg über den *Kortelshuvud* (80 m), den zweiten exponierten Felsgipfel im Nationalpark.
Sehens- und Wissenswertes in der Umgebung: *Königsgrab von Bredarör*: In Kivik der Beschilderung »Kungagraven« folgen; 1.5.-1.9. 10–18 Uhr. Schwedens größtes Rollsteingrab, bemerkenswertestes Steingrab Nordeuropas aus der frühen Bronzezeit (um 1400 v. Chr.). Möglicherweise Grabstätte eines östlichen Herrschers, denn die Motive der (neuzeitlich farbig ausgelegten) Ritzungen an den Felsplatten der Gruft sind für Schweden einmalig. Wissenschaftler deuten

sie als Begräbniszeremonien, d.h. als Gang des Verstorbenen in das Totenreich, dessen Symbol wohl der letzte Stein sein soll. Einkehr in Sågmöllans kaffestuga, ehemalige Mühle beim Königsgrab. • *Kivik*: Marknad, Schwedens verruchtestes Volksfest, Mitte Juli an zwei Tagen rund um die Uhr, etwa 100000 Besucher, populär geworden durch Fritiof Nilssons Buch »Bombi bitt jag«. • *Simrishamn*: Fischerstädtchen, 6000 Einwohner. Dänisch anmutendes Zentrum mit pastellfarbenen Häusern zwischen Hafen und Nicolai-Kirche; 1.6.–20.8. Montag bis Samstag 10–18 Uhr, Sonntag 12–18 Uhr. Die Kirche stammt aus der Zeit vor 1150 (Chor), Langhaus und Taufstein 13. Jh., Turm 15. Jh. Sommers ruft die »Kinderglocke« um 21 Uhr nach Hause. Vor der Kirche, auf dem ehemaligen Friedhof, die »Drei Schwestern«, Teilreplik einer großen Auferstehungsgruppe, die Carl Milles 1950–1952 für den National Memorial Park in Falls Church bei Washington schuf. Österlensmuseet (Storgatan 34) neben dem 1848 errichteten Getreidemagazin Hafreborg im vierflügeligen Fachwerk-Kaufmannshof Björkegren; u.a. größte Sammlung bemalter Bauernschränke Schwedens; 1.4.–10.6., 15.8.–25.9. 13–16 Uhr, 17.6.–14.8. Montag bis Freitag 11–18 Uhr, Samstag 11–16 Uhr, Sonntag 13–16 Uhr. • *St. Olof* (12 km südwestlich des Nationalpark-Besucherzentrums): Eine der berühmtesten Wallfahrtsstätten Skandinaviens, zu Ehren des norwegischen, 1030 im Alter von 24 Jahren bei Stiklastad erschlagenen, seiner gewaltsamen Christianisierungsmaßnahmen wegen heiliggesprochenen Königs Olof. Die Kirche (geöffnet 15.5.–15.9. täglich 8–19 Uhr) entstand auf einer »Wunderquelle«, an welcher der Regent gelagert haben soll. Wandmalereien des 13.Jh., fünf gotische Schnitzaltäre, im Hauptaltar eine Skulptur St. Olofs. Mit der abnehmbaren Silberaxt strich man früher neunmal über einen kranken Körper, um ihn zu heilen.
Auskunft: Turistbyrå, Tullhusgatan 2, S-27231 Simrishamn; Tel. (0414) 16060.
Wanderkarte: Kartenblatt 1:10000; erhältlich im Besucherzentrum. Auf dieser Karte ist auch der Rundweg über den Kortelshuvud eingezeichnet.

2 Bohuslän an der Westküste

Die Felszeichnungen von Tanum

Tourencharakter: Kurze Spaziergänge, die bei eingehender Würdigung des Sehenswerten einen Tag in Anspruch nehmen. Zum besseren Verständnis vorher das Museum in Vitlycke besichtigen; Informationsmaterial, Schrifttum.
Ausrüstung: Leichte Kleidung.
Beste Jahreszeit: Mai bis Herbst.
Reine Gehzeit: Zusammen etwa ½ Std. Für den Vitlycke-Pfad 20 Min.
Weglänge: Etwa 2 km.
Markierungen: Beschilderungen.
Steigungen: Etwa 50 m.

Die Provinz Bohuslän erstreckt sich auf einer Fläche von rund 5000 Quadratkilometern am Skagerrak, etwa 160 Kilometer zwischen Göteborg und der Grenze Norwegens, zu dem sie Anfang des 17. Jahrhunderts gehörte. Vor dieser Zeit, insbesondere während des Hoch- und Spätmittelalters, war Bohuslän Zankapfel zwischen Norwegen, Dänemark und Schweden. Bohus hieß jene heute noch gut erhaltene Festung, die Norwegen 1308 bei dem damals 300 Jahre alten Handelsplatz »Kongahälla«, dem heutigen Kungälv, nördlich vor den Toren Göteborgs hingestellt hatte.

Meereswogen brechen sich an zahllosen, von Jahrmillionen gestalteten Schärenschnipseln, krachen an steile, kahle, zerrissene rotbraune Klippen der flach gewölbten, schrundigen Granitkuppen und schaukeln in entlegene Sandbuchten. Holzhäuser, dichtgedrängt kauernd, geben der herben Schönheit fröhliche falunrote und warme gelbe Farbtupfen. Dieser Küstenstrich gehört zu den Domänen, in denen sich jeder Schwede eine »sommarstuga«, das naturnahe Holzhäuschen, erträumt. Ersatz sind Wohnwagen und Freizeitboot am Wasser.

Die Felszeichnungen von Fossum stellen die nach Vitlycke aussagekräftigsten und dichtesten Motive der »Schatztruhe« Tanum dar.

Die Geheimnisse der Felsritzungen

Bohuslän im Kleinformat stellt die Gemeinde Tanum dar, die größte (919 km^2) der Provinz. Ihren Ruhm begründeten, neben der reizvollen Küstenregion, die 1994 von der UNESCO zum Weltkulturerbe erklärten Felsritzungen: Mit 1200 Abbildungen ist Bohuslän eine der reichhaltigsten Schatztruhen Europas. Als die »Zeichnungen« entstanden – während der Bronzezeit, etwa 1500 bis 500 v. Chr. –, sind bereits Handelsverbindungen mit dem Kontinent und England verbürgt. Das Klima war wärmer, der Wasserstand ungefähr 15 Meter höher. Er reichte bis zu 10 Kilometer ins Hinterland, so daß man sich die Felsritzungen sowie die anderen prähistorischen Stätten teilweise in Meeresnähe vorstellen muß.

Die Zeichnungen waren ursprünglich wohl farbig. Ihre rostrote Auslegung stammt aus jüngerer Zeit, um die Bilder an den glatten Platten des Bohusgranits deutlicher hervorzuheben. Das Ritzen geschah mit sehr harten Steinwerkzeugen. Für ein »Näpfchen« benötigte man, wie Rekonstruierungen ergaben, 2 Stunden.

Sobald prähistorische Menschen seßhaft zu werden begannen, nachdem nicht mehr Jagd und Fischfang ausschließlicher Erwerb waren, sondern sie anfingen, Ackerbau (Weizen, Hirse, Hülsenfrüchte) und Viehzucht (Pferde, Rinder, Schweine, Schafe) zu treiben, Handwerke ausübten, den Karren konstruierten, schließlich Häuser bauten und Privatbesitz konsolidierten, entwickelte die Gesellschaft zugleich eine symbolische, für uns magische Bildersprache aus Gravur und Ausdruck, möglicherweise unbewußt als eine Art Existenzdokumentation. Dies waren die ersten Schritte hin zu höheren Kulturstufen. Doch was brachte dieser »Fortschritt« letztendlich der Menschheit? 1995 schrieb Tanum einen Wettbewerb zum Schutze der durch die Luftverschmutzung bedrohten Felszeichnungen aus ...

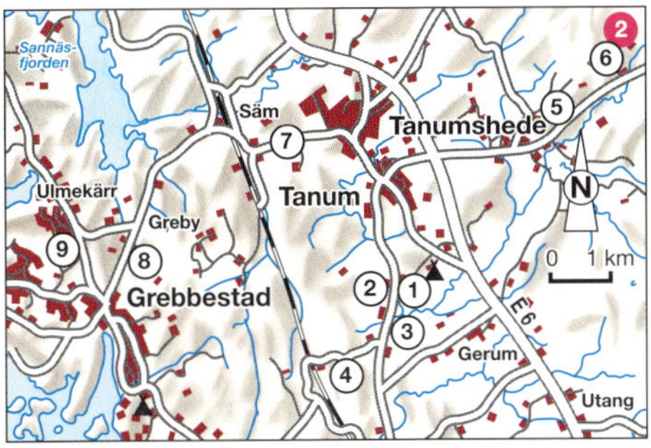

① ***Museum Vitlycke,*** ② ***Große Platte und Vitlycke-Pfad,*** ③ ***Hällristningar Aspeberget,*** ④ ***Hällristningar Litsleby,*** ⑤ ***Hällristning Fossum,*** ⑥ ***Hällristningsmuseum Underslös,*** ⑦ ***Gånggrift »Ludesten«,*** ⑧ ***Greby gravfält,*** ⑨ ***Labyrint Ulmekärr***

Der Wegverlauf

Beim **Besucherzentrum Vitlycke** die Straße überqueren und zur **Großen Platte** (22×5 m), an der vor allem die unterschiedlichen Typen bemannter und unbemannter Schiffe auffallen. Die pikanteste und meistinterpretierte Abbildung befindet sich am oberen Rand: das im Geschlechtsverkehr vereinte sogenannte »Liebespaar«; links davon eine größere Person mit erhobener Streitaxt (oder Hammer). Höchstwahrscheinlich handelt es sich dabei um eine geschlossene Szene. Sie wird unter dem Motto »Thors Segnung des Brautpaares« erklärt, bezugnehmend auf die germanisch-nordische Mythologie, nach welcher der Hammerschlag Thors, des Donner-Gottes (deshalb auch Donar) und Hauptgottes der Norweger und Isländer, die Fruchtbarkeit der Geschöpfe und der Erde erweckt hatte. Für Fruchtbarkeit steht vermeintlich auch das Motiv eines Vaters, dem sechs kleine Kinder folgen. Geritzte Fußabdrücke pointieren hypothetisch die unsichtbare Anwesenheit einer Gottheit.

Kurz zurück, nach der Informationstafel rechts ansteigen (Holzstufen) und dann den

Das Freilichtmuseum im Besucherzentrum Vitlycke bei Tanum ergänzt bzw. vervollständigt die bronzezeitlichen Felsritzungen und Funde der Umgebung.

Große Platte von Vitlycke. Das sogenannte »Liebespaar« wird als »Thors Segnung des Brautpaares« interpretiert und ist Bestandteil einer geschlossenen Szene.

blassen rot-weißen Markierungen des **Vitlycke-Pfades** folgen. Den Ritzungen fehlt zwar die Attraktivität der Großen Platte, dafür sind im Hangwald kaum Leute. Muße also, 3000 Jahre Kulturgeschichte in aller Ruhe phantasievoll nachzuempfinden. In der Talmulde kräuselten sich die Wellen einer schmalen Meeresbucht, gesäumt von sumpfigen Wiesen. Möglicherweise gab es hier früher einmal eine Schiffslände. Die Menschen lebten in Stämmen organisiert, geführt von erfahrenen Häuptlingen. Der Urnenbeisetzung war die Körperbestattung der älteren Bronzezeit gewichen. Bei diesem Wandel dürfte sich auch die religiöse Geisteswelt geändert haben. Welche Gottheiten angerufen wurden und wie sie hießen, wissen wir nicht. In jedem Falle sind die steinernen »Nachrichten« von Tanum überwiegend kultspezifische Aussagen.

Nummern an Holzpflöcken kennzeichnen die interessanten Felsen am Vitlycke-Pfad. Bei 1 ist ein Schiff zu erkennen. Wenige Schritte danach rechts halten. Von Nummer 2 (Schiffe) links weiter, vorbei an Nummer 3 (Schiffe, Menschen, Tiere). 4 und 5 sind weniger ausdrucksvoll. Nummer 6: Schiff mit Besatzung. Kurz zurück, dann rechts zu einem Bogenschützen (Nr. 7) und zum Ausgangspunkt.

Nützliche Informationen

Anfahrt: Europastraße 6; von Göteborg 150 km. Bahnstrecke Göteborg – Strömstad. Busverbindungen.
Ausgangsort: *Tanum,* Ortsteil der Gemeinde Tanumshede (11 500 Einwohner) an der E 6 (Umfahrung). Gegenüber der Kirche (Durchgangsstraße) ein Runenstein aus der Zeit um 400 n. Chr.
Ausgangspunkt: *Vitlycke,* nördlich (2 km) der Tanum-Kirche. Großer Parkplatz. Bushaltestelle. Hällristningsinstitutet Tanum: Besucherzentrum (Gaststätte), Archäologisches Museum und kleines Freilichtmuseum mit rekonstruierten bronzezeitlichen Bauwerken; 1.4.–30.6. 10–17 Uhr, 1.7.–14.8. 10–18 Uhr, 15.8.–15.9. 10–17 Uhr. Leihweise Informationsschrift in deutscher Sprache.
Gehzeiten: Vitlycke-Pfad 20 Min.
Unterkunft und Verpflegung: *Tanumshede*: Wanderheim im Hotel Tanums Gestgifveri; Tel. (0525) 29010. Privatzimmer. Restaurant Källaren. • Sehr schön gelegenes *Hotel Tanum Strand,* auch Ferienhäuser; Tel. (0525) 19000.
Camping: *Tanums Camping,* hinter dem Freilichtmuseum Vitlycke, auch Hütten; 1.4.–30.10.; Tel. (0525) 20002. Weitere Plätze in Grebbestad und an der Küste Richtung Tanum-Strand.
Sehens- und Wissenswertes in der Umgebung: *Hällristningar Aspeberget*: Südlich (600 m) von Vitlycke, links der Straße; vom dortigen Parkplatz einige Min. Beachtenswert sind Abbildungen einer Reihe von Stieren, denen der Hirte folgt; außerdem ein

pflügender Mann sowie ein vierräderiger Pferdekarren. Die Schlange wird als Symbol einer Gottheit gedeutet. • *Hällristningar Litsleby*: Südwestlich (1,8 km) von Vitlycke, links der Straße. Herausragend im wahrsten Sinne des Wortes ist der »Große Mann« mit Speer, die größte (2,20 m) bisher bekannte Figur einer Felsritzung. Experten sehen darin einen Hauptgott, dessen Abbildung infolge einer Veränderung religiösen Denkens ab einer gewissen Zeit gestattet war (und über ältere Darstellungen geschlagen wurde), während vorher nur Fußabdrücke von seiner imaginären Anwesenheit kündeten. • *Hällristning Fossum*: Östlich (3 km) der Kirche in Tanum an der Straße 163; rechts Parkplatz. Schräg links, jenseits der Straße, sind die nach Vitlycke aussagestärksten Ritzungen. Sie dürfen, vermutlich innerhalb kurzer Zeit und von einem Künstler gefertigt, als eine Art Komposition gesehen werden: Schiffe, Kampf- und Jagdszenen (oder ritueller Tanz). • *Hällristningsmuseum Underslös*. • *Gånggrift »Ludeste«*: Westlich (1,2 km) von Tanumshede, links neben der Straße 163 (keine Hinweistafel) auf einer kleinen Kuppe. Kümmerliche Reste eines Ganggrabes der Jungsteinzeit (3200–2800 v. Chr.). • *Greby gravfält*: Nordöstlich (1 km) Grebbestad, südwestlich (6 km) von Tanumshede unweit der Straße 163. Das Zufahrtssträßchen (300 m) zum Parkplatz zweigt von der Straße 163 südöstlich ab. Faszinierender Friedhof aus der Völkerwanderungszeit (3.–6. Jh.), etwa 200 Gräber bzw. Grabhügel (Urnenbestattung) sowie zahlreiche Grabsteine. • *Labyrint Ulmekärr*: Nordwestlich (1,3 km) Grebbestad; Parkplatz an der rechten Straßenseite. An der linken Böschung über Stufen zum bronzezeitlichen, konzentrischen Labyrinth aus gelegten Steinen.

Auskunft: Tanum Turist, Stora Oppen 5, S-45791 Tanumshede; Tel. (05 25) 204 00; Montag bis Freitag 10–19 Uhr, Samstag 10–16 Uhr.

Speziell für die Felszeichnungen: Hällristningsmuseet Vitlycke, S-45700 Tanumshede; Tel. (05 25) 209 50.

Wanderkarte: Es genügt das gezeichnete Kärtchen im Buch. Zur Übersicht: Blå kartan 1:100 000, Blatt 91.

3 Halleberg und Hunneberg

»Inseln« am Vänernsee

Tourencharakter: Unschwierige Wanderungen. Im Öje-Moor auf dem Hunneberg ein Stück (ca. 600 m) sehr feucht und sumpfig.
Ausrüstung: Leichte Wanderkleidung; festes Schuhwerk.
Beste Jahreszeit: Ende Mai bis Herbst.
Reine Gehzeiten: Auf dem Hunneberg knapp 3¾ Std. Auf dem Halleberg 1 Std.
Weglänge: Auf dem Hunneberg 14 km. Auf dem Halleberg 4 km.
Markierungen: Wegweiser. Auf dem Hunneberg ab Grinnsjö rote Farbzeichen an Bäumen. Auf dem Halleberg ebenfalls rote Zeichen.
Steigungen: Auf Hunneberg und Halleberg jeweils etwa 50 m.

Mit »Inseln« sind in diesem Falle zwei durch ein Tal getrennte Landinseln Västergötlands gemeint: Halleberg und Hunneberg, am südlichen Ende des Vänern, der annähernd zehnmal größer ist als der Bodensee. Halleberg und Hunneberg stellen atollähnliche, von bis zu 100 Metern senkrecht abstürzenden Felsen gegürtete, leicht schalenförmige Plateaus mit einer Gesamtfläche von 70 Hektar dar.

Um die geologische Situation zu verstehen, müssen wir 600 Millionen Jahre zurückgreifen. Damals »schwamm« Skandinavien südlich des Äquators. Auf den unter Wasser liegenden Landesteilen setzte sich Sand als Sediment ab, darüber Lehm und Kalk. Jahrmillionen hindurch zog das »Land« nordwärts. Aus der durch Spannungen geplatzten Erdkruste quoll vor 275 Millionen Jahren glühende Lava, bedeckte die Sandstein-, Schiefer- und Kalklager und erstarrte zu hartem Grünstein (Diabas), der dem Gletscherhobel der Eiszeiten trutzte, im Gegensatz zu anderen Sedimentlagern, die keinen widerstandsfähigen Schutzmantel besaßen. So entstanden Halleberg und Hunneberg. Am Wasserfall By klev, zu dem von Bergagården ein Geologie-Lehrpfad leitet,

erkennt man deutlich die aufbauenden Gesteinsarten: Sandstein, Alaunschiefer mit eingesprengtem Stinkkalk, Diabas.

Vor 10000 bis 11000 Jahren wanderten Birke, Weide und Föhre ein, später Eiche, Hasel, Erle, Espe, Birke. Um die Zeitenwende gesellte sich aus dem Norden die Fichte dazu. Tiere – u.a. Bär, Wolf, Luchs, Elch – erfüllten die Hochflächen mit Leben, ehe vor ungefähr 5000 Jahren der Mensch kam: als Jäger und Fischer entlang dem Göta älv. Sie nutzten den Halleberg als naturgegebene Fluchtburg, eine der größten Schwedens. Die noch sichtbaren Wälle, früher möglicherweise mit Palisaden und Türmen bewehrt, stammen allerdings aus dem 5. Jahrhundert.

Der Wegverlauf

Hunneberg

Bergagården. Hier wohnte der Wildaufseher des 1539 von König Gustav Vasa zum persönlichen Jagdgrund erkorenen Reviers.

Vom **Parkplatz** auf der Straße ostwärts am nördlichen Ufer des Sees **Eldmörjan** (69 m) entlang und später über den künstlichen, klammartigen Abfluß. Danach halten wir uns rechts, passieren die Schranke und wandern auf dem breiten Weg zwischen See und Laggemossen dahin. Die rot markierte Abzweigung des See-Rundweges (4,5 km) bleibt unbeachtet. In *Ekelund* weiter Richtung Långedalen, aber nur ¼ Stunde. Dann wendet sich unsere Route rechts, Richtung Fagerhult. Rechts folgt **Långevattnet**, einer von 22 stark versauerten Seen auf dem Hunneberg.

Geradeaus gelangen wir in das **Naturreservat Öjemossarna.** Die Öje-Moore, größtenteils ohne Entwässerungsgräben, nehmen etwa 3 Quadratkilometer ein. Wir erleben ihre Charakteristiken: offene Sumpfflächen, licht bewachsene Moorinseln, Urwälder mit teilweise 200 Jahre alten Fichten sowie 300- bis 400jährigen Kiefern. Der Weg ist streckenweise überwachsen. Ende Mai wiegt leichter Wind unzählige buschige Wollgrasköpfchen. Glockenheidekraut und Sonnentau sprießen. Birkenstämme leuchten unwirklich weiß. Nirgendwo Rodungsspuren.

Ungefähr 1¼ Stunden nach dem Parkplatz endet der Pfad in sumpfigem Gelände. Es muß rechts umgangen werden! Anschließend wandern wir wieder auf breitem Weg noch insgesamt 200 Meter zum Ostzipfel des **Grinnsjön**, dem ausgedehntesten Hunneberg-Gewässer.

Am Grinnsjön auf dem schalenförmigen Plateau des Halleberges, von dessen Gesamtfläche (70 Hektar) zwei Hektar Seen und 51 Hektar Wald sind.

Von hier sind es noch 20 Minuten zur Idylle **Fagerhult** mit dem Häuschen der Domänenverwaltung, daneben Rastbänke. Links unseres Weges stehen die sogenannten »Königssteine«. Sie tragen eingemeißelte Namenszüge gekrönter Elchjäger. Die Pirsch auf das Hirschtier obliegt traditionsgemäß dem schwedischen König. Er lädt seit 1885 alljährlich internationale Politik- und Wirtschafts-Repräsentanten zur zweitägigen Jagd in das nach Hagfors im Värmland an Elchen reichste Revier Schwedens: fast 20 Tiere kommen hier auf 1000 Hektar. Der Mittagstisch findet in Fagerhult statt, wo schon im 17. Jahrhundert eine Jagdhütte stand.

An der Wegegabel rechts. Etwa 10 Minuten später aufpassen, denn die Wanderung schwenkt rechts ein. Abwärts erreichen wir in 5 Minuten **Grinnsjö**, das zauberhafteste Plätzchen der Wanderung. Im Frühjahr blühen hier weiße Narzissen und Maiglöckchen. Lang hingestreckt liegt der **Bergsjön**.

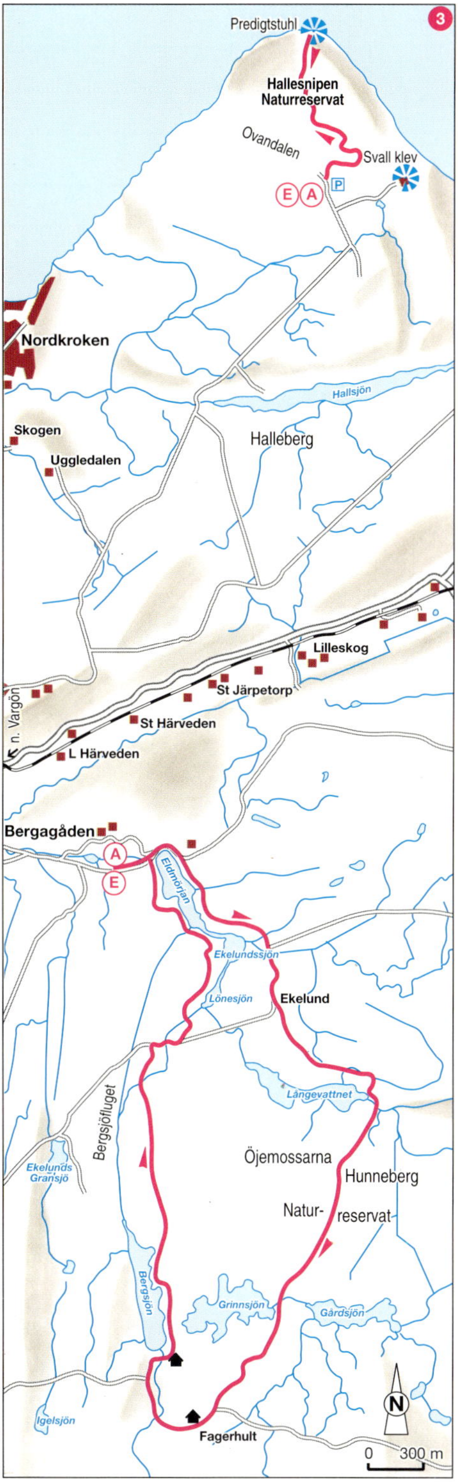

Vielleicht sehen Sie sogar einen Fischadler in der Luft; zehn Paare dieser seltenen Greifvögel nisten auf den Plateaus.

Nicht am Ufer entlang, sondern nach dem letzten Häuschen halb rechts in den Wald, der zwischendurch Blicke zum See freigibt. Die Route wird abwechslungsreich. Sumpfige Passagen sind mit Brettern gangbar gemacht. Der Pfad überwindet gerundete Felshöcker. Hochwald, Wiesen, Heidekraut. Es folgt ein Kahlschlag. Und wieder schmale Bretterstege im nassen Biotop.

Das herrliche Plätzchen **Löne**, eine schwach gewölbte, freie Kuppe, verdient eine Besinnungspause. Die roten Farben leiten rechtshaltend in 5 Minuten zu einer *Kreuzung*. Rechts, nicht ganz 500 Meter, dann links. Nach 50 Metern (Platz mit Feuerstelle) wenden wir uns im spitzen Winkel nach links und achten auch weiterhin auf das Rot an den Baumstämmen, das durch Richtungspfeile ergänzt wird.

Rechter Hand versteckt sich der *Lönesjön*, verbunden mit dem *Ekelundssjön* und dem *Eldmörjan*. Letzterer wurde 1854 um 4,5 Meter gesenkt, was einen Gewinn von 600 Hektar Waldboden brachte. Im südlichen Teil des Sees schwimmen Singschwäne. Sie überwintern in milden Wintern auf dem Hunneberg – oftmals an die 25 Paare.

Der Wanderweg mündet in die Straße des Herweges, auf dem es links nicht mehr weit zum Parkplatz von **Bergagården** ist.

Der Wegverlauf

Halleberg

Am **Parkplatz** orientieren wir uns links der Informationstafel entsprechend dem Wegweiser »Predikstolen«. Wir gehen abwärts in die botanisch interessante Mulde **Ovandalen**, entstanden durch eine aufgerissene Diabasschicht. Buschwindröschen und Leberblümchen erfreuen im Frühjahr das Auge, später Bärlapp, Waldmeister, Zahnwurz, Waldwicke, Waldmiere.

Danach eine Gegensteigung auf steinigem Weg, und über **Hallesnipen**, den nördlichen Keil des Halleberges, wandern wir durch das *Naturreservat*. Das Plateau, bis 1659 schwedisches Grenzland zwischen Dänemark und Norwegen, bzw. die Halleberg-Fluchtburg

Begegnungen mit Elchen – auf dem Halleberg zahlreich vertreten – haben leider Seltenheitswert, wie überall in Schweden.

war letzte Rückzugsmöglichkeit vor eingedrungenen Feinden, meist Dänen, welche die Gegend zwischen dem 15. und 18. Jahrhundert achtmal brandschatzten und zerstörten.

Schließlich kommen wir hinunter zum **Predigtstuhl**, einer prachtvollen Kanzel, 60 Meter über dem gleißenden Spiegel des Vänern, Schwedens größtem See.

Nützliche Informationen

Anfahrt: Von Vänersborg durch die Straße Östravägen 7 km nach Vargön. Dort beginnt sowohl die beschilderte Auffahrt zum Hunneberg nach Bergagården (2 km) als auch zum Parkplatz auf dem Halleberg (7 km).

Ausgangsort: *Vargön*, Stadtteil von Vänersborg, am Westrand des Tales, das den Halleberg vom Hunneberg trennt. Bahnhof. Busverbindungen.

Ausgangspunkte: Für *Hunneberg*: Bergagården (100 m), Informationszentrum mit Cafeteria; Montag bis Freitag 10–16 Uhr, Samstag/Sonntag 10–15 Uhr; großer Parkplatz. Busverbindungen 13.6.–15.8. Von Vänersborg 9 km.

Für *Halleberg*: Parkplatz am Ende der Straße von Vargön (7 km).

Gehzeiten: Auf dem *Hunneberg* insgesamt knapp 3¾ Std. Parkplatz – Ekelund 25 Min.

Ekelund – Fagerhult 1¼ Std. Fagerhult – Grinnsjö ¼ Std. Grinnsjö – Löne 40 Min. Löne – Parkplatz 1 Std.
Auf dem *Halleberg*: Insgesamt 1 Std. Hin- und Rückweg jeweils ½ Std.
Unterkunft und Verpflegung: *Vargön*: Am Ansatz der Hunneberg-Auffahrt, rechts der Straße (Bergagårdsvägen 9), Jugendherberge Vandrarhem Hunneberg; ganzjährig; Tel. (05 21) 22 03 40. Bushaltestelle 400 m entfernt.
• Exklusives Hotel-Restaurant Ronnums Herrgård (links der Straße nach Vänersborg); Tel. (05 21) 2 32 70. • *Vänersborg*: Preisgünstiges Strandhotel (Hamngatan 7), ohne Restaurant; Tel. (05 21) 1 38 50. Imbißstuben in der Fußgängerzone. Ristorante-Pizzeria Tre Galli (Sundsgatan 18).
Camping: *Ursands Camping* (4,5 km nördlich von Vänersborg): Östlich der Straße 45 am Vänern, auch Hütten; 1.5.–17.9.; Tel. (05 21) 27 15 30. • *SweCamp Stenrösets* (5 km südlich von Trollhättan an der Straße 45), auch Hütten; ganzjährig; Tel. (05 20) 7 07 10. • *Lunnevi Camping* (13 km östlich von Vargön) in *Grästorp*, 27. 6.–7. 8.; Tel. (05 14) 1 10 51.
Spaziergänge auf dem Hunneberg: *Bergagårdspromenade* (1,8 km) von Bergagården. • *Geologie-Lehrpfad* (1,5 km, schwedische Beschriftung) von Bergagården zum Wasserfall By klev.
Sehens- und Wissenswertes in der Umgebung: *Vänersborg*: 37 000 Einwohner, Hauptstadt des Regierungsbezirks Älvsborg, am Ausfluß des Göta älv aus dem Vänern, 1994 350jähriges Bestehen. Am Ostrand der Altstadt die 1754 erbaute, in ihrer heutigen Architektur aus dem Jahre 1843 stammende Residenz mit dem Vänersborgs Museum; Dienstag bis Sonntag 12–16 Uhr, Dienstag bis 19 Uhr.
Auskunft: Turistbyrå, Torget, S-46221 Vänersborg; Tel. (05 21) 27 15 41.
Wanderkarte: Gula kartan 1:20 000, Blatt 8C:30. Wanderwege sind nicht hervorgehoben. Erhältlich in Vänersborg, Buchhandlung Bokia (gegenüber dem Turistbyrå). Es genügt das kleine Kartenblatt 1:50 000 mit eingezeichneten Wanderwegen, das man im Hunneberg-Besucherzentrum Bergagården bekommt (20 SKR).

4 Insel Visingsö

Perle des Vätternsees

Tourencharakter: Unschwierige Rundwanderung. Badegelegenheiten.
Ausrüstung: Leichte Wanderkleidung; festes Schuhwerk.
Beste Jahreszeit: Mai bis Herbst.
Reine Gehzeit: Knapp 4 Std.
Weglänge: 15 km.
Markierungen: Ab Ausgangspunkt etwa 35 Min. orangerote Farbzeichen sowie ab dem Södra gravfältet.
Steigungen: Etwa 50 m.

Die Autobahn am Ostufer des Vättern gilt als schönste des Landes. Rastplätze laden ein zu behaglichem Schauen über den bis 119 Meter tiefen See. Er ruht in einer Senke, die vor ungefähr 900 Millionen Jahren infolge einer starken Landhebung entstand und die Meeresbucht in das zweitgrößte Binnengewässer Schwedens verwandelte. Auf seiner grauen, scheinbar schlafenden Wasserfläche schwebt das verschleierte, irisierende Licht der Sonne. Wie ein dunkler, fetter Strich schält sich das schlanke Eiland heraus und macht neugierig.

Visingsö ist für Schweden wie ein Garten Eden. Fruchtbares Bauernland, im Sommer wogende goldgelbe Kornfelder. Ein mildes Klima fördert neben Birnen die Reife von Pfirsichen, Aprikosen, Walnüssen, Maulbeeren und begünstigt das Gedeihen der Johannis- und Erdbeerplantagen. Diese Vorzüge hatten offensichtlich schon jene Steinzeitmenschen erkannt, die auf der knapp 15 Kilometer langen, bis zu 3 Kilometer breiten Insel, der größten (25 km^2) im Vätternsee, früheste Spuren hinterließen.

Eine Sage erzählt von dem bei Gränna hausenden Riesen Vist. Er habe, als ihm weiland der Sprung über den See nach einem Trinkgelage (oder mit seiner schwangeren Frau) zu weit erschien, ein Stück Erde aus

Der erste Teil der Wanderung über Visingsö hält sich an das steil abfallende Ostufer der Insel.

dem Boden gerissen und es in den Vättern geschleudert, um bequem mit zwei Schritten an das jenseitige Ufer zu gelangen. So sei Visingsö entstanden. Den »Gründer« sehen wir bei der Anfahrt von Jönköping, rechts oberhalb der Straße in Statur eines 12 Meter hohen Denkmales aus Eisenbahnschwellen.

Schon für das 9. Jahrhundert, also zur Wikingerzeit, ist ein Königshof unweit der Brahe-Kirche belegt. König Erik XIV., ein Sohn Gustav Vasas, verlieh 1562 die Insel seinem Verwandten Per Brahe d. Ä. (1520–1590), Schwedens erstem Grafen, bei dessen Nachkommen sie bis 1682 zum Widerruf königlicher Verleihungen blieb. Das Geschlecht saß nahe der Schiffslände in dem von Graf Per mit Steinen des verfallenen Zisterzienserklosters Alvastra begonnenen, unter Magnus Brahe (1560–1633) erweiterten, 1718 abgebrannten Schloß, dessen Ruinen das Denkmalamt 1995/96 sicherte. Magnus schuf die sogenannte Brahe-Kirche (Brahekyrkan), in welche sein Sohn Per d. J. (1602–1680) die Grab- und Ruhmeshalle der Familie integrierte. Der Reichstruchseß und Generalgouverneur von Finnland – Schwedens größter Landbesitzer – sorgte auch für Wohnhäuser und errichtete eine Druckerei. Visingsö war das politische Schaltpult der Grafschaft, Gränna der Wirtschafts- und Handelssitz bis ins späte 17. Jahrhundert.

Der Wegverlauf

Vom **Schiffsanleger Visingsö** 100 Meter auf der Straße, dann gelangt man links über Holzstufen zum Standplatz der Remmalagen (Pferdekutschen). Davor links, vorbei an einem Findling und dem Waldpfad folgen.

Näs Slott: die Überreste der ältesten bekannten schwedischen Königsburg, erbaut im 12. Jahrhundert an der Südspitze der Insel Visingsö.

Holzstege überbrücken Bachläufe. Nach 10 Minuten öffnet sich ein Blick auf die Ostküste. Die Rechtsabzweigung (Södra gravfältet) bleibt unbeachtet, da wir das Grabfeld auf dem Rückweg berühren.

Nach insgesamt 50 Minuten gibt uns der Wald frei. Rechts zeigen sich die um das Jahr 1900 gegründeten Bauernhöfe von Stigby. Wir bleiben am Ufer und erreichen 5 Minuten später einen verschwiegenen *Rastplatz*. Am See, wo sich drei Fischerhütten an die Böschung schmiegen, bietet ein Holzsteg Badegelegenheit.

Auf den Wiesen weiden Kühe, schwarzweiß gefleckt und braun. Der Pfad kann nicht verfehlt werden. Er durchmißt einen Waldgürtel. Das Ufer entwickelt sich zur bewegten, geologisch interessanten Steilküste – Näsby stallar –, in der Möwen ihre Nistplätze pflegen.

Es dauert nicht mehr lange, bis wir bei der Ruine des einstigen schwedischen Machtzentrums sind: **Näs Slott**, so der heutige Name, ist Schwedens älteste bekannte Königsburg. Erbaut Mitte des 12. Jahrhunderts durch König Sverker I., einem Verfechter des Christentums und Gründer von Bistümern und Klöstern. Fünf schwedische Monarchen hielten sich hier auf und starben, auch der klerikal angetane Magnus I. Ladulås. Er hatte seinen Bruder Valdemar 1275 entmachtet und regierte bis zu seinem Tode 1290. 1319 zerstörte eine Feuersbrunst die Feste. Abgesehen von ihrer geschichtlichen Tragweite dürfte Näs Slott der spektakulärste Ausguck der Insel sein.

Weiter am Ufer zum **Näs Badplats**. Auf dem Teersträßchen links kommen wir nach **Näs** und folgen dort der Straße nordwärts. Rechter Hand sonnt sich am Waldrand das hübsche Anwesen Sörgården. Vor *Rönäs* (Tafel) biegen wir rechts in den geschotterten Weg ein. Durch Felder in den Wald links des Hauses Bengtsgården. Auf dem Querweg links, nach 60 Metern rechts. Mit dem nächsten Querweg abermals links über eine Waldwiese und zum Teersträßchen auf dem Sandrücken, der die Insel in der Längsrichtung teilt. Kurz rechts, dann links von der Straße ab an den Südrand des **Södra gravfältet**. Es handelt sich um das größte Gräberfeld Smålands: 310 Hügelgräber aus der Zeit 500 v. Chr. bis 1050 n. Chr.

Wir wandern am Zaun entlang, dann links, nun wieder mit orangeroten Farbzeichen an den Bäumen. Den breiten Weg kreuzen (50 m links Informationstafel) und noch kurz am Zaun des Gräberfeldes bleiben, worauf sich der Weg nach rechts wendet. Ein hölzerner Zeiger erklärt den Waldweg zum Hafen; Tafel: »Skogsstigen till hamnen«. An der Gabelung bleiben wir im hochstämmigen Wald geradeaus und wenden uns an der Kreuzung nach links. Wo der Weg geradeaus endet, lenken wir die Schritte rechts und erreichen das Natursträßchen *Haganvägen* am Nordrand des 630 Hektar

umfassenden Kronoparken, des größten zusammenhängenden Eichenwaldes Schwedens (gepflanzt im Jahre 1830 für den Schiffsbau).

Jenseits sind es noch 150 Meter zur **Stora silvergranen**, einer 50 Meter hohen Weißtanne. Wieder auf dem Haganvägen, geht es rechts zur **Brahekyrkan** in malerischer Lage, umgeben vom Friedhof (geöffnet 11–17 Uhr). Das barocke, dreischiffige Gotteshaus wurde 1635 geweiht und steht an der Stelle einer romanischen Kirche des 12. Jahrhunderts, von der noch der Westturm, die eisenbeschlagene Sakristeitüre (Runenschrift-Signatur des Schmiedes Asmund) und der Taufstein erhalten sind. Die Ausmalung erfolgte 1669. Unter dem östlichen Seitenschiff befinden sich Gräber der Familie Brahe. Die Kanzel stammt von 1635. An den Pfeilern zeigen die 1699 gearbeiteten versilberten Messingtafeln mit vergoldeten Silberreliefs die Propheten und Apostel.

Nun auf der Straße zum touristischen Drehpunkt an der **Mole**. Versäumen Sie nicht, oberhalb des Yachthafens die Ruine des **Schlosses Visingborg** – vormals eines der prachtvollsten Schlösser des Landes – zu bewundern; ebenso den 1980 angelegten **Kräutergarten** (Örtagård) mit 400 Kräutern und Pflanzen (geöffnet 10–17 Uhr). Als passender Abschluß dann die Nachmittags-Kaffeestunde auf der Terrasse des gediegenen »Strandgården«.

Nützliche Informationen

i

Anfahrt: Von Gränna (Vättern-Ostufer, 32 km nördlich von Jönköping an der Autobahn E4, Busverbindungen, nächster Bahnhof in Jönköping) mit der Fähre halbstündlich bis 23 Uhr; Fahrzeit 20 Min. Wenn auf Visingsö nicht genächtigt wird, das Fahrzeug in Gränna am Hafen parken.
Ausgangsort: *Visingsö Hafen,* am Ostufer der Insel, gegenüber dem Städtchen Gränna; Parkplätze. Tourismusbüro.
Gehzeiten: Insgesamt knapp 4 Std. Visingsö Hafen – Burgruine 1½ Std. Burgruine – Södra gravfältet 1¼ Std. Södra gravfältet – Brahekyrkan 50 Min. Brahekyrkan – Hafen 10 Min.
Unterkunft und Verpflegung: *Visingsö*: Vandrarhem; ganzjährig; Tel. (0390) 40191; vom Hafen 2 km, auch Taxi. Nahebei Visingsö Stugorna (Hütten); Tel. 40688, Anmeldung auch im Tourismusbüro. Visingsö Värdshus, schwedische Hausmannskost. • *Gränna*: Hotels. Wanderheim im Andréemuseet; 12.6.–31.7; Tel. (0390) 41010. Wanderheim Grännastranden am Hafen.
Camping: *Visingsö*: Erstadviken (nördlichster Inselteil beim Sportflugplatz), 7 km vom Fähranleger, kein Restaurant; 20.5.–10.9.; Tel. (0390) 40583. • In und um *Gränna*: Drei Campingplätze mit Hütten; günstig gelegen (am Hafen); Gränna Camping, 1.5.–30.9.; Tel. 10706.
Sehens- und Wissenswertes: *Visingsö*: Kumlaby Kyrka (3 km vom Hafen), erbaut im 12. Jh. Oberste Turmspitze 1630 abgerissen

und durch eine Plattform für astronomische Beobachtungen ersetzt (heute Aussichtspunkt), als Per Brahe d. J. die Kirche in eine Schule für adelige Kinder umfunktionierte und sie durch den Insulaner Johan Werner dekorieren ließ, wodurch die Kalkmalereien des 15. Jh. größtenteils verschwanden. Erst 1922 restaurierte man das Gebäude wieder als Kirche; geöffnet 10.30–16.30 Uhr, im Juli und August bis 19 Uhr. • Tempelgården, erbaut 1913, Kunsthalle, Kunsthandwerk, Bilder des Visingsö-Malers Olle Krantz; geöffnet Mai bis Anfang September 11–18 Uhr. Anfang August Visingsö Festspel (Markt und Festspiel in der Art des 17. Jh.).

Sehens- und Wissenswertes in der Umgebung: *Gränna*: Die »hölzerne Stadt«, beliebte Sommerfrische am Ostufer des Vättern; 3500 Einwohner. Gegründet 1652 durch Per Brahe d.J. zu Füßen des Schlosses am Hang des Håleveden. Süße Spezialität: »polkagrisar«, fingerdicke, geschmacklich unterschiedliche Lutsch-Zuckerstangen in 150jähriger Tradition. Marktplatz mit dem ehemaligen Bürgermeisterhaus (Schule) und der Kirche (umgebaut nach dem Brand 1889). Heimatmuseum und Andrée-Museum (Brahegatan 38) im ältesten Haus Grännas (Francckska Gården, 1660) am kleinen Marktplatz, u. a. Erinnerungsstätte für den hier 1854 geborenen Ingenieur Salomon-August Andrée, der 1897 mit zwei Gefährten in dem Fesselballon »Örnen« von Spitzbergen in Richtung Nordpol startete, abstürzte, auf der Insel Vitön starb und 1930 gefunden wurde; geöffnet 6. 5.–1. 10. 10–16 Uhr, sonst 12–16 Uhr. Alljährlich am 2. Juli-Wochenende Ballonflugtag (Andréedagen); Gränna ist das schwedische Ballonflug-Zentrum. Auf dem Gränaberget in attraktiver Lage 90 m über dem See die Ruine Brahehus, der 1636–1644 von Per Brahe d. J. als Witwensitz seiner zweiten Gemahlin erbauten und 1708 abgebrannten Burg.

Auskunft: Turistbyrå, Hamnen, S-56034 Visingsö; Tel. (0390) 40193. • *Gränna*: Turistbyrå, Andréemuseet, S-56322 Gränna; Tel. (0390) 11010.

Wanderkarte: Gula kartan 1:20000, Blatt Visingsö 7E:61. Es genügt jedoch das im Tourismusbüro Visingsö erhältliche Faltblatt mit zwei Karten 1:25000.

5 Tivedens Nationalpark

Schwedens südlichste Wildmark

Tourencharakter: Zwei unschwierige Rundwanderungen. Trittsicherheit ratsam. Bei Nässe stellenweise unangenehm.
Ausrüstung: Leichte Wanderkleidung; festes Schuhwerk.
Beste Jahreszeit: Mai bis September; Blütezeit Mai bis Juli.
Reine Gehzeiten: Trollkyrkan-Runde 2 Std. Stenkälla-Runde 1 Std.
Weglängen: Trollkyrkan-Runde 6 km. Stenkälla-Runde 3 km.
Markierungen: Orangerote Farbzeichen.
Steigungen: Etwa 150 m für beide Rundwege.

Nördlich der Festungsstadt Karlsborg, südlich von Örebro, liegt zwischen Vättern- und Undensee im nordöstlichen Västergötland das geheimnisvolle Tiveden, die schauerliche, verwunschene bucklige Welt der Trolle, Kobolde und Waldgeister. Sie dürften den Maler John Bauer (1882–1918) aus Jönköping für seine Jugendstil-Bilder als Illustrationen zu schwedischen Sagen und Märchen inspiriert haben. In jedem Falle war »Görtiven« – so nennen die Einheimischen den für diesen Breitengrad exotischen Landstrich – ergiebiger Nährboden sagenhafter Erzählungen und abergläubischer Geschichten. Überwiegend naturbelassene Forste, mehrheitlich Fichten und Waldkiefern, Seen, Sümpfe, Moore, Schluchten und dräuende Abgründe, durchsetzt von enormen Ansammlungen kolossaler Blöcke aus körnigem Granit, bilden das Erbe glazialer Epochen.

Während des 16. und 17. Jahrhunderts wanderten Finnen in die ehemalige Grenzmark zwischen dem Gauten- und Sveareich ein und ließen sich an der heutigen Parkgrenze nieder. Sie nutzten das Holz und die Wasserkraft zur Eisenerzverarbeitung und gründeten beispielsweise Tivedstorp. Im 18./19. Jahrhundert rauchten mehr als 200 Holzkohlemeiler für die Hochöfen von Granvik und Igelbäcken.

Ein »Elefantenrücken« aus körnigem Granit am Rundwanderweg zu den »Trollkirchen« im Tiveden Nationalpark.

Das Innere von Tiveden vereitelte jegliche Besiedelung. Dort entstand 1983 der Nationalpark auf einer Fläche von 1353 Hektar. Wenn auch der letzte Bär 1860, die letzten Wölfe etliche Jahre vorher erlegt wurden, vereinzelte Kultivierungen an den Rändern sowie der Waldbrand 1835 Male hinterlassen haben und 25 Kilometer bestens markierte Wanderpfade das Gebiet erschließen, »soll sich der Wald zum Urwald weiterentwickeln«, lautet eine Prämisse des Naturvårdsverket. Nicht von ungefähr finden in Tiveden die Lehrgänge für Überlebenstechnik der Armee statt.

Im Nationalpark verschmelzen Fauna und Flora des Nordens und Südens. Auf Blößen führt der Auerhahn sein scheues Dasein. Als Greifvögel kommen Rauhfußkauz und Merlin vor. Der Dreizehenspecht – das Männchen erkenntlich am gelben Scheitel –, typisch für alte Nadelwälder des Nordens, lebt nahe seiner südlichsten Verbreitungszone in Skandinavien. Und auch die kniehohe Zwergbirke in den Mooren scheint sich verirrt zu haben. Ihre Blätter erfreuen im Herbst mit zauberhaften rostroten Farben.

Der Wegverlauf

»Trollkirchen«

Vom **Parkplatz** die Straße überqueren und jenseits rechtshaltend ansteigen in die steinerne Welt von Tiveden. Schon wenig später ist der erste prachtvolle Aussichtsplatz auf glatten Felshöckern erreicht: **Oxaberget** – einer der ungezählten, von den Gletschern des Inlandeises hinterlassenen Gesteinsriesen.

Aufgepinselte Pfeile verdeutlichen die verwinkelte Route durch den Kiefernwald in die Mystik Tivedens, Holzstiegen helfen abwärts. Herumliegende Brocken scheinen böse Trolle absichtlich dem Wanderer in den Schritt gelegt zu haben. Die Schlangenlinie des ausgetretenen Pfades bringt uns in den schmalen Einschnitt, von dem man rechts auf die **Lilla Trollkyrka** kraxelt, die Kleine Trollkirche. Wälder, soweit das Auge reicht!

Aus dem Einschnitt weiter gemäß den Farbzeichen. Die extrem-bizarre Szenerie wird abgelöst von Feuchtflecken zwischen Felsen. Hier und dort wuchert im kühlen Schatten der Tüpfelfarn. Beim Wegweiser nach ¼ Stunde geradeaus (rechts verläuft in einem Abstand von 400 m der Weitwanderweg Bergslagsleden bzw. der Europäische Fernwanderweg 1). Wenig später wird rechtshaltend in 5 Minuten, zuletzt auf einer Holzstiege, die **Stora Trollkyrka** (ca. 210 m) erklommen, die Große Trollkirche im urwüchsigsten Teil der Trollkyrkobergen mit 300 Jahre alten, von den Waldbränden verschonten Kiefern. Vom Parkplatz 65 Minuten.

Jetzt sieht man den **Trollkyrkesjön** (181 m), an dessen verträumtes Westufer die

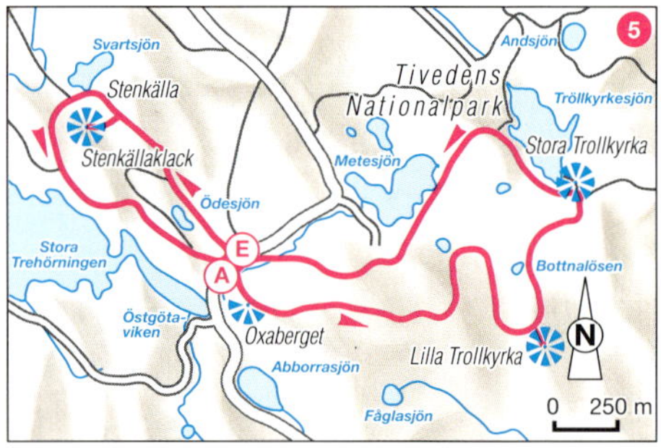

Tour nach dem Abstieg bzw. nach 10 Minuten heranführt. Beim folgenden *Wegweiser* hält man sich links. Vor dem **Metesjön** (167 m), dessen Gestade ebenfalls mit reizvollen Winkeln aufwartet, geht es abermals links. Nach kurzem Aufstieg erkennt man links den kleinen Bottnalösen. An der Wegegabelung rechts halten. Zum Ausklang bietet die Tour nochmals geologische Extravaganz: einen länglichen, glatten Felsrücken, über den die Route verläuft.

Stenkällerundan

Rechts neben dem **Informationszentrum** weist eine Tafel nach »Stenkälla«. In den Wald und über Blockwerk ansteigen, kurz sogar mit Hilfe eines Holzgeländers. Links schimmert der Wasserspiegel des Stora Trehörningen zwischen den Bäumen, während rechts in der Tiefe der Ödesjön auftaucht.

Beim *Wegweiser* geradeaus; links führt der kürzeste (uninteressante) Rückweg zum Parkplatz. Holzstiegen leiten uns empor zur felsigen Warte **Stenkälleklack**, dem imponierendsten Podest im Nationalpark. Anschließend gehen wir wieder zurück und weiter Richtung »Stenkälla«. Täfelchen am Rundkurs tragen Nummern, die der schwedische Text des Faltblattes erläutert, das im Informationszentrum erhältlich ist.

Schließlich umfängt uns **Stenkälla** – Steinquelle. Grotesk ineinander verschachteltes, von Flechten und Moos überzogenes mächtiges Felsgewirr bildet den modrigen, schummrigen Winkel mit einem dunklen, geheimnisvollen Quellwassertümpel. Das Besucherbuch liegt in einer Holzkassette. Daneben schluckt ein »Opferstock« freundliche Spenden.

Es folgt die *Station 7*: 30 Meter nördlich haben 250 Jahre alte Kiefern den großen Waldbrand 1835 überlebt. Wir laufen, sicher geleitet durch die Markierungen, einen Linksbogen. Rechts mündet ein Weg vom Vitsand. Bei *Punkt 8* ist eine moorige Feuchtzone verstegt. Elchlosung kündet von der Anwesenheit dieser scheuen Tiere.

Die Wanderung führt an das Ufer des **Stora Trehörningen**. Bei etwas Glück beobachtet man im Frühjahr als ornithologische Kostbarkeit den elegant schwarz-weiß gefiederten, von Fischen lebenden Prachttaucher; er zieht im Herbst nach Mitteleuropa. Ähnliches gilt für den braungrauen Sterntaucher und die weiß-schwarze Schellente.

Eine kleine Landzunge bildet rechts den Äglasundet. Er trennt den großen See vom schmalen **Östgötaviken**. Oberhalb seines felsigen Ufers konzentrieren wir uns auf eine luftige, bestens gesicherte Felspassage: Finale und Krönung des wohlerwogen trassierten Rundweges.

Nützliche Informationen

Anfahrt: Nördlich (19 km) von Karlsborg die Reichsstraße 49 entsprechend der Beschilderung »Tiveden« verlassen und über Stenkällegården 7 km zum Parkplatz. Oder von Askersund 25 km bis Tivedstorp nördlich des Nationalparks und 5,5 km zum Parkplatz.
Keine öffentlichen Verkehrsmittel!
Ausgangspunkt: *Informationszentrum* (154 m), nahe einem Seitenarm des Sees Stora Trehörningen; Parkplätze. Naturum. Erfrischungen etc. im Holzhaus.
Gehzeiten: *Trollkyrkan-Runde* insgesamt 2 Std. Parkplatz – Lilla Trollkyrkan ¾ Std. Lilla Trollkyrka – Stora Trollkyrka 20 Min. Stora Trollkyrka – Parkplatz 1 Std. *Stenkälla-Runde* insgesamt 1 Std. Parkplatz – Stenkälla ½ Std.
Unterkunft und Verpflegung: *Stenkällegården* (1,5 km nordwestlich der Straße 49 am Beginn der Naturstraße zum Parkplatz), oberhalb des Bocksjön: Sommer- und Winter-Freizeitanlage, Restaurant; 1.5.–30.9.; ganzjährig Hütten und Tivedia Camping, das 1993 zum besten schwedischen Platz gekürt wurde; Tel. (05 05) 600 15. • *Tivedstorp*: 5,5 km nördlich des Informationszentrums; Wanderheim, Kaffestuga, Betten, Hütten, Camping; 1.5.–30.9.; Tel. (05 84) 47 20 37. • *Sannerudsgården Tived* (nordwestlich des Nationalparks am See Unden, 7 km von Tivedstorp): Hütten, Badeplatz; Tel. (05 84) 1 09 55 oder 41 11 46. • *Hadders Camp*: Auch Hütten, am See Unden, nördlich von Tived; ganzjährig; Tel. (05 84) 47 40 83.
Camping/Caravaning: Verbot im Nationalpark! Nächste Möglichkeiten siehe bei Unterkunft und Verpflegung.
Andere Wanderungen: *Tärnekullen* (Würfelhügel), so benannt wegen der Felsblöcke der

Stenkälla, zu deutsch Steinquelle, ist einer der urtümlichsten Winkel im Nationalpark Tiveden und das Ziel einer Rundtour.

Kuppe. Vom Parkplatz Vitsand (Zufahrt 3,5 km von Tivedstorp), nordwestlich der beschilderten Runde, etwa ¾ Std. • *Bergslagsleden,* Weitwanderweg (285 km) von Kloten nach Stenkällegården; letzte Etappe (Tivedstorp – Stenkällegården, 12 km) im Ostteil des Nationalparks. Kostenloses Karten-Faltblatt 1:50 000 mit eingezeichneter Route im Turistbyrå Karlsborg; siehe Auskunft.

Sehens- und Wissenswertes in der Umgebung: *Vitsand*: Langer Sand-Badestrand am Nordufer des Stora Trehörningen. Nordöstlich steht im Wald der größte Monolith Tivedens – *Junker Jägares sten*; Hinweistafel der Linksabzweigung des Fußweges (500 m) etwa 400 m vor dem Parkplatz Vitsand. Zufahrt von Norden (Tivedstorp, 3,5 km) zum Parkplatz. • *Fagertärn*: Naturreservat (3,5 km^2, davon 2,3 km^2 Wasserfläche) und botanische »Wallfahrt«, nordöstlich des Informationszentrums Tiveden. Beschilderte Abzweigung der geschotterten Stichstraße (7 km) von der Verbindungsstraße Tived – Askersund, vor dem Beginn der Teerstraße. In dem kleinen Waldsee (162 m) vollzog sich die Mutation von der Weißen zu der 1856 entdeckten Roten Seerose (Nymphaea alba var. rosea, schwedisch = röda näckrosos). Sie kommt nur hier wild vor; Blüte Mitte Juli bis Mitte August in der Seemitte. Seerundgang 30–40 Min.

Auskunft: Turistbyrå, Norra Kanalgatan 2, S-54600 Karlsborg; Tel. (05 05) 1 21 70, 1 73 50. Turistbyrå, Järnvägsstationen, S-69580 Laxå; Tel. (05 84) 1 09 20.

Wanderkarte: Es genügt die Kartenskizze des im Nationalparkzentrum kostenlos erhältlichen Faltblattes mit kleiner Karte und rot eingezeichneten Wegen.

Mittelschweden

6 Der Silverleden

Auf den Spuren des Silbers von Hällefors

Tourencharakter: Unschwierig. Über längere Strecken sehr feucht. Bademöglichkeiten. Einmal Übernachtung im Freien.
Bewährte Einteilung: 1. Tag Hällefors – Sävsjön 5¼ Std. 2. Tag: Sävsjön – Hütte Svenstjärnen (Brennholz) 6½ Std. 3. Tag: Svenstjärnen – Hällefors 3½ Std.
Ausrüstung: Wanderkleidung; festes Schuhwerk.
Beste Jahreszeit: Juni bis Herbst.
Reine Gehzeit: 15–16 Std.
Weglänge: 57 km.
Markierungen: Beschildert »Silverleden«. Farbzeichen (orange).
Steigungen: Etwa 800 m.

Der Silverleden zählt zu den beliebtesten Låglandslederna (Tieflandspfaden) Mittelschwedens und hat nominal mit Silber zu tun. Mit jenem Silber, das Hällefors einst Reichtum brachte; allein zwischen 1639 und 1694 wurden mehr als 12 Tonnen reines Edelmetall gewonnen. Herzog Karl hatte Finnen – in der Heimat verarmt und unterdrückt – mit sechs Jahren Steuerfreiheit und dem ewigen Eigentumsrecht auf gerodetes Land in die Wildnis gelockt, in das Reich von Bären und Wölfen. Um 1633 lebten in den Wäldern um Hällefors 24 Familien. Stichtag für den Silberabbau war der 1. Januar 1639. Verhüttet wurde in Hällefors an der Stelle, wo heute ein leistungsfähiges Stahlwerk arbeitet.

Der Wegverlauf

Hällefors. Vom **Busbahnhof** nördlich, geradeaus über die Kreuzung und auf dem *Klockarvägen* ½ Stunde entlang. Dann wenden wir uns nach links. Jenseits der Geleise 200 Meter auf dem Waldsträßchen, bis der Hinweis »Silverleden« links in den Wald deutet. Wenig später rechts, etwa 10 Minuten und dann auf dem Sträßchen links. Vom Wendeplatz gerade weiter, nach 20 Minuten rechts ein Sträßchen queren und an einen See, an dessen Ostufer wir 10 Minuten entlang gehen.

Kurz Richtung Vinerhöjden. An der Gabelung rechtshaltend treffen wir auf ein Fahrsträßchen. Links, und im Rechtsbogen um *Käxtjärnen*, eine Bucht des **Norr-Älgen**. Bald heißt es aufpassen: Linksabzweigung! Bei nassem Wetter läuft man besser auf dem sandigen Sträßchen am Norr-Älgen-Ufer weiter! Wanderpfad und Sträßchen treffen sich an einem kleinen Landzipfel des Sees (Badeplatz, Windschutzhütte 250 m entfernt).

Jetzt marschieren wir endgültig auf dem Sträßchen, vorbei an Ferienhäusern, in 20 Minuten zur Kreuzung in **Sävenfors**. Rechts, über einen Verbindungsarm der Seen und links zu einem stattlichen Gebäude der ehemaligen *Eisenhütte*. Ihr Aussehen um 1864, als der Silbersegen seinen Glanz verlor und man vorausschauend Eisenwerke anlegte, macht eine Tafel begreifbar; der Hochofen funktionierte bis 1930. Auf der anderen Seite der Brücke steht das *Fiske och Jakt Camp*, ein Hotel mit ausgezeichnetem Restaurant.

Bei der Eisenhütte rechts geht es nun bergan. Nach 500 Metern müssen wir nach links und aufwärts bis zum obersten Hang vor dem Weiler Sävsjötorp. Links weisen die orangefarbenen Zeichen unmißverständlich in den Wald. Wir steigen in nordwestlicher Richtung ab, zuletzt auf einem Holzsteg zur Straße. Rechts, nach 30 Metern links, die Häuschen von *Forshuvudet* passieren, rechts die Böschung hinab und auf dem Damm der einstigen Industriebahn entlang. Etwa ¼ Stunde nach dem Holzsteg geht es rechts zum gelbgestrichenen *Hotel Bergslagsgården* in **Sävsjön** am gleichnamigen See.

Die Hütte am Svenstjärnen-See bietet sich infolge ihrer »Infrastuktur« als Übernachtungsgelegenheit an, ehe die letzte Etappe bewältigt wird.

Vom Hotel anschließend wieder zurück. Vor dem Bahndamm rechts erreichen wir auf der Straße durch das seenreiche Tal in 20 Minuten den **Campingplatz**. Knapp ¼ Stunde später biegen wir an der Gabelung nach links, kommen am *Gehöft* vorbei und durch die Mulde südlich des Sees Södra Svensken.

Nach 20 Minuten schwenkt die Markierung links ein, Richtung Süden. Es folgt der Aufstieg zur **Björnhöjden**. Auch hier haben 350 Jahre Silbergruben ihren Bodensatz hinterlassen. Schließlich war das Silberwerk Hällefors der zweitgrößte Produzent Schwedens, nach Sala westlich von Stockholm.

Halb links wieder abwärts. In der feuchten Mulde halten wir rechts und kreuzen ½ Stunde später ein Sträßchen. Nach einer weiteren ½ Stunde, vorbei an einem »Vindskydd« (Unterstand), geht es vor der Straße rechts. Anschließend wird der Silverknuten links umgangen. Beim Areal **Silvergruvorna** informieren Lehrtafeln in deutscher Sprache über den Silberbergbau und seine Techniken im Wandel der Zeiten.

Entlang dem grobmaschigen Drahtzaun geht es abwärts und unten geradeaus über den freien Platz. Rechts füllt ein kleiner See die 114 Meter tiefe, herausgesprengte *Polidengrube*, wo 1977/78 die Gewinnung reaktiviert und 1500 Kilogramm reines Silber gefördert wurden, während die alten Methoden pro Jahr nur 200 Kilogramm brachten.

Der ersichtliche Weg führt in Nordwestrichtung, etwa ½ Stunde, dann senkt er sich linkshaltend am oberen Rand aussichtsreicher Felsbastionen nach **Silvergruvan** an der Straße von Hällefors (10 km).

Über die Brücke des **Svartälven** – eine beliebte Kanustrecke – und noch 50 Meter auf

der Straße; danach links und wenig später erneut links. Etwa 35 Minuten nach Silvergruvan wird ein breiter Querweg betreten. Erst 400 Meter rechts, danach links über den Bachgraben. Nun haben wir wieder einen Waldpfad unter den Füßen. Bald steigen die überwachsenen Spuren im Mischwald an (etwa ¼ Std.). Geschafft! Stellenweise über gletschergehobelten Fels erreicht man die **Dammshöjden**, eine freie Kuppe, die ostwärts eine raumgreifende Sicht bietet. Das »Gipfelbuch« steckt in der Blechkassette.

Rückseitig 200 Meter westlich durch ein Waldstück. Über den ausgedehnten Kahlschlag gelangt man zum Wendeplatz der Forstfahrzeuge und dort auf ein Sträßchen. Ab- und aufwärts wandern wir etwa 10 Minuten dahin. Danach leiten die Farbzeichen links in den Wald.

Der Pfad senkt sich an den See **Lilla Rötjärnarna**. Ungefährt 10 Minuten auf dem breiten Weg, ehe der Richtungszeiger nach links weist. Am Westufer des **Stora Rötjärnarna** müssen wir wieder ansteigen. Findlinge liegen herum. Über eine Kuppe zu einem *Haus*. Etwa 100 Meter danach biegt die Route scharf links ab. Nach ¼ Stunde auf dem Sträßchen taucht der **Svenstjärnen** auf. Rechts bringt uns ein Stichweg zur **Schutzhütte** samt Badesteg in paradiesischer Einsamkeit. Von Silvergruvan 2½ Stunden.

Etwa 100 Meter danach hält man sich links. Ungefähr 25 Minuten später passieren wir den letzten See an der Route: **Laxtjärnen**. Die Straße wird von einem Pfad abgelöst. Er ist streckenweise kaum erkennbar, so daß die Farbzeichen einzige Orientierungsmerkmale sind. ½ Stunde nach Laxtjärnen stößt man auf einen breiten Querweg. Hier ist links eine direkte Rückkehr (1½ Std.) über die Siedlung Knuthöjöden nach Hällefors möglich. Die landschaftlich schönere, aber anstrengendere Originalroute erfordert 2½ Stunden.

Der Silverleden wendet sich rechts und geht in einen Pfad über. Er leitet abwärts in

Sävsjön am gleichnamigen See bildet üblicherweise das Ziel der ersten Tagesetappe des Silverleden.

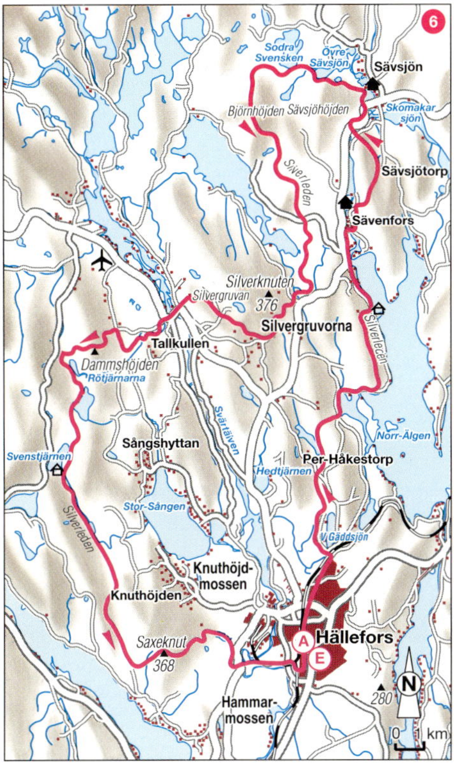

eine feuchte Mulde, aus der ein langer Aufstieg ansetzt. Nach knapp ½ Stunde beschreibt die Spur einen Linksknick und gewinnt weiter an Höhe, bis auf die Kuppe des **Saxeknut** (368 m).

Nun geht es endgültig zu Tal, nordöstlich die steilen Flanken traversierend. Etwa 20 Minuten unterhalb des Saxeknut wird die Steinbruchstraße rechts entsprechend der Beschilderung verlassen. *Knuthöjdmossen* durchwandern, die Straße queren, den Wasserlauf überschreiten und durch den **Krokbornspark** (Stadtpark). An seinem Ostausgang laufen wir rechts neben den Schienen her, kreuzen abermals eine Straße bzw. folgen den Geleisen. Schließlich, nach dem beschrankten Bahnübergang, gelangen wir links auf dem *Rydellvägen* in 20 Minuten zum Busbahnhof in **Hällefors**.

Nützliche Informationen

i

Ausgangsort: *Hällefors* (281 m), Region Bergslagen in Mittelschweden. Industriestädtchen nordwestlich von Örebro.
Anfahrt: Auf der Straße 63 von Karlstad 93 km. Von Karlskoga 57 km, von Örebro 62 km. Gute Busverbindungen; Busbahnhof (Busstation) gegenüber dem ehemaligen Bahnhof. Parkplätze. Kiosk.
Gehzeiten: Insgesamt 15–16 Std. Hällefors – Norr-Älgen (Hütte) 3 Std. Norr-Älgen – Sävenfors (Hotel) ¾ Std. Sävenfors – Sävsjön 1½ Std. Sävsjön – Björnhöjden 1½ Std. Björnhöjden – Silvergruvan 2½ Std. Silvergruvan – Dammshöjden 1 Std. Dammshöjden – Svenstjärnen (Hütte) 1½ Std. Svenstjärnen – Saxeknut 2 Std. Saxeknut – Hällefors 1½ Std.
Unterkunft und Verpflegung: *Hotel Herrgården* (Sikforsvägen 1, westlicher Ortsrand): Auch preiswertes Selbstbedienungsrestaurant; Tel. (0591) 10089, 12524. Im Ort zwei Pizzerien. • *Skifors* (6 km): Zwei Hotels. • *Grythyttan* (10 km südlich): Wanderheim Loka Brunn; Tel. (0591) 13570.
Camping: *Sör-Älgens Camping*: Westlich (5 km) von Hällefors, 1 km südlich der Straße 63 am See Sör-Älgen; 1.6.–13.8.; Tel. (0591) 15150.
Einkehr unterwegs: *Sävenfors* (12–17 Uhr). *Sävsjön.*
Übernachtung unterwegs: *Sävenfors Fiske och Jakt Camp* : Acht Doppel-, zwei Einzelzimmer; 12–17 Uhr; Tel. (0591) 18061.
• *Bergslagsgården* in *Sävsjön:* Auch Matratzenlager; unbedingt telefonische Voranmeldung (0591) 18049, 18010.
Andere Weitwanderung: *Bergslagsleden* (südöstlich von Hällefors), 285 km nordsüdwärts durch die Provinz Örebro von Kloten (Straße 233) nach Stenkällegården vor dem Vättern, gegliedert in 17 Etappen; Teil des Europäischen Fernwanderweges 1 Nordkap – Sizilien. Die Etappen 16 und 17 sind in je einem Faltblatt (1:50000) genau eingezeichnet. Informationen: Stiftelsen för fritidsområden in Örebro län, Box 943, S-70131 Örebro; Tel. (019) 104965.
Auskunft: Turistbyrå, Folkets Hus, S-71200 Hällefors; Tel. (0591) 12001.
Wanderkarten: Blå kartan 1:100000, Blatt 113. Es genügt jedoch das Faltblatt »Fritidskarta Silverknuten« 1:40000, erhältlich im Turistbyrå oder im Hotel Herrgården.

7 Metropole Schwedens: Stockholm

Die »schwimmende« Stadt

Stadtspaziergang: Zentralbahnhof – Klarakirche – Sergels Torg – Konzerthaus – Markthallen – Reichstag – Riddarholmen – Königsschloß – Gamla Stan – Dom – Deutsche Kirche – Slussen – Skeppsbron – Gamla Stan.
Beste Jahreszeit: Mai bis Spätherbst. Um Mittsommer (letzte Juniwoche) geht die Sonne zwischen 22 und 23 Uhr unter und schon 5 Stunden später wieder auf. Wärmste Monate (Durchschnittstemperaturen 21 °C) Juli/August. Rasche Wetterumschwünge!
Reine Gehzeit: 2 Std. Ein Stockholm-Aufenthalt sollte wenigstens zwei Tage dauern. Allein für die Museumsinsel Djurgården ist mindestens ein Tag erforderlich.

Stockholm (auf deutsch die »Stamminsel«) schwimmt gewissermaßen auf 14 Inseln, die 52 Brücken verbinden, zwischen dem schmalen Ausfluß des 120 Kilometer ins Landesinnere reichenden Mälarensees und der Ostsee, zwischen Süßwasser und Salzwasser. »Die Schöne« besteht zu einem Drittel aus Wasser, den Rest teilen sich bebaute Flächen und Grünanlagen. Sie ist eine der schönsten Städte Europas, die sauberste Hauptstadt allemal, gar die schönste der Welt? Maßgeblich ist die Optik, durch welche man das »Venedig des Nordens« betrachtet.

Dieses »Venedig« ist, nach mitteleuropäischen Maßstäben, jung. Um 1200 existierte eine Siedlung auf der Helgeandsholmen (Heiliggeistinsel), ungefähr am Platz des Riksdaghuset (Reichstagsgebäude). Gamla Stan, die Altstadtinsel Stadsholmen, wird 1252 erstmals erwähnt, als der Reichsverwalter und Schwager des kinderlosen Königs Erik Eriksson (1226–1250), Birger Magnusson, an Stelle des heutigen Schlosses zum Schutz des Warenumschlags gegen räuberische Dänen und Finnen eine Festung errichtete: Tre Kronor (Drei Kronen), symbolischer Name für die vereinten Königreiche und historischen Landesteile Götaland (Süden), Svealand (Mitte), Norrland (Norden). Die Drei Kronen manifestierte König Albrecht von Mecklenburg 1380 im Reichswappen.

Anfang des 19. Jahrhunderts zählte Stockholm 70 000 Einwohner, 1900 als Folge der industriellen Revolution schon 300 000, 1960 stieß der Großraum an die Millionengrenze. Heute sind es auf einer Fläche von 4900 Quadratkilometern rund 1,5 Millionen, im Kern (216 km^2) jedoch nur 670 000. Das Leben in der eigentlichen Innenstadt, in der es fast nur Eigentumswohnungen gibt, können sich nur Wohlhabende leisten. Den kleinen Mann verdrängten der Geldadel sowie horrende Miet- bzw. Kaufpreise an die Randzonen, ganz zu schweigen von den Einwanderern. Viele hausen, neben schwedischen Sozialhilfeempfängern, multikulturell in den von ethnischen Spannungen erfüllten Vororten Rinkeby und Haninge.

Den umfassendsten Überblick gewährt der 155 Meter hohe Kaknästornet (Fernsehturm, 120 m) östlich im Ladugärdsgårdet. Zentrumsnäher sieht man Stockholm »mit Adleraugen« von der Turmplattform des Stadshuset (Rathaus), südwestlich vom Zentralbahnhof am Norr Mälarstrand. Es galt nach der Einweihung 1923 als das »schönste Gebäude unseres Jahrhunderts«.

War das Rathaus damals städtisches Wahrzeichen, so ist es seit Februar 1989 im südlichen Stadtteil der Globen, das größte kugelförmige Bauwerk der Welt: 85 Meter hoch, 110 Meter breit, eröffnet zur Eishockey-Weltmeisterschaft 1990, 14 000 Sitzplätze (Essener Grugahalle = 7800), 1300 unterirdische Parkplätze, im Umkreis Wohnkultur des 21. Jahrhunderts.

Neue Superlativen blieben nicht aus. Der 1990 mit einem Kostenaufwand von etwa 54 Millionen Mark fertiggestellte, einzigartige Museumsneubau für das legendäre Vasaschiff bricht mittlerweile sämtliche Besucherrekorde. Ferner hatte im Herbst 1994 das Parlament beschlossen, 56 Quadratkilometer städtische Grünfläche, die ein Ökosystem bilden, unter staatlichen Schutz zu stellen. So entstand der erste städtische Nationalpark der Welt. Und 1998 wird Stockholm Kulturhauptstadt Europas.

977

Stockholm und sein »Montmartre« – das ist der Stadtteil Södermalm – im warmen Licht der Abendsonne.

Stadtrundgang

Der **Hauptbahnhof** (Centralstation), um den sich Hotels gruppieren, entstand 1871 durch Auffüllung des Seebodens. Gegenüber dem Bahnhof gehen wir in die Straße *Klara Vattugränd* und zur nahen **Klarakyrka** (Informationsblatt in deutscher Sprache) mit ihrem 116 Meter hohen Turm. Kirche und Klarissenkloster entstanden zwischen 1282 und 1290 durch König Magnus I. Ladulås und wurden 1527 während der Reformation unter Gustav Vasa abgerissen. Den einschiffigen Neubau ließ König Johan III. von 1577 bis 1590 durch zwei niederländische Baumeister erstellen.

Die Kirche säumen im Halbkreis Gebäude der Klosterschule, eines birgt die orthodoxe Kirche Stockholms. Auf dem Friedhof ruhen u.a. der bedeutende, im Stadtteil Södermalm geborene Dichter Carl Mikael Bellmann (1740–1795).

Von der Kirche in die *Klarabergsgatan* mit **Åhléns City**, dem größten Kaufhaus Schwedens. Im Selbstbedienungsrestaurant gibt es preisgünstige schwedische Hausmannskost.

Durch die Klarabergsgatan erreichen wir den modernen städtischen Nabel, den in zwei Ebenen gestalteten **Sergels Torg** (nach dem Bildhauer Johan Tobias Sergel, 1740–1814). Dies ist Schwedens volkstümlichster Platz. Auf dem Torg treffen sich die wichtigsten Straßen der Innenstadt: Hamngatan, Klarabergsgatan, Sveavägen, Drottninggatan.

An der Südseite des Platzes prunkt die breite Glasfassade des 1966 bis 1970 erbauten **Kulturhuset**, in dem das **Stadttheater** integriert ist. Vom *Café Panorama* im 4. Stock bietet sich ein schöner Ausblick, vor allem nordwärts in die Straße Sveavägen auf die fünf, von fünf Architekten konzipierten wuchtigen Hochhäuser (1952–1956). Sie bilden das Wahrzeichen der City und werden von den Einheimischen »Trompetenstöße« genannt.

Im Sveavägen, wo die Tunnelgatan mündet, wurde am 28. Februar 1986 der charismatische, international angesehene sozialdemokratische Ministerpräsident *Olof Palme* erschossen; die Stelle bezeichnet eine im Pflaster eingelassene **Gedenkplatte**. Palme, von dem mittlerweile nicht wenige Schweden wehmütig nachtrauernd sagen, er sei der letzte glaubwürdige Politiker ihres Landes gewesen, fand sein Grab in der nahen, 1774 geweihten *Adolf Fredriks kyrka*.

Am Sveavägen, im **Konserthuset**, werden alljährlich am 10. Dezember die Nobelpreise verliehen. Vor dem Konzerthaus liegt der **Hötorget** mit den 1995 neu konstruierten **Markthallen**.

Nach diesem Abstecher tauchen wir rechts des **Kulturhauses** in die Geschäftsstraße **Drottninggatan** ein. Haus Nr. 31–33 ist Sitz der Svenska Turistföreningen (Schwedischer Touristenverein). Rechts, an der Ecke zur Fresgatan, steht der zu den Regierungsbauten gehörende Komplex der Handelsbanken, verbunden mit dem Palais Rosenbad, einem der wenigen Jugendstilhäuser Stockholms, mit der Schaufassade an der Strömgatan. Das Gebäude birgt seit 1981 die Amtsräume des Premierministers.

Über die *Riksbron* spazieren wir auf die vormalige Insel *Helgeandsholmen* mit dem Monumentalbau des **Riksdaghuset** (Reichstag) der 349 jeweils für drei Jahre gewählten Parlamentarier: neubarock-klassizistische Architektur, entstanden von 1894 bis 1906, umgebaut 1970 bis 1983 (Führungen Samstag/Sonntag 12 und 13.30 Uhr). An der Nordwestfront befindet sich im Untergeschoß das didaktisch preisgekrönte *Medeltidsmuseet* (Stadtgeschichtliches Museum; geöffnet Dienstag bis Donnerstag 11–17 Uhr, Juni bis August Dienstag bis 19 Uhr).

Nach der nächsten *Brücke* wenden wir uns rechts in die Straße *Myntgatan*. Auf dem **Riddarhustorget** steht ein 1774 enthülltes Standbild König Vasas. Das 1674 vollendete, vom niederländischen Paladianismus geprägte **Riddarhuset** war einst Palast der schwedischen Ritterschaft, dem ersten Stand des Vierstände-Reichstages.

Jenseits des *Riddarholmskanales* informiert eine Schautafel über die Gegebenheiten auf **Riddarholmen,** eine der drei alten Inseln. Dort ließen sich durch die Gunst des Königs Magnus I. Ladulås im Jahre 1270 Franziskaner-Minoriten nieder, »Graue Mönche« – »gra munke« –, weshalb das Eiland bis ins 17. Jahrhundert Gramunkeholmen hieß. Riddarholmen (Ritterinsel) geht

auf die einstigen Paläste vor dem Stadtbrand 1802 zurück.

Zu den Anfängen: 1280 gilt als Baubeginn der zweischiffigen **Riddarholmskyrkan** (Besichtigungen 2. Mai bis 31. August 10–15 Uhr, Sonntag 12–15 Uhr; Informationsblatt in deutscher Sprache). Obwohl erst 1310 vollendet, fand König Magnus hier, links vor dem Altar, bereits 1290 seine Grablege. Zu seiner Rechten König Karl Knutsson Bonde († 1470). Diese beiden Monumente ließ König Johan III. in den Jahren 1573/1574 aufstellen. Riddarholmskyrka wurde zum Pantheon.

1629 bestimmte Gustav Adolf vor seinem Abmarsch mit einem 13000-Mann-Heer nach Deutschland in den Dreißigjährigen Krieg seine letzte Ruhestätte in der Kirche. »Die Schweden erhöhte er. Die Unterdrückten befreite er. Im Tode siegte er«, liest man in lateinischer Schrift über der Grabkapelle des 1632 verstorbenen »GUSTAVUS ADOLPHUS MAGNUS«.

Dem Beispiel des Herrschers folgten Feldherren und Regenten, zuletzt 1950 der 92jährige König Gustav V., der im Ersten und Zweiten Weltkrieg die Neutralität Schwedens gewahrt hatte. Er war der Großvater des derzeitigen Monarchen. Carl XVI. Gustav feierte am 3. März 1996 seinen 50. Geburtstag. Sein Vater († 1973) und seine Mutter († 1965) sind in Haga beigesetzt.

Auf der Nordseite der Kirche thront **Birger Jarl** (1248–1266), Schwager König Erik Erikssons und Gründer Stockholms, auf hohem Sockel inmitten des nach ihm benannten Platzes. Vor dem Denkmal gehen wir links über den *Wrangelska Backen* hinunter zur Bucht **Riddarfjärden** des Mälarnsees. Rechts sehen wir das Stadhuset, links den Stadtteil Södermalm. Am Kai ankert das Hotel- und Restaurantschiff Mälardrottningen, einst Luxusyacht der amerikanischen Millionärserbin Barbara Hutton. Wir spazieren links am Ufer entlang. Das *Restaurant Riddarkällar'n* hat Tische im Freien.

Über Stufen erreicht man wieder die Riddarholmskanal-Brücke. Auf der anderen Seite geht es halb rechts in das Sträßchen *Storkyrkobrinken,* angesichts des Turmes der Domkirche. Wir sind in der Altstadt: **Gamla Stan**. Rechts zweigt die Stora Nygatan ab.

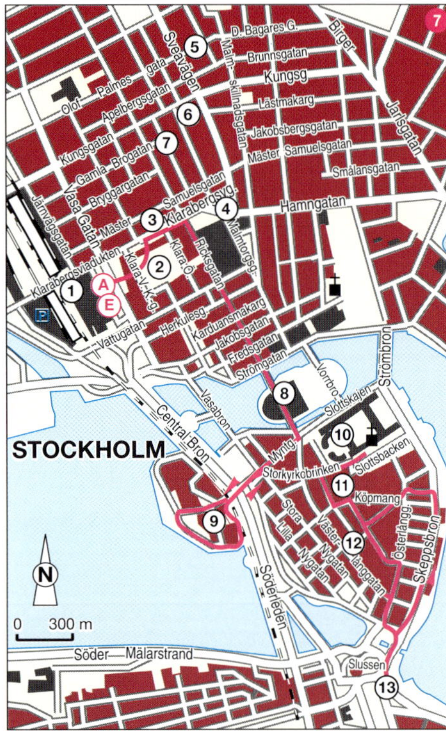

① ***Hauptbahnhof (Centralstation),*** ② ***Klarakirche (Klarakyrka),*** ③ ***Kaufhaus Åhléns City,*** ④ ***Sergels Torget,*** ⑤ ***Olof-Palme-Gedenkplatte,*** ⑥ ***Konzerthaus (Konserthuset),*** ⑦ ***Markthallen (Saluhall),*** ⑧ ***Rikdsdaghuset (Reichstag),*** ⑨ ***Riddarholmen,*** ⑩ ***Slottet (Schloß),*** ⑪ ***Domkirche (Storkyrkan),*** ⑫ ***Deutsche Kirche (Tyska kyrkan),*** ⑬ ***Slussen***

Sie bildet neben der Västerlånggatan die mit Ladengeschäften und Gastronomiebetrieben vollgestopfte Hauptstraße im historischen Kern, den längst Immobilienhaie und Spekulanten im Würgegriff haben.

Besuchen wir zunächst das **Kungliga slottet** (Königsschloß)! Die Vierflügelanlage im Stil von Barock und Renaissance gilt als größtes noch funktionelles Bauwerk seiner Art weltweit. Nachdem das alte Schloß 1697 mit Ausnahme des Nordflügels abgebrannt war, begann Nicodemus Tessin d. J. aus Stralsund, inspiriert von italienischen Vorbildern, mit dem Neubau, der während des Nordischen Krieges (1700–1721) des Soldatenkönigs Karl XII. ruhte und erst 1770 abgeschlossen werden konnte. Die königliche

Familie allerdings lebt außerhalb der Stadt im Rokokoschloß Drottningholm oder in ihrer Sommerresidenz Solliden auf Öland.

Im Schloß befinden sich Arbeitszimmer des Regenten, der laut Verfassung nur repräsentative Aufgaben erfüllt. Die Monumentalarchitektur birgt 608 Räume (drei mehr als der Buckingham-Palast), von denen ein Teil besichtigt werden kann (Dienstag bis Sonntag 10–12 Uhr). So die *Bernadottewohnung* und die *Festwohnung* mit dem Sterbezimmer des ermordeten Königs Gustav III. (1771–1792) und dem 47 Meter langen Bankettsaal. Außerdem die *Gästewohnung,* in der 1953 der abessinische Kaiser Haile Selassie schlief.

Im *Reichssaal,* in dem bis 1974 der König das Parlament eröffnete, steht der Silberthron Königin Christinas; er ist der wertvollste der Welt und wurde um 1640 in Augsburg gefertigt. *Slottsmuseef* (*Schloßmuseum*; Eingang in der Mitte des Nordflügel-Untergeschosses; geöffnet Juni bis August 12–15 Uhr) zeigt u.a. Reste der mittelalterlichen Burg; *Skattkammaren* (die *Schatzkammer*; Eingang vom Südportal; geöffnet Mai bis August Dienstag bis Samstag 11–15 Uhr, Sonntag 12–16 Uhr) u.a. die Reichsinsignien und *Livrustkammaren* (das *Zeughaus*; Eingang an der Südostecke; geöffnet Dienstag bis Freitag 10–16 Uhr, Samstag/Sonntag 11–16 Uhr), älteste Stücke aus der Gustav-Vasa-Epoche. Die vielbestaunte *Wachablösung* erfolgt auf der Westseite im äußeren Schloßhof von Mittwoch bis Samstag um 12.15 Uhr, Sonntag 13.15 Uhr, im Juli/August täglich 12.15 Uhr.

Nun zu der dem heiligen Nikolaus geweihten, 1279 erstmals urkundlich erwähnten, 1306 nach einem Brand neu erbauten und 1942 zur **Stockholmer Domkirche** erwählten **Storkyrkan** (geöffnet 9–18 Uhr, Eintritt, Informationsblatt in deutscher Sprache). Es stellt das älteste erhaltene Bauwerk Stockholms dar. Erweiterungen und Umgestaltungen, hauptsächlich zwischen 1736 und 1745, zauberten zwar, oberflächlich betrachtet, ein barockes Bild; im Grunde blieb jedoch die typische gotische Backsteinkirche des 15. Jahrhunderts erhalten. Bemalt (um 1350) sind nur mehr die Gewölbe der ehemaligen Marienkapelle (mittlerer Teil des Südschiffes). Seit dem 14. Jahrhundert finden hier Krönungen und herausragende Feierlichkeiten statt. Außerdem spricht der jeweilige Friedensnobelpreisträger nach seiner Auszeichnung im Dom. Jüngstes Großereignis war am 19. Juni 1976 die Vermählung des seit 1973 amtierenden Königs Carl XVI. Gustav mit der bürgerlichen Heidelbergerin Silvia Renate Sommerlath.

Angemessen sind die Kunstschätze. Allen voran im nordöstlichen Seitenschiff die für Nordeuropa einmalige, vom Lübecker Bernt Notke – er lebte 1483–1497 in Stockholm – geschaffene 3,60 Meter hohe, bemalte und vergoldete Ebenholzskulptur *St. Georg mit dem Drachen.* Es ist ein Hauptwerk spätgotischer Plastik und eine der ersten derartigen Großdarstellungen überhaupt. Geschaffen wurde es zur Erinnerung an den eine starke nationale Euphorie auslösenden Sieg des Reichsverwesers und Stifters Sten Sture d. Ä. 1471 am Brunkeberg nördlich Stockholms über ein mit 70 Schiffen unter König Christian I. gelandetes dänisches Heer, das der Drache verkörpert. Die Schwanzzacken des Drachens bestehen aus geschnitztem Elchhorn.

Links des Monuments hängt an der Wand das ähnlich dimensionierte »Jüngste Gericht«, ein Gemälde von David Klöcker v. Ehrenstrahl aus dem Jahr 1696. Den Hauptaltar (»Silberaltar«) aus Ebenholz und Silber stiftete die Witwe des Ratsherrn Johan Adler Salvius (1590–1652) Mitte des 17. Jahrhunderts in Erfüllung des Testaments ihres Gatten.

Schätzungsweise 200 Jahre älter als der Altar ist der 3,7 Meter hohe siebenarmige Bronzeleuchter vor dem Altarraum. Beachtung verdienen außerdem die vom Schloßarchitekten Nicodemus Tessin 1684 entworfenen prunkvollen Königsstühle beiderseits des vorderen Mittelschiffes sowie die Kanzel, eine Arbeit des Bremers Burchardt Precht aus dem Jahre 1700.

Das eigenwilligste Kunstwerk befindet sich im hinteren rechten Seitenschiff: Meister Urban schuf 1535 das *Vädersolstavlan*

Typische Gasse in Gamla Stan, der Altstadt Stockholms. Dort setzt die internationale Gastronomie starke Akzente.

JERUSALEMS
KEBAB
CAFÉ
Mini Bar

(Wettersonnenbild), ein farbiges Phänomen aus sechs Lichtkreisen mit Nebensonnen, wie es Stockholm am 20. April 1535 erlebte – eine Art Wetterleuchten. Es wurde seinerzeit als böses Omen wider den antireligiösen König Gustav Vasa gedeutet; eine Stimmung im Volke, die der Reformator und Domprediger Olaus Petri (Grabplatte unter der Kanzel) nutzte und den Herrscher zur Besinnung mahnte. Überdies zeigt das Bild die älteste bekannte Vedute Stockholms.

An der Westseite des Domes bummeln wir nun durch das Sträßchen *Trångsund*. Im *Haus Nr. 8* wird gediegenes nordisches Kunsthandwerk verkauft. *Haus Nr. 10* wartet im Keller mit Gewölben des 13. Jahrhunderts auf – ein stimmungsvolles Ambiente für das *Café Sten Sture*. Danach öffnet sich der gepflasterte, von typischen mittelalterlichen Bürgerhäusern gesäumte **Stor Torget**, der Nabel von Gamla Stan. Dort ließ Anfang November 1529 der Erzbischof auf Geheiß des dänischen Unionskönigs Christian II. ihm feindlich gesinnte Priester und Edelleute enthaupten. Ihre Leichen blieben als Abschreckung drei Tage lang liegen.

Unter den 80 Hingerichteten war auch Erik Vasa, der Vater des späteren Königs Gustav I., Gründer der nationalen schwedischen Monarchie. Er verjagte 1521 die Dänen und machte Schweden zur Beherrscherin der Ostsee.

An der Ostseite des Platzes, links der Pizzeria Frati's, geht es in die Straße *Svartmangatan*, an der uns die **Tyska kyrkan,** die **Deutsche Kirche St. Gertrud** empfängt (Besichtigungszeiten 12–16 Uhr). Sie betonte die Präsenz deutscher Kaufleute während des Mittelalters und später. Während des 15. Jahrhunderts war nämlich jeder dritte der 6000 Einwohner deutschstämmig. Wenngleich die Reformation die St.-Gertruds-Gilde erheblich an Einfluß schwächte, was vorübergehend ihre Auflösung bedingte, ließ sie ihr Gildehaus im späten 16. Jahrhundert zur Kirche umbauen; eine Erweiterung erfolgte in den Jahren 1638 bis 1642 durch den Straßburger Hans Jakob Kristler. Nach dem Zweiten Weltkrieg zählte die evangelisch-lutherische deutsche Gemeinde Stockholms 9000 und inzwischen noch 2400 Mitglieder. Der Gottesdienst jeden Sonntag um 11 Uhr wird natürlich in deutscher Sprache gehalten.

Auf der *Svartmangatan* weiter, stößt man rechtshaltend auf den kleinen **Järntorget**. Rechts kommt man in die *Västerlånggatan*. Kurz danach, beim Restaurant Trotzig, zweigt rechts die schmalste »Straße« Schwedens ab: **Mårten Trotzigs gränd,** ein beliebtes Fotomotiv.

Vom **Järntorget** durch die *Järntorgsgatan* gelangen wir zum **Karl Johans Torg** mit der Reiterstatue des Königs Karl Johan (1818–1844). Er hieß eigentlich Jean Baptiste Bernadotte und war napoleonischer Marschall, ehe ihn der kinderlose, kränkelnde König Karl XIII. im November 1810 adoptierte. Johann VIV. verhalf dem Land zu militärischen Erfolgen und wirtschaftlichem Aufschwung und ist der Stammvater des Königshauses.

Vor dem Betrachter liegt der **Slussen** (Schleuse), ein 1935 dem Verkehr übergebener »Kreisel« an der 1750 angelegten Schleuse, die den Wasserstand zwischen Mälaren und Ostsee reguliert. In der Eisenkonstruktion des 36 Meter hohen **Katarinahissen** (hiss = Aufzug) schwebt ein Fahrstuhl zum *Aussichtsrestaurant Gondolen*. Bei der U-Bahn-Station »Slussen« befindet sich das alte, 1685 vollendete Rathaus mit dem Stadtmuseum (geöffnet Juni bis August Dienstag bis Donnerstag 11–19 Uhr, Freitag bis Sonntag 11–17 Uhr). Dahinter beginnt der vom Tourismus kaum beachtete, lokalpatriotisch gefärbte Stadtteil Södermalm: »Montmartre« Stockholms.

Vom **Slussen** zurück, das heißt in die Straße *Skeppsbron* an der Bucht **Strömmen**. Beim Anblick des Wirtshausschildes **»Zum Franziskaner«** gelüstet es Weißbierfreunde (wie den Autor) unwillkürlich nach der Münchner Bierspezialiät. Den Gasthof gründeten die Stockholmer Franziskaner 1421 und betrieben ihn zwei Jahrhunderte. Das älteste Bierlokal Stockholms, dessen Atmosphäre sich trotz Altstadtnähe angenehm von den üblichen dortigen Restaurants abhebt, ist im Besitz des Deutschen Dieter Manhold. Ich finde auf der Speisenkarte »Thüringer Bratwurst mit Sauerkraut und Bratkartoffeln« sowie »Sauerbraten mit Apfelmus und Semmelknödel«, jedoch kein »Weizen«, statt

Die Drottninggatan, die am Sergels Torg beginnt, ist eine der Haupteinkaufsstraßen Stockholms.

dessen Dortmunder Bier und das schwedische »Falcon« (Sonntag Ruhetag).

Wir schlendern über *Skeppsbron*. Am Kai sind Schiffe vertäut. Jenseits des Strömmen, vor Skeppsholmen, leuchtet das Weiß des Dreimastschoners »Af Chapman«, der als Wanderheim regen Zuspruch genießt. Voraus am Skeppsbron erscheint das Denkmal für König Gustav III. (1771–1792) – sein Onkel mütterlicherseits war Friedrich I. von Preußen –, der den aufgeklärten Absolutismus und die Kultur des Rokoko in Berlin und Paris kennenlernte, was in Schweden u.a. zu größerer Religionsfreiheit und allgemeiner Liberalität, in Stockholm zur Gründung des Opernhauses, des Nationaltheaters und auf Anregung Carl v. Linées der Akademie der Wissenschaften führte. Beim kleinen Mann jedoch wuchs der Ärger über des Königs mondäne Hofhaltung, und der Adel fürchtete, Privilegien einzubüßen. Schließlich ermordete ein Leibgardist den König am 16. März 1792 während einer Maskerade im Opernhaus. Giuseppe Verdi erhob die Meucheltat mit seiner Oper »Ein Maskenball« auf die Musikbühne.

Wir schwenken vor Haus Nr. 8 links in die *Skeppar Garls Gränt* ein. Bei **Lopp-Män**, links, geht es auf Treppenstufen in die »Unterwelt« des reichhaltigsten Stockholmer Trödelladens, in dessen Flohmarkt-Enge man sich kaum umzudrehen wagt.

Die Skeppar Garls Gränt mündet in die *Österlångatan*. Links, wenig später rechts aufwärts gelangen wir durch die *Köpmangatan* wieder zum **Stor Torget**.

Blick vom Dreimast-Schoner Af Chapman, der als Jugendherberge dient, über den Norrström. Rechts die Häuserfront von Blasieholmen an der Strömgatan, links das Königsschloß.

Nützliche Informationen

Anfahrt: Von Süden (Helsingborg) auf der Europastraße 4 (streckenweise Autobahn) über Jönköping – Linköping – Norrköping 760 km, von Malmö 630 km, von Göteborg 550 km. Gute Bahnverbindungen. Busbahnhof gegenüber dem Zentralbahnhof. Flughafen Arlanda (45 km nördlich).
Öffentliche Verkehrsmittel: Einzelkarten für Busse und U-Bahn (Tunnelbana) an Zeitungskiosken kaufen; billiger als am Fahrschalter. Die 24 Stunden gültige *Stockholmskortet* (1996 ca. 35 DM) berechtigt einen Erwachsenen und zwei Kinder unter 18 Jahren zum freien Eintritt bei allen Sehenswürdigkeiten und Museen, zur Benutzung öffentlicher Verkehrsmittel und zu einer Schiffstour. Die Karte ist mit einem Magnetstreifen versehen und muß durch das jeweilige Lesegerät gezogen werden; erhältlich siehe Auskunft.
Unterkunft: Offizielle Zimmervermittlung – auch Privatunterkünfte, Wanderheime, Matratzenlager – im Zentralbahnhof-Untergeschoß; Mai bis September 8–21 Uhr, April und Oktober 8–17 Uhr. Im Raum Stockholm etwa 100 Hotels. Zentral z. B. *Stockholm* (Norralmstorg 1); Tel. (08) 22 13 20. *Terminus* (gegenüber Hauptbahnhof, Doppelzimmer ca. 230 DM); Tel. 22 26 40. *Mälardrottningen*, auf einem Schiff (Riddarholmen, Doppelzimmer in Kabinen ca. 225 DM); Tel. 24 36 00. *Scandic Crown* (Guldgränd 8, am »Slussen«, Doppelzimmer ca. 270 DM), häufig ausgebucht, Tiefgaragen; Tel. 702 25 00. In der Nähe, etwa 65 DM billiger, *Hotel Malmen* (Götgatan 49–51), keine Parkplätze; im Parkhaus für 24 Stunden 26 DM; Tel. 22 60 80. Bed & breakfast: *Hotel Tre Små Rum* (Södermalm, Höbergsgatan 81, Doppelzimmer ca. 80 DM); Tel. 641 23 71. • Unter dem halben Dutzend Wanderheimen (Vandrarhems) bzw. Jugendherbergen zwei Beispiele: *Af Chapman* (Skeppsholmen), auf einem Dreimastschoner von 1888, beliebtestes Wanderheim; Tel. (08) 679 50 15; keine kurzfristige Reservierung. *Långholmen*, auf der gleichnamigen Insel, 1990 in einem ehemaligen (bis 1987) Gefängnis eröffnet unter Beibehaltung der »Atmosphäre«; Tel. (08) 668 05 10.
Verpflegung: *Gamla Stan*: Typisches Fremdenverkehrsmilieu. Einheimische meiden die Altstadt. Verhältnismäßig billig sind Pizza, Kebab und Hamburger. Verführerisches kulinarisches Angebot in den Markthallen (*Hötorgshall*); gutes Fischlokal: »Kaisas Fisk«. *Markurells* (am Zentralbahnhof). *Clas pä Hörnet* (Surbrunnsgatan 20), bei Touristen unbekannter Feinschmecker-Tip, in einem Wirtshaus des 18. Jh., auch zehn Zimmer; Tel. 16 51 30. *Cafe Opera* (Gustav-Adolfs-Torg). • Preiswerte Lokale in Södermalm (südlich Gamla Stan), z. B. mit schwedischen Gerichten in gemütlicher Atmosphäre »Restaurant Pelikan« (Blekingegatan 40, Seitenstraße der Götgatan).
Camping/Caravaning: Um Stockholm ein

Dutzend Plätze. Broschüre »Stockholm Camping« kostenlos; siehe Auskunft.
• Spezialservice für Camper im Touristenbüro Info-Stop an der E 4/E 20, Kungens Kurva, etwa 20 km vor Stockholm; ausgeschildert.

Andere Sehenswürdigkeiten: Auf der Museumsinsel Djurgården: *Vasamuseet* (Vasa-Museum) mit dem seinerzeit größten Kriegsschiff der Welt, gesunken 1628 bei der Jungfernfahrt nach 500 m, 333 Jahre später geborgen; Juni bis August 9.30–19 Uhr, sonst 10–17 Uhr; deutschsprachiges Informationsblatt. • Weitere Museen und ihre Öffnungszeiten siehe allgemeines Info- und Prospektmaterial.

Sehens- und Wissenswertes außerhalb: *Skärgården* (Schären): Schiffsrundfahrten stündlich, u. a. ab Anlegesteg beim Grand Hotel. • *Schloß Drottningholm* (»Versailles des Nordens«): Wohnsitz der Königsfamilie auf der Insel Lovön im Mälaren (Schiffsverbindungen, 50 Min.), mit dem ältesten noch bespielten Theater der Welt; im Sommer Ballett- und Opernaufführungen; Besichtigung Mai bis August Montag bis Samstag 11–16.30 Uhr, Sonntag 12–16.30 Uhr.
• *Tyresta*: Seit 1993 Nationalpark (20 km^2), einziger europäischer Urwald in Großstadtnähe (20 km südöstlich im Södermanland). Informationsfaltblatt (schwedisch) mit Wegeskizzen: Länsstyrelsen i Stockholms län, Hantverkergatan 29, S-10422 Stockholm.

Auskunft: Sverigehuset, Kungsträdgården, S-10393 Stockholm; Tel. (08) 789 2000, Samstag/Sonntag 789 2400; Öffnungszeiten Mitte Juni bis Ende August Montag bis Freitag 8.30–18 Uhr, Samstag/Sonntag 8–17 Uhr, sonst 9–17 Uhr bzw. 9–14 Uhr.
• Von Mitte Juni bis Mitte August steht auch in der Klarakyrka beim Bahnhof von Montag bis Freitag 10–17 Uhr ein Tourismusbüro zur Verfügung.

8 Nationalpark Insel Ängsö

Im Skärgården

Tourencharakter: Spaziergang. Badegelegenheiten.
Ausrüstung: Leichte Kleidung; festes Schuhwerk wegen der Sumpfstellen.
Beste Jahreszeit: Mai bis September.
Reine Gehzeit: 1 ½ Std.
Weglänge: 6 km.
Markierungen: Vereinzelt Wegweiser.
Steigungen: Etwa 50 m.

Ängsö ist eine von rund 24000 Inseln und Inselchen des Stockholmer Schärengartens in der Ostsee. Es handelt sich dabei um eines der inselreichsten Küstengewässer der Welt, nordöstlich der Hauptstadt und so klein, daß die Autokarten den Winzling im Archipel namentlich ignorieren. Verständlich bei einer Länge von 1550 Metern und der größten Breite von 850 Metern: flächenmäßig 75 Hektar. Das Eiland ist fast menschenleer, was allerdings nicht immer der Fall war. Siedler haben zwischen 1725 und 1927, als der letzte nach 50 Inseljahren ging, die »Wieseninsel« in eine Kulturlandschaft verwandelt. Um diese zu erhalten, wurde Ängsö bereits 1909 Nationalpark. Eine Rolle spielte dabei auch die Flora: 1930 erkannte der Botaniker Erik Almquist 421 Pflanzenarten. Ähnlich vielfältig ist die Fauna: 170 Vogelarten, wovon 100 im östlichen Teil, der zwischen 1. Februar und 15. August nicht betreten werden darf, brüten. Krautreiche Heuwiesen, Weiden, Wälder, Moore, sanfte Höhen und felsige Gestade malen das allerorten liebliche Bild – ein Stückchen Schweden aus vergangenen Tagen. Välkommen till Skärgården!

Der Wegverlauf

Vom **Ängsö-Anleger** gehen wir zum Anwesen **Hemudden**. Weiter auf dem breiten Weg, begleitet von schwedisch beschrifteten *Naturlehrpfad-Tafeln*. Rechter Hand, jenseits der Bucht Hemviken – eine der größten Haubentaucherkolonien Schwedens –, liegt die Landzunge Hästholmen. Sie war, wie »holmen« zum Ausdruck bringt, eine Insel, und dies noch im frühen 19. Jahrhundert.

Nach insgesamt 10 Minuten spazieren wir links an der Moorwiese **Stormaren** entlang, einem Relikt des Sundes, durch dessen Verlandung aus zwei Inseln eine wurde. Auf den Feuchtwiesen blühen unter anderem die Sumpfdotterblume, das Sumpfveilchen, die Bachnelkenwurz, der Gemeine Gilbweiderich.

Bei der Gabelung, an welcher links bereits die Bucht Norrviken sichtbar ist, hält man sich rechts. Der Pfad ist auf ein kurzes Stück verstegt und führt in den schattigen, vor einem Jahrhundert gepflanzten Mischwald. Rechts breitet sich das *Vogelschutzgebiet* aus. Wenig später erreichen wir die Bucht **Svartviken**. Folgt man rechts dem Pfad noch 5 Minuten, bietet sich ein verschwiegenes Badeplätzchen mit einigen Metern Sandstrand.

Auf der Wiese vor **Svartviken** (Informationstafel) hatte Adam Michaelsson aus dem baltischen Livland 1857 für sich und seine jungvermählte Carolina eine Kate gezimmert. Der Mann starb sieben Jahre später; Frau und Tochter lebten in Armut, die Frau während der letzten Jahre vor ihrem Tode 1899 mit einer Kuh und einem Hund.

Ab der Informationstafel rechts halten, oberhalb des Brunnens, und in der Folge am besten auf dem unteren Steig bleiben. Nördlich liegt die Insel Hemmarö. Beim felsigen **Adamsudden** (Adamskap) biegen wir in Südrichtung ab. Entenfamilien schwimmen eilends davon. Ein reizvoller Fleck löst den anderen ab. Westlich liegt die Halbinsel Gärdsnäs. Unsere Route überquert wassergeschliffene Felsstöcke. Etwa 10 Minuten nach Adamsudden macht man einen Linksschwenk in die Bucht **Norrviken**. Holzstege führen durch das Moor **Norrsundet** auf die gegenüberliegende Seite. Rechts gelangen wir zum äußersten Zipfel der **Landzunge,** dem beliebtesten Badeplatz.

Wir bleiben weiter nahe dem Westufer, passieren eine *Orchideenwiese* und die nur schwach ausgeprägte Bucht **Tjuviken**. Dann folgt auch schon der nächste *Badesteg* bei einem *Rastplatz*. Etwa 20 Meter vor dem Steg geht es links über glatte Felsen. An der

Am Anleger bei den Hütten der Nationalparkverwaltung beginnt der genußvolle Spaziergang über die Insel Ängsö.

Wegeteilung rechts halten. Ein Bootshaus bleibt rechts liegen. Wir überqueren eine Wiese und treffen wenig später wieder beim Ausgangspunkt ein.

Nützliche Informationen

Anfahrt: Entweder von Stockholm (Süden) auf der Autobahn (E 3) Richtung Norrtälje bis zur Ausfahrt Ékersberga und weiter auf der Straße 276; oder von Norrtälje 17 km auf der Straße 276 bis zur Ortstafel Vettershaga südlich der Brücke; Lebensmittelgeschäft (Vettershaga Livs), Telefonzelle. Bushaltestelle »Vettershaga bro« (Verbindungen mit Stockholm und Norrtälje). Vom Lebensmittelgeschäft auf geschottertem Fahrweg hinunter zum Anlegesteg bzw. rechts, unter der Brücke durch, zum Parkplatz des Schiffseigners Bo Gesslein.
Ausgangspunkt: Nationalpark-Informationszentrum auf Änsgö am Schiffsanleger; 9–21 Uhr; erreichbar mit dem Charterschiff in 25 Minuten ab Vettershaga, Anruf bei Bo Gesslein in Löparö; Tel. (01 76) 6 43 25. Auskünfte im Vettershaga Livs (Lebensmittelgeschäft) an der Brücke.
Gehzeiten: Insgesamt 1½ Std. Schiffsanleger – Svartviken ½ Std. Svartviken – Norrviken ½ Std. Norrviken – Ausgangspunkt ½ Std.

Unterkunft und Verpflegung: Auf *Ängsö* sind im Aufseherhaus von Hemudden Getränke erhältlich. • *Norrtälje*: Pensionat Granparken (Gjuterivägen 1), WC/Dusche auf dem Flur; Tel. (0176) 10354. Stadt Hotel (Lilla Torget), Restaurant; Tel. 11200. • Originelles, preisgünstiges Speiselokal auf dem *Dampfschiff Norrtälje.*
Camping: Nächstgelegen *Vigelsjö* (2 km westlich von Norrtälje): 13.5.–17.9., auch Hütten; Tel. (0176) 10014.
Sehens- und Wissenswertes in der Umgebung: *Norrtälje*: Roslagsmuseet (Heimatmuseum, Hantverkargatan), in einer 1723 gegründeten Gewehrefabrik; Montag bis Freitag 12–16 Uhr, Samstag 10–14 Uhr.
Auskunft: Norrtälje Turist Bolaget, Lilla Torget, S-76124 Norrtälje; Tel. (0176) 13700.
Wanderkarte: Es genügt das Faltblatt (mit Kartenskizze), das am Ängsö-Anlegesteg aufliegt. Zur allgemeinen Übersicht: Gröna kartan 1:50000, Blatt Norrtälje 11JSV.

Bucht und Badeparadies Svartviken im nördlichen Teil der Insel Ängsö.

9 »Bergriese« Skuleberget

Nordeuropas einzige Klettersteige

Tourencharakter: Unschwierige Rundtour bei der Überschreitung. Höhere Anforderungen, Muskelkraft, Trittsicherheit und Schwindelfreiheit auf den Klettersteigen, insbesondere dem Röda leden. Steinschlaggefahr durch Voraussteigende!
Ausrüstung: Übliche Bergbekleidung; festes Schuhwerk. Auf den Klettersteigen zusätzlich Spezialausrüstung: Anseil- bzw. Sicherungsgürtel mit zwei Karabinern, Steinschlaghelm. Leihweise erhältlich im Skule Naturum.
Beste Jahreszeit: Ende Mai bis Oktober.
Reine Gehzeiten: Für die Überschreitung 1½ Std. Für die Klettersteige jeweils 1–1½ Std. plus ½ Std. Abstieg.
Weglänge: 5 km für die Überschreitung.
Markierungen: Auf dem Normalweg blaue Farbzeichen; Klettersteige weiß bzw. rot.
Steigungen: Nicht ganz 250 m für die Überschreitung.

Neben der Europastraße 4 schnellt die 200 Meter hohe Ostwand des Skuleberget aus bräunlich-rotem Rapakiwigranit steil empor: Naturreservat seit 1969, als der Sessellift (Linbana) schon vier Jahre durch die Südwestflanke zum Gipfel schaukelte. Auf der Ostseite bietet der Berg in diesem Teil Schwedens einen ungewöhnlichen Anblick, obwohl sich die gesamte Höga Kusten in verschwenderischer landschaftlicher Fülle offenbart. Es ist der überragende Abschnitt am Bottnischen Meerbusen – 130 Kilometer Küstenregion –, nordöstlich von Örnsköldsvik.

Der Gipfel des Skuleberget schenkt eine umfassende Schau über diese Region. »Wie oft muß ich sie noch sehen, bis ich sie beschreiben kann?« fragte sich der Reiseschriftsteller Lubbe Nordström. »Sie ist so viel größer, als meine Sprache auszudrücken vermag.« Ähnlich empfindet der Wanderer auf den markierten Normalwegen und der Begeher von einem der »Klätterleder« in den Ostabstürzen. Zwei Routen – Vita leden und Röda leden – stellen die einzigen Klettersteige Nordeuropas dar, eröffnet 1987 und 1990 und durchgehend versehen mit insgesamt 700 Metern Drahtseil. Außerdem helfen Eisenbügel und -stifte durch das Gewänd, wie in den Alpen. Im Skule-Tourismuscenter leiht man sich die Ausrüstung, und 10 Minuten später hangelt man sich schon am ersten Drahtseil hoch.

Auf dem Normalanstieg sind es zum Gipfel 40 Minuten. Dort sollte man nicht vor 10 Uhr sein. Dann nämlich öffnet Monica Björck ihre Toppstugan und verwöhnt den Gast zum Kaffee mit frischen »Wienerbröd«, einem schwedischen Blätterteiggebäck.

Der Wegverlauf

Skuleberget-Überschreitung

Vom **Skule-Parkplatz** aus sieht man bereits das erste Ziel, die Grotte im linken Teil der Ostwand. Westseitig des **Restaurants** wenden wir uns entsprechend dem Zeigerarm »Grottan, Toppen« in den Hangwald. Nach 5 Minuten erweckt ein Feld voll runder Kieselsteine Interesse. Diese Steine wurden einst von den Meereswogen geschliffen, ehe sich das Land zum heutigen Niveau hob.

Die Route kann nicht verfehlt werden. Dafür sorgen die massiven Steiganlagen, die überall dort installiert sind, wo es notwendig ist. Es vergeht eine gute Viertelstunde, ehe es richtig luftig wird. Und zwar beim Rechtsabstecher in die sogenannte **»Rövergrottan«**, eine Höhle (230 m), in der einst Trolle und Gesindel gehaust haben sollen. Als Entdecker gilt ein Förster anno 1707; indes, so die Überlieferung, habe König Karl XI. bereits im 17. Jahrhundert die Grotte besucht, deshalb auch der Name »Kungsgrottan«.

Je höher wir steigen, desto umfassender wird das Panorama, gekrönt von dem grenzenlosen Auslug auf dem Gipfel (294 m) des **Skuleberget**. Am 20. Mai 1732 weilte der Botaniker Carl v. Linné, ein gebürtiger Småländer, während seiner Lapplandreise hier, angezogen von den rund 250 Pflanzenarten. Übrigens war der Gipfel nie vom Meer überschwemmt; die höchste Küstenlinie liegt bei 285,5 Metern.

Durch die 200 Meter hohen Ostabstürze des Skuleberget verlaufen zwei Klettersteige, die man von der Europastraße 4 aus einsehen kann.

Östlich der Toppstuga, beim Wegweiser, gehorchen wir dem Hinweis »Öbergstigen«. Ungefähr 10 Minuten können wir uns an den roten und blauen Farbzeichen orientieren. Anschließend müssen wir rechts (die Rotmarkierung umrundet den Gipfelstock) den Abstieg fortsetzen. Ungefähr 20 Minuten unterhalb des Gipfels verläßt man die Felsregion und wird vom Waldgürtel umschlungen. Vorbei an einer *Windschutzhütte* betritt man 40 Minuten nach dem Gipfel ein Sträßchen. Es bringt uns nach rechts, begleitet von Tafeln des *Lehrpfades Rövarstigen,* zum **Skule-Parkplatz**.

Die Klettersteige

An der Rückseite des **Restaurants**, am Waldrand, steht der Wegweiser »Kläterstig«. Wir gehen das Sträßchen 300 Meter entlang, dann links in den Wald und 5 Minuten berg-

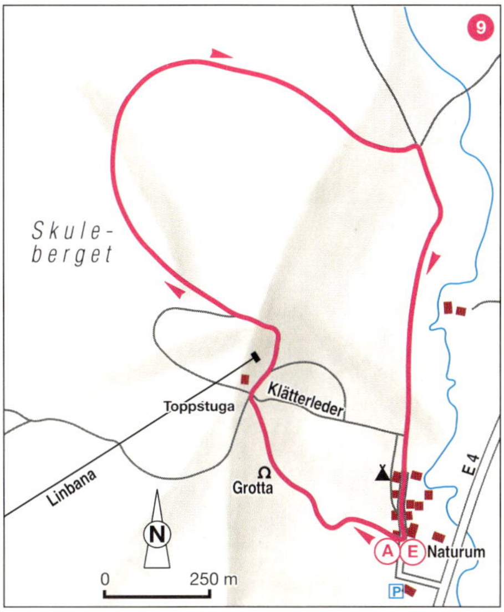

an zum Drahtseil, das uns in gestuftem Terrain zum »*Prövostenen*« bringt – Prüfstein für Wankelmütige. Wer hier Schwierigkeiten hat, sollte umkehren! Ansonsten steigt man, bestens gesichert, schräg links empor. Dann heißt es eine Entscheidung treffen: entweder geradeaus der weißen, mittelschwierigen Route (Vita leden) oder rechts dem schwierigeren Röda leden folgen.

Der **Vita leden** führt über einen Aufschwung und, linkshaltend, durch eine brüchige Rinne zu einer ausgesetzten Passage. Es folgen der *Mitthyllan*, ein Absatz, wo die Hälfte geschafft ist, der *Tallhyllan* (Kiefer-Absatz) und der *Stora Hyllan*, ein geräumiger Rastplatz. Nach der Überwindung von *Helenas Hall* (Helenas Platte) trägt man sich ins *Wandbuch* ein und hat wenig später den *Ausstieg* erreicht. Wer auf die Toppstugan am Gipfel verzichtet, hält sich am Drahtzaun links und stößt auf den Normalweg.

Der **Röda leden** wehrt sich vorerst einmal mit der abdrängenden *Våta Hällen* (Nasse Platte) und einem 7 Meter hohen, senkrechten Aufschwung. Letzterer wird, neben der folgenden *Traverse* (Quergang), als »Schlüsselstelle« bewertet. Danach darf man sich im Wandbuch verewigen. Das bedeutet zwar noch keineswegs ein Ende der Schwierigkeiten, doch wer es bis dahin geschafft hat, den können auch *Campinghylla (Zeltplatz)* und das abschließende brüchige Terrain nicht vom Gipfelsturm zurückhalten.

Nützliche Informationen

Anfahrt: Von Stockholm 520 km auf der Europastraße 4, von Örnsköldsvik 45 km, von Kramfors 50 km, von Östersund 253 km. Busverbindungen. Nächste wichtige Bahnhöfe sind (südlich) Härnösand und (nördlich) Mellansel (Minibus-Verbindungen mit dem Busbahnhof Örnsköldsvik).
Ausgangspunkt: Tourismus- und Informationszentrum Skule an der E4 zu Füßen des Skuleberget; Mitte Mai bis Mitte Juni sowie zweite Augusthälfte 10–18 Uhr, ab 20. Juni bis Mitte August 9–19 Uhr. Großer Parkplatz.
Gehzeiten: Insgesamt 1½ Std. Parkplatz – Grotte 25 Min. Grotte – Gipfel ¼ Std. Abstieg 50 Min. • Klettersteige 1–1½ Std., Abstieg ½ Std.
Unterkunft: Am günstigsten *Skulebergets Camping & Stugby*: Camping, Caravaning, 28 Hütten, Rum & Frukost; Mitte Mai bis Mitte September, Rezeption im Restaurant; Tel. (0613) 40055. • *Docksta*: Hotel Dockstagården; Tel. (0613) 40003. • In Örnsköldsvik sechs Hotels.
Verpflegung: Restaurant im Tourismuszentrum Skuleberget; Kiosk. • *Docksta*: Restaurants.
Jugendherbergen/Wanderheime: *Docksta*: Nächstgelegen, 3 km außerhalb des Ortes; 15.5.–31.8; auch Campingplatz; Tel. (0613) 13064.
Camping: *Docksta*: Nächstgelegen südlich; siehe Jugendherbergen. • *Störsjö*: Südlich von Docksta, bei Veda an der E4; auch Hütten; 28.5.–22.8.; Tel. (0613) 32088.
Andere Wanderungen: Beim Naturum Skule beginnt der Rundweg *Rövarstigen*, ein Lehrpfad mit schwedischsprachigen Informationstafeln, vorbei am Friluftsteater; ½ Std. Außerdem siehe Tour 10.

Bei der »Rövergrottan« am Normalweg auf den Skuleberget; im Hintergrund der Bottnische Meerbusen.

Sehenswertes: *Naturum* im und außerhalb des Informationszentrums Skule. • *Freilichtbühne*: Ende August das Stück »Häxan« von Lennart Bernadote, aus der Zeit der Hexenverfolgungen im Ångermanland.
Sehens- und Wissenswertes in der Umgebung: *Härnösand*: 12000 Einwohner; Freilichtmuseum auf dem Murberget; 21.6.–11.8. 11–17 Uhr. • *Gene Fornby* (5 km südlich von Örnsköldsvik, ab Själevad an der E4 ausgeschildert): Nordeuropas einziger rekonstruierter eisenzeitlicher Bauernhof aus dem 6. Jh.; Mittsommer bis 1. August-Woche 11–17 Uhr.
Auskunft: Skule Naturum, S-87033 Docksta; in den Sommermonaten Tel. (0613) 40171. • Turistbyrå, Nygatan 18, S-89100 Örnsköldsvik; Tel. (0660) 12537.
Wanderkarte: Nicht erforderlich. Es genügt das im Skule Naturum erhältliche Informationsmaterial.

10 Nationalpark Skuleskogen

Am Bottnischen Meerbusen

Tourencharakter: Unschwierige Rundwanderung. Trittsicherheit notwendig. Bei Nässe streckenweise unangenehm. Badegelegenheit.
Ausrüstung: Leichte Wanderkleidung; festes Schuhwerk.
Beste Jahreszeit: Ende Mai bis Oktober.
Reine Gehzeit: 4¼ Std.
Weglänge: 13 km.
Markierungen: Vom Parkplatz zum Tärnättvattnen orangerote, anschließend blaue Farbzeichen.
Steigungen: Etwa 200 m.

Skuleskogen war jahrhundertelang imaginäre Grenze zu Nordschweden. Vor dem Jahre 1000, während der Wikingerepoche, bildete es die nördliche Grenze des Sveareiches – einer der drei historischen Landesteile – zu Norrland. Heute teilen sich das Gebiet die Gemeinden Kramfors und Örnsköldsvik in der Provinz Ångermanland.

Auch pflanzengeographisch ist Skuleskogen Grenzraum bzw. Schmelztiegel südlicher und nördlicher Flora, ganz abgesehen von fjälltypischen Arten wie Alpen-Milchlattich, Echte Alpenscharte und die karminrote Alpen-Pechnelke. Zwar fiel der Nadelwald zwischen 1860 und 1900 einer Abholzaktion zum Opfer, doch davon ist so gut wie nichts mehr zu sehen. Heute ist der neue Bestand auch schon wieder alt. Das beweist die Anwesenheit von Grau-, Schwarz-, Dreizehen-, Klein-, Buntspecht und des seltenen Weißrückenspechtes. Mit dem Auer-, Hasel-, Moorschnee- und Birkhuhn sind sämtliche in Schweden vorkommenden Waldhuhnarten vertreten. Gelegentlich brütet als Gast aus der Binnenregion Norrlands der grauschwarze Unglückshäher.

Das Gebirge entsteigt an der Hohen Küste dem Bottnischen Meerbusen. Am meernahen Forum salutieren kahles Gestein und über 500 Jahre alte Krüppelkiefern. Großflächige Felsplateaus, Geröllhalden und Schluchten skizzieren grobe Strukturlinien, während zum Landesinneren hin Moore, Waldseen und Bachläufe die Kontraste des 1984 eingerichteten Nationalparks – des damals 19. in Schweden – bilden.

Als die Inlandeisdecke vor 9000 Jahren schmolz, wurde das gesamte Terrain bis etwa 280 Meter vom Meer bedeckt. Nur ein paar Gipfel entragten wie Stecknadelköpfe der endlosen Wasserwüste. Danach hob sich das Land im Laufe von 400 Jahren rund 60 Meter. Und dieser Prozeß hält noch immer an: 1 Meter in 100 Jahren. Erdgeschichtliche, maritime und witterungsbedingte Einflüsse haben ihre Handschriften hinterlassen. Sie tragen bei zur Faszination des Wanderns durch 800 Millionen Jahre. So lange ist es her, daß die Felsgründe barsten, was letztendlich die aktuellen Formen zur Folge hatte.

Nationalgericht an der »Höga Kusten«, dem reizvollsten Küstenstrich des Bottnischen Meerbusens, ist »Surströmming«. Alljährlich am 3. Freitag im August hat der in Dosen fertig gegorene, für mitteleuropäische Nasen und Geschmacksnerven streng riechende – um nicht zu sagen, stinkende – Hering seine höchste »Reife« erreicht und

Die beiden Klettersteige am Skuleberget sind die einzigen ihrer Art in ganz Nordeuropa.

wird Liebhabern dargeboten, zum Beispiel mit Mandelkartoffeln oder weichem Fladenbrot. Mahlzeit!

So oder anders gestärkt brechen wir auf in den Nationalpark. Aus dem Angebot der insgesamt 28 Kilometer Wanderwege habe ich eine Rundtour »konstruiert«, die Skuleskogen in seiner Vielgestaltigkeit näherbringt und Glanzlichter setzt.

Der Wegverlauf

Vom **Parkplatz** folgen wir kurz dem breiten Weg, gehen dann nach links und anschließend rechts auf einem Holzsteg über den *Bach*. An der Gabelung halten wir uns rechts auf zunächst breitem, später steinigem und feucht werdendem Weg. Er ist identisch mit dem 130 Kilometer langen Höga Kustleden zwischen Veda und Örnsköldsvik bzw. seiner »Vildmarksetapp« durch den **Nationalpark Skuleskogen,** den wir nach insgesamt ½ Stunde betreten. 5 Minuten später sieht man am Ufer der Bucht **Kälaviken** eine *Schutzhütte* am *Badestrand.*

Beim nächsten *Rastplatz,* links der **Informationstafel,** gilt der Zeiger »Slåttdalsskrevan«. Auf steinigem Weg steigen wir bergwärts. Über das Wurzelwerk eilen emsige Waldameisen. Nach ¼ Stunde legt sich das Gelände vorerst zurück. Der Fichtenhochwald wird von lichtem Mischwald abgelöst, in dem Farne wachsen. Eine Tafel (nyledkäl) macht rechts auf eine Quelle aufmerksam.

Links lagern Geröllhalden: Felder mit riesigen Kieselsteinen, zusammengespült und rundgeschliffen am ehemaligen Meeresgestade. Rechts neigt sich der felsige, gestufte Südrücken des Slåttdalsberget. Aus den Spalten des Rapakiwigranits wuchern zerzauste Krüppelkiefern. Wir gewinnen eine ebene, reizvolle tundraähnliche Hochtalmulde, in der die beiden **Slåttdalsmyren** ruhen. Totbäume recken sich gespenstisch aus den Sümpfen. Sie entstanden infolge dichter Sedimentböden, das heißt abgelagertem Sand und feinem Kies. Zwischen Juli und August entdeckt man an langen Stengeln die weißen Blüten des Langblätterigen Sonnentaus (Drósera ánglica).

Verstegte Wege leiten uns am Ostrand der feuchten Mulde. Nach 10 Minuten münden links Markierungen vom Skrattaborrtjärnen. Und nach weiteren 10 Minuten, nun wieder ansteigend, umfängt uns die erste Schlucht, über der ein Klemmblock droht. Hinter ihrem Scheitelpunkt (215 m) lüftet der Nationalpark sein größtes Geheimnis: **Slåttdalsskrevan**, eine 200 Meter lange, 7 Meter breite und bis 40 Meter tiefe, von glatten Felswänden gesäumte Schlucht. Sie entstand offenbar durch die Verwitterung eines schrägen Schlundes im Diabas. Dabei handelt es sich um ein von der Erosion leicht zerstörbares Ergußgestein. Diabas bildet eine schmale Störungszone im braun-rötlichen Rapakiwigranit, der bestimmenden Gesteinsart von Skuleskogen, »Rapakiwi« ist finnisch und heißt »verfaulter Stein«, in Anspielung auf seine Zerrissenheit.

Vom oberen Schluchtmund gleitet das Auge nordostwärts über den Tärnättvattnen – unser nächstes Ziel – zum Näskefjärden und über die Halbinsel Hummelvik zum Bottnischen Meerbusen. Der Abstieg ist auf den ersten Metern steil, wird später im Geröll aber flacher. Anschließend geht es weglos, aber sehr gut markiert über blanke, spärlich bewachsene Felshöcker, leicht linkshaltend, dann rechts zur Hütte am

Landschaftlicher Glanzpunkt im Nationalpark Skuleskogen: Slåttdalskrevan, eine 200 Meter lange Schlucht, durch die der Wanderweg an den See Tärnätvattnen führt.

Tärnättvattnen (165 m). Hier kann man mit etwas Glück den schwarz-weiß gefiederten Prachttaucher beim Fischen beobachten.

Die Lager und der Ofen in der Hütte sind für Begeher des *Höga Kustenleden* reserviert. Sein Verlauf schwenkt nach der Hütte orangerot markiert links ab, während wir geradeaus gehen, angewiesen auf die blauen Zeichen. Beim nächsten *Wegweiser* links halten, Richtung »Grotta, Tärnättholmarna« (rechts führt der kürzeste Weg zurück). Trotz herrlicher Aussicht muß auf die Markierungsfarben geachtet werden, da sie stellenweise verblaßt sind. Stimmt die Orientierung, erreicht man den *Holzsteg* über eine unheimlich tiefe, enge *Kluft*. Kurz danach ist es möglich, links über Blockwerk in den gewaltigen, kühlen Schlund der **Grotta** zu kraxeln.

Ansonsten steigt man durch die schmale *Schlucht* – gewissermaßen eine Miniatur von Slåttdalsskrevan – 5 Minuten ab. An ihrem Ende rechts (nicht links den Spuren folgen!) und auf einem Pfad durch den urwüchsigen Tannenwald hinunter ¼ Stunde zum breiten Querweg. Rechts – die Linksabzweigung führt nach Tärnättholmarna – auf dem alten Sennpfad 20 Minuten nach **Näskebodarna**, dem wohl lieblichsten Erdenfleck in Skulekogen. Früher war Näskebodarna eine Sennerei; das erste Holzgebäude rechts dient als Schutzhütte mit Schlafstatt.

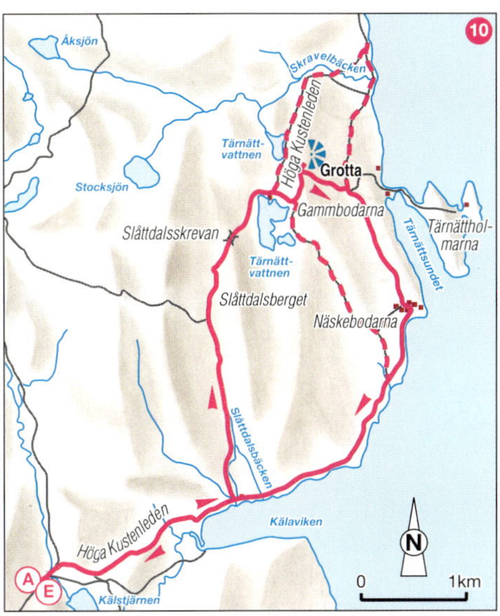

Vor dem Erreichen von Näskebodarna zweigt rechts ein ansteigender Weg ab zu einem **Grabhügel** der späten Bronzezeit (1500–500 v. Chr.). Er lag ursprünglich, wie die anderen vorgeschichtlichen Gräber an der Küste, am Strand und kam durch die Landhebung in seine heutige Höhe.

Vom Grabhügel links absteigend, gelangt man auf den Pfad, der von Näskebodarna rechts neben der Schutzhütte direkt zurückführt. Gemeinsam und blau bezeichnet geht es nahe der Küste weiter. Meereswogen platschen eintönig an den Strand, an dem wir maritime Pflanzen wie Strandrogen, Strandplatterbse, Salzmiere entdecken. Und Badeplätze – einer verlockender als der andere – bis zur Ankunft an dem bereits vertrauten Unterstand am **Kälaviken**.

Nützliche Informationen i

Anfahrt: Von Stockholm 520 km auf der Europastraße 4, von Östersund 253 km. Busverbindungen. Nächste wichtige Bahnhöfe sind (südlich) Harnösand und (nördlich) Mellansel (westlich Örnsköldsvik, Minibus-Verbindungen zum Busbahnhof).
Ausgangspunkt: Südlicher Parkplatz (52 m). Anfahrt: Vom Tourismuszentrum Skuleberget auf der E4 etwa 600 m südlich, dann links (beschildert) in das Nationalparksträßchen und über Käl zum Parkplatz; 7 km, davon 4 km geteert.
Gehzeiten: Insgesamt 4¼ Std. Parkplatz – Slåttdalsskrevan 1¾ Std. Slåttdalsskrevan – Tärnättvattnen 20 Min. Tärnättvattnen – Grotta ¼ Std. Grotta – Näskebodarna ¾ Std. Näskebodarna – Parkplatz 1¼ Std.
Unterkunft und Verpflegung: Siehe Tour 9.
Camping: Siehe Tour 9.
Andere Wanderungen: Siehe Tour 9 sowie im Anhang unter Weitwanderwege bei Höga Kustenleden.
Sehens- und Wissenswertes: Siehe Tour 9.
Sehens- und Wissenswertes in der Umgebung: Siehe Tour 9.
Auskunft: Siehe Tour 9.
Wanderkarte: Topo-Geomorfologisk Karta 1:20000. Skuleskogens Nationalpark. Erhältlich im Tourismuszentrum Skule; siehe Tour 9. Es genügt aber auch das Faltblatt Nationalpark Skuleskogen.

Fjäll-Wanderungen

11 Die Sälenfjällen

Das südlichste Gebirge

Tourencharakter: Unschwierige Rundwanderung. Bei Nebel auf dem Fjäll Orientierungsprobleme. In den Talbereichen sporadisch steglose Feuchtgebiete. Bei Benützung des Sesselliftes verkürzt sich die Gehzeit um 35 Min.
Ausrüstung: Wanderkleidung; festes Schuhwerk oder Gummistiefel.
Beste Jahreszeit: Ende Juni bis September.
Reine Gehzeit: Nicht ganz 4½ Std.
Weglänge: 16 km.
Markierungen: Von der Sessellift-Bergstation gelbe Andreaskreuze an Holzpfählen bis zur Kreuzung; dann rote Andreaskreuze zur Feman-Bachbrücke. Rückweg gelbe Andreaskreuze.
Steigungen: Etwa 400 m.

In Gestalt der mittelgebirgsartigen Sälenfjällen beginnt im Süden, in der mittelschwedischen Provinz Dalarna, die rund 1000 Kilometer lange Gebirgsregion des schwedischen Fjälls. Dalarna: Land der Täler, so die Übersetzung aus dem Schwedischen. »Seele des Landes«, wie es die heimatverbundenen Dalekarlier beschwören. Souvenir der Region ist »Dala-Hälst«: hölzerne, buntbemalte, lackierte Pferde in allen Größen, ursprünglich Spielzeug der Waldarbeiter-Kinder.

In Sälen, an der Abzweigung in den Fjäll, steht der Vasaloppsstenen mit den Namen aller bisherigen Sieger des Vasalaufes. 6 Kilometer südlich von Sälen, rechts der Talstraße, beginnt alljährlich seit 1922 am 1. März-Sonntag der 86 Kilometer lange Vasalauf (im Sommer Wanderweg Vasaloppsleden) mit mehr als 10000 Startern auf achtspuriger Loipe zur Gustav-Vasa-Statue in Mora. Die Strecke entspricht dem sagenhaften Fluchtweg des 25jährigen Adeligen Gustav Eriksson, des späteren Monarchen, 1521 auf Ski von Mora Richtung Norwegen vor den in Schweden eingedrungenen bzw. in Stockholm mordenden Dänen, die auch seinen Vater hingerichtet hatten. Bei Sälen holten ihn zwei Boten aus Mora ein, versicherten den Verteidigungswillen ihrer Landsleute und baten ihn, Anführer im Freiheitskampf zu werden. Gustavs Heer schlug den Feind entscheidend. Schwedens Weg zum selbständigen Nationalstaat war frei: 1523 Reichsgründung unter König Gustav I. Vasa.

Während in Sälen 1935 der Wintersport einzog, entstand erst in den achtziger Jahren westlich die Skischaukel Sälenfjällen, das »St. Moritz Schwedens«: 47000 Betten in Unterkünften aller Kategorien, 80 Lifte mit einer Stundenkapazität von 90000 Personen. Dennoch habe ich mich dort zu einer Wanderung entschlossen, im Hundfjället, und – war angenehm überrascht von der Ursprünglichkeit, schon einen Katzensprung vom Sessellift entfernt.

Der Wegverlauf

Von der **Sessellift-Talstation** (595 m) entweder dem Pfad unter dem Lift folgen oder links davon auf breitem Weg in 35 Minuten hoch zur **Bergstation** (815 m).

Weiter geht es über den steinigen Kahlfjäll. Nach 10 Minuten beim Wegweiser geradeaus, vorbei an einem der Seeaugen, die Blicke mit der Sonne wechseln. Es vergehen insgesamt 1¼ Stunden, ehe man den großen Steinmann auf dem höchsten Punkt des **Hundfjället** (926 m) erreicht.

Die Metallstangen mit den gelben Andreaskreuzen führen talwärts über den breiten Südostrücken des Berges. Südwestlich erkennt man den Tandsjön, südöstlich den Storfjället (924 m), östlich den Östra Kalven (903 m) mit einem Fernsehverstärker. Krummes, niederes Baumwerk kämpft gegen den unaufhörlichen Westwind. Hellgrüne Landkartenflechten überziehen eckige Gesteinsbrocken.

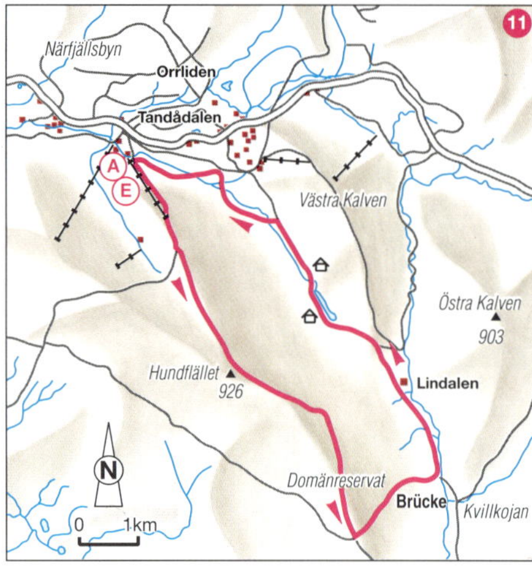

Etwa ¼ Stunde nach dem Gipfel nicht geradeaus (gesperrt), sondern rechts halten. Der Kiefernwuchs nimmt etwas zu, und kaum berühren wir den Waldgürtel, ertönt munteres Vogelgezwitscher von den Bäumen.

An der **Kreuzung** – eine ¾ Stunde ab Gipfel – geht es links mit dem *Sälenringen,* einem drei- bis viertägigen Rundweg um den Sälenfjäll. Auf dieser Höhenlinie erwarten uns die ersten Feuchtstreifen. Nach einer Viertelstunde wandern wir verstegt durch eine herrliche Moorwiese. 10 Minuten später stößt die Route auf die Holzbrücke über den Bach **Feman** (580 m).

Vor der Brücke links und leicht bergan. Einem Weiher weicht man rechts aus. Die kleine Rodungsfläche von **Lindalen** mit der Schutzhütte *Lindalens Fäbod* bleibt zurück. Nach einer Weile biegt die Route links in das idyllische, von Bachschlingen durchzogene Hochtal zwischen Hundfjället (links) und Västra Kalven (rechts) ein. Beim Suchen trockener Wegstrecken verläßt man zwangsweise die Stangen der Wintermarkierung, auch bei dem folgenden See links der Pfähle. An seinem Westufer empfängt uns ein ausgesprochener Promenadenweg. Rast bei

Ab der Brücke über den Bach Feman verläuft die Tour auf einem feuchten, mückenreichen Talboden zum Ausgangspunkt.

Charakteristische geologische Beschaffenheit und Vegetation des Hundfjället in den Sälenfjällen.

der **Unterstandhütte** am See – sofern es die Mücken zulassen! Vom Gipfel 2 Stunden.

Etwa 10 Minuten später wird links eine *Windschutzhütte* passiert. Nach weiteren 10 Minuten, vor der Feriensiedlung *Tandalen*, halten wir uns links, kurz auf einem trockenen Rücken, dann mit der Langlaufloipe (Leuchtmasten) bzw. zu einer Lifttrasse. Nach links erreichen wir – nun trockenen Fußes – wieder unseren Ausgangspunkt.

Nützliche Informationen

Anfahrt: Straße 297 nach Sälen, zwischen Malung (65 km, nächster Bahnhof) und Särna; von Göteborg 490 km, von Stockholm rund 400 km. In Sälen gegenüber der Tankstelle westlich (Tafel »Sälenfjäll«), 19 km nach Hundfjället. Busverbindungen, z.B. mit Göteborg.
Ausgangspunkt: *Tourismuszentrum Hundfjället* (730 m), Parkplätze. Talstation des Hundfjället-Sesselliftes; Betriebszeiten ab 10 Uhr von Mitte Juni bis Mitte August.
Gehzeiten: Insgesamt knapp 4½ Std. Parkplatz – Hundfjället 1¼ Std. Hundfjället – Feman-Bachbrücke knapp 1¼ Std. Brücke – Ausgangspunkt 2 Std.
Unterkunft und Verpflegung: *Hotel Hundfjället*: Mit Restaurant, kleinem Lebensmittelgeschäft, Ferienhäusern und einfachen Zimmern; Mitte Juni bis Mitte August; Tel. (0280) 96500. • Supermarkt und Tankstelle in *Tandalen* (1,6 km von Hundfjället). Dort ebenfalls eine Ferienhaussiedlung mit Restaurant; Tel. (0280) 33130. • *Högfjällshotellet* (9 km von Sälen): Auch Ferienwohnungen; Beginn bzw. Ende des gesamten Kungsleden; Tel. (0280) 87000.
Camping: *Sälen*: Am Westufer des Flusses; auch Hütten; Tel. (0280) 20321. SweCamp *Kläppens*: Besser ausgestattet; 14 km südlich von Sälen bei Transtrand, auch Hütten; ganzjährig, Tel. (0280) 24000.
Auskunft: Turistbyrå, S-78067 Sälen; Tel. (0280) 20250.
Wanderkarte: Fjällkartan 1:100000, Blatt W2. Erhältlich u.a. in der Tankstelle Sälen.

12 Njupeskärs Vattenfall

Höchster Wasserfall des Landes

Tourencharakter: Unschwierige Rundwanderung. Bei Nebel auf dem Fjäll Orientierungsprobleme.
Ausrüstung: Wanderkleidung; festes Schuhwerk.
Beste Jahreszeit: Ende Juni bis September.
Reine Gehzeit: 2½ Std.
Weglänge: 10 km.
Markierungen: Orangerote Farbzeichen. Auf dem Fjäll Markierungsstangen des Winterweges.
Steigungen: 250 m.

Das Kirchdorf Särna im nordwestlichen Dalarna am seebreiten Österdalälven gilt als Fjällporten: Einfallstor des südlichen Gebirges, sowohl in eines der namhaftesten Skandinaviens um Idre, das allein mit 32 Liften, 30 Abfahrten und 60 Loipenkilometern wirbt, als auch in den zu dieser Wintersportarena gehörenden Großraum. Es bildet aber auch die Pforte in den menschenleeren Fulufjället, ein rund 386 Quadratkilometer großes Naturreservat im Dalafjäll, 30 Kilometer Luftlinie südwestlich von Särna an der norwegischen Grenze, in göttlicher Einsamkeit, sobald man der unmittelbaren Umgebung des Njupeskärs-Wasserfalls entflohen ist. Er lockt massenhaft Touristen in das Gebiet um Mörkret.

Der Wegverlauf

Rechts des alten Blockhauses **Björbäckstugan** zeigt der hölzerne Wegweiser zum »Njupeskär«. Nach ¼ Stunde überqueren wir auf einem *Holzsteg* den **Njupån**. Dann mäßig bergan durch den Birkenwald, angezogen vom Rauschen des Wasserfalls. Wenige Minuten nach der Schutzhütte **Njupeskärsstugan** führen Holztreppen abwärts. Ein zweites Mal geht es über den Bach und auf Bretterstegen zur Plattform vor dem **Njupeskärsfall.** Bis hierher sprühen feine Gischtfahnen und -schwaden. Ewigschnee verbreitet Kühle. Donnernd stürzen die Wassermassen der Rörsjön 125 Meter über harten Dala-Sandstein in die Tiefe, davon 93 Meter in freiem Fall. Sveriges högsta vattenfall – Schwedens höchster Wasserfall!

Zurück zur Njupeskärsstugan und dort links spürbar bergan mit hinreißenden Blicken auf den Wasserfall. Etwa 5 Minuten geht es über ein Blockfeld. Dann haben wir die Höhe des mit Krummbirken bestandenen **Fjäll** gewonnen. Beim Wegweiser rechts halten (geradeaus der 5,5 km lange, weniger reizvolle Wasserfall-Rundweg), Richtung »Getsjön«. Steinmänner und Farbzeichen leiten uns. Links erscheinen die Fischerhütten am Lilla Rörsjön. In der Luft segeln Möwen. Außer ihren kehligen Schreien ist kein Laut wahrnehmbar inmitten der Seenaugen.

An der Kreuzung links: »Rörsjön« ist in die Holztafel geritzt. Damit sind wir auf einem Teilstück des südlichen *Kungsleden* und folgen links der Winterstangen dem Sommerweg. Bald erfüllt der Lilla Rörsjön das Blickfeld. Balken helfen über den Abfluß des Stora Rörsjön in den Lilla Rörsjön, worauf uns die malerischen Fischerhütten **Rörsjönstugorna** (897 m) zwischen den beiden Seen begrüßen. Eine Idylle! Schwalben sausen mückenhaschend, füttern ihre Jungen unter einer Dachtraufe. An den Ufern liegen Boote, zur Hälfte an Land gezogen. Schweden haben die Hütten für einige Tage gemietet, um zu angeln; es gibt sogar eine Sauna.

Der blaue Arm des Zeigers informiert: »4 Kilometer bis Bjorbäcken«. Der Weg verläuft vorerst parallel zu Leitungsmasten. Nach ¼ Stunde schwach rechts halten. Nach einer weiteren ¼ Stunde mündet links der erwähnte Wasserfall-Rundweg. Wenig später treten Parkplatz und Restaurant ins Blickfeld. Nun abwärts auf steinigem Weg, vorbei an einer *Windschutzhütte* und schließlich auf Holzstegen zum **Parkplatz**.

Nützliche Informationen

Anfahrt: Auf der Straße 297 (von Göteborg 550 km) oder 70 (von Mora 120 km) nach Särna; von Stockholm 440 km, von Oslo 300 km.
Westlich (4 km) von Särna die Straße 70

Bei den Rörsjön im einsamen Naturreservat Fulufjället. Im Hintergrund die Fischerhütten Rörsjön stugorna.

südwärts verlassen (Tafel: »Njupeskär/Mörkret/Gördalen«) und beschildert über Mörkret 25 km zum Parkplatz Björbäckstugan.
Ausgangspunkt: Parkplatz Björbäckstugan (710 m); Restaurant mit kleinem Naturum.
Gehzeiten: Insgesamt etwa 2½ Std. Parkplatz – Wasserfall ½ Std. Wasserfall – Rörsjön 1¼ Std. Rörsjön – Parkplatz 50 Min.
Unterkunft und Verpflegung: *Mörkrets Fjällgard*: 21 km von der Straßenabzweigung bei Särna, 4 km vom Parkplatz; Zwei- und Vierbett-Räume, Restaurant; Tel. (02 53) 1 70 03. • *Tjärnvallens stugby*: 6 km nordwestlich von Mörkret; Hütten; Tel. (02 53) 1 02 05. • *Särna*, STF-Wanderheime bzw. Jugendherbergen: Turistgården, ganzjährig, Sauna; Tel. (02 53) 1 04 37; Björkhagen,

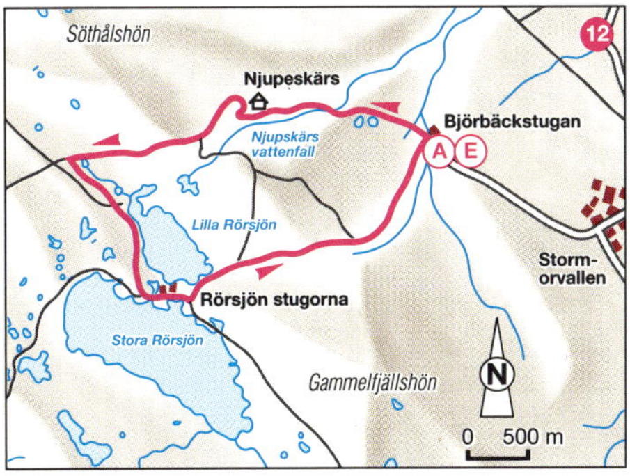

ganzjährig; Tel. 1 03 08. Hotels.
Camping: In *Särna*, am See, 1 km außerhalb, ganzjährig, auch Hütten; Tel. (02 53) 1 08 51.
Sehens- und Wissenswertes in der Umgebung: *Särna*: 1000 Einwohner, norwegisch geprägt, hervorgegangen aus einem Dutzend Bauernhöfen, im schwedisch-dänischen Krieg (1643–1645) durch die 200-Mann-Skiläufertruppe des streitbaren Pfarrers Daniel Buscovius von Norwegen-Dänemark für Schweden erobert. Gammelkyrka, Holzkirche von 1684 am Fluß; Juni bis August 8–20 Uhr. • Auf dem *Mickeltemplet* (624 m, beschilderte Anfahrt, 4 km südlich von Särna): Aussichtsturm mit umfassendem Rundblick, Restaurant; letzte Juniwoche bis Mitte August ab 10 Uhr, Samstag/Sonntag ab 12 Uhr. • Westlich von Särna an der Straße 70: *Skogsmuseum* (Wald- und Forstmuseum); 1.6.–15.9. 11–17 Uhr.
Auskunft: Turistbyrå, Särnavägen 6, S-79090 Särna; Tel. (02 53) 1 02 05.
Wanderkarte: Fjällkartan 1:100 000, Blatt W 2.

Der Njupeskärsfall ist der höchste Wasserfall Schwedens und wegen seiner Parkplatznähe die Hauptattraktion für Touristen im Dalafjäll.

13 Sånfjällets Nationalpark

Keine Angst vor Bären!

Tourencharakter: Unschwierige Rundwanderung. Bei schlechten Sichtverhältnissen ist die Route nicht zu finden!
Anmerkung: Die auf der Wegskizze gestrichelt gezeichnete Erweiterung der Tour verlängert die Gehzeit um etwa 1 ¼ Std.
Ausrüstung: Wanderkleidung; festes Schuhwerk.
Beste Jahreszeit: Ende Juni bis September.
Reine Gehzeit: 4 Std.
Weglänge: 12 km.
Markierungen: Anfangs etwa ½ Std. orangerote Farbzeichen. Auf dem Fjäll Steinmänner. Ab Sododalen knapp ½ Std. rote Andreaskreuze an Holzpfählen.
Steigungen: Etwa 550 m.

Die Wahrscheinlichkeit, Meister Petz zu sehen oder ihm gar zu begegnen, ist wie ein Sechser im Lotto. Doch es gibt ihn im Sånfjället, den Skandinavischen Braunbären. Er wird bis 2,20 Meter groß, erreicht ein Gewicht zwischen fünf und sechs Zentner und bevorzugt sowohl lichte Birkenwälder an der Baumgrenze als auch Weidedickicht an Flußläufen, denn dort gedeihen seine Leibspeisen, der blau blühende Alpen-Milchlattich und die gelbe Wald-Erzengelwurz. Der Schutz der Population war einer der Gründe für die Deklarierung des Nationalparks im Jahre 1909, seinerzeit, als dort der Bär auszusterben drohte. Das Gebiet hatte zunächst eine Ausdehnung von 26,2 Quadratkilometern und wurde 1989 auf 103 Quadratkilometer erweitert.

Von den rund 600 Bären in Schweden birgt der Sånfjället mittlerweile, vornehmlich in der üppigen Vegetation der feuchten, östlichen Wälder, den größten geschlossenen Bestand, etwa 30 Tiere. Sånfjället ist das südlichste Refugium wild lebender Braunbären. Keine Bange! Der Bär scheut den Menschen und sucht bei dessen Annäherung gemächlich trottend das Weite, sofern man ihn nicht bedrängt. Gelegentlich wird ein Elch gerissen. Elche äsen gern an krautreichen Bächen der Waldgrenze. Wild-Rentiere sind Ende des 19. Jahrhunderts ausgerottet worden. Bezüglich der Fauna nennt die Parkverwaltung Wiesenpiper, Schneehuhn, Schneeammer, Mornellregenpfeifer, Steinschmätzer, Kuckuck, Rauhfußbussard und Kolkrabe.

Das aus den geologischen Elementen

Etwa 30 Bären leben in freier Wildbahn im Nationalpark Sånfjället. Die Tiere sind sehr scheu, und bisher wurde kein Wanderer je von ihnen bedroht.

Quarzit, Kalk, Schiefer und Sandstein bestehende, die Hälfte des Jahres schneebedeckte Gebirge schwingt sich isoliert auf, weitum sichtbar aus den unermeßlichen, birkenreichen, von Mooren und Wasserläufen, in denen teilweise noch Fischotter schwimmen, durchsetzten Nadelwäldern der „Republik" Jämtland, die 1995 ihre 350jährige schwedische Zugehörigkeit feierte. Am eindrucksvollsten ist der Anblick von Norden auf der Fahrt nach Nyvallen, das vom kühngestalteten Nordtoppen beherrscht wird.

»Sån« (sprich: »sön«) sei vom isländischen Wort »sunna« (= Sonne; schwedisch = sola) hergeholt, so die gängige Erklärung. Demnach also auf deutsch »Sonnengebirge« für Sånfjället. Jedoch nicht immer! Wolken um die Gipfel prophezeien laut einer alten Bauernregel alsbald Regen. Uns schien die Sonne im »Sonnengebirge«!

Der Wegverlauf

Neben der **Informationshütte** gilt zunächst der Wegweiser »Högfjället«. Etwas später über den Bach und gleich danach linkshaltend weiter ansteigen, aus dem Mischwaldring tretend und links der Bachmulde steil empor. Mit dem Höherkommen erscheinen immer mehr Seen. Nach insgesamt 40 Minuten haben wir eine **Kuppe** (1040 m) mit zahlreichen Steinmännern gewonnen.

Linkshaltend vertrauen wir uns dem deutlichen Pfad an. Schräg durch die geröllübersäte Flanke geht es in 20 Minuten zu einem großen *Steinmann* in einem weiten **Sattel** (1180 m). Dann erneut links, weglos über kantiges Blockwerk, rechts an einer kleinen Radiostation vorbei zum **Nordtoppen** (1250 m): lohnendster und schaureichster Gipfel (1250 m) im Sånfjället. Vom Parkplatz 1¼ Stunden.

Zurück in den **Sattel** und in südwestliche Richtung über den Kahlfjäll, von Steinmann zu Steinmann, in leichtem Gefälle links einer verblockten Mulde. Voraus, südlich, wölbt sich die höchste Kuppe im Nationalpark, der Högfjället (1278 m). Südwestlich dominiert der Gråsidan (1193 m); vorgelagert die flache Haube des Valmfjället (1117 m).

Nach ½ Stunde lenkt ein Bächlein die Route. Man bleibt an seinem linken Ufer, noch ¼ Stunde, bis zum ersten roten Andreaskreuz im tiefgeschürften **Sododalen.** Sein schiefriger Untergrund macht es zu einem Blumenparadies. Solcherart Beobachtungen vermittelt der eventuelle Weiterweg durch das Tal zur Rasthütte.

Der schnellste Rückweg indes erfordert das Überschreiten des **Baches**. Hernach entsprechend der roten Andreaskreuze 10 Minuten mäßiger Anstieg. Weiter geht es durch das frostgesprengte Gesteinsmeer, auf dem

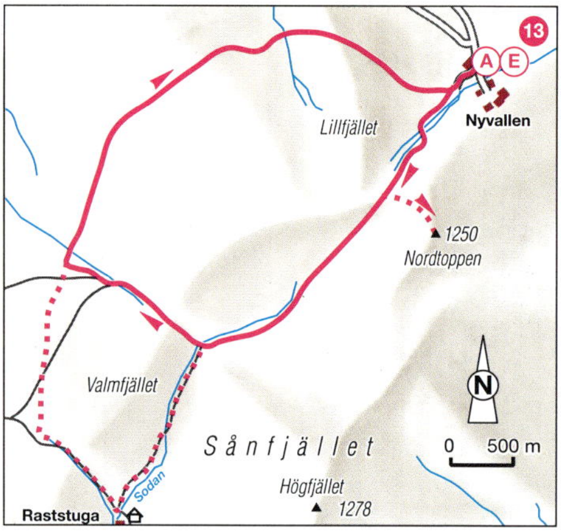

Bei der Anfahrt nach Nyvallen füllt der kahle Bergstock des Sånfjället – links der Nordtoppen – das Blickfeld.

die Landkartenflechte hellgrün leuchtet, und abwärts, links einer bis in den Sommer schneegefüllten Rinne. Ein Moorschneehuhn flattert unbeholfen hoch. Wo sich die Stangen der Wintermarkierung nach links wenden, laufen wir geradeaus, stellenweise auf den weichen Polstern der Rentierflechte, und stoßen wenig später auf einen schmalen, nicht markierten **Querweg**. Von Sododalen ½ Stunde.

Rechts die Mulde queren. Plötzlich beäugen uns Rentiere, ein Dutzend ältere Böcke und Kühe; domestizierte Tiere, wie man an einem rotgefärbten Schwanz sieht. Offiziell bestehen keine Weiderechte für den Nationalpark.

Der Pfad wird zu einer lustvollen Promenade im schütteren Birkenwaldgürtel. Winzige rote Alpen-Azaleen bilden kleine Polster. Vereinzelt wächst die Alpen-Bärentraube (Arctostáphylos alpina), ein Zwergstrauch, dessen Blätter im Herbst dunkelrot leuchten; Blüte weiß mit grüner Spitze. Außerdem eine nur in Skandinavien vorkommende Art (Émpetrum hermaphroditum) der heidekrautähnlichen, immergrünen rotsaftigen Schwarzen Krähenbeere (Empetrum nigrum), in Mitteleuropa mehr als Rauschbeere bekannt.

Beim **Wegweiser** rechts. Hier trennen uns nur mehr 40 Minuten vom Parkplatz. Einige Bäche werden überschritten, und dem letzten Tobel folgt eine 10minütige Steigung, ehe die Tour nach **Nyvallen** ausläuft.

Nützliche Informationen

Anfahrt: Landstraße 84 nach Hedeviken (65 km von Sveg, 186 km von Mora, 138 km von Östersund). Dort südwärts (beschildert »Sånfjällets Nationalpark«) 16 km nach Nyvallen. Nächster großer Bahnhof: Sveg (Östersund – Gällivare; Zugverkehr 17.6.–13.8.); Busse nach Hedeviken.
Ausgangspunkt: *Nyvallen* (790 m), südlich von Hedeviken, Almsiedlung aus dem 17. Jh. am Nordrand des Nationalparks; Park-

plätze. Informationshütte; letzte Juniwoche bis Mitte August 10–18 Uhr. Von Hedeviken 14 km (2 km Teerstraße).
Gehzeiten: Insgesamt 4 Std. Parkplatz – Nordtoppen 1¼ Std. Nordtoppen – Sododalen 1 Std. Sododalen – Parkplatz 1¾ Std.
Unterkunft: *Hede*: Hotel Sånfjället (Hauptstraße); Tel. (06 84) 1 00 64. Außerdem mehrere Hüttenvermieter, u.a. Hede Sport Camp, siehe bei Camping. • Südlich (3 km) von Hede: *Oltjärns Kurs- och Friluftsgård*; auch Hütten und Restaurant; ganzjährig; Tel. 1 07 60. • Nordöstlich (11 km) von Hedeviken, an der Straße 315 in *Vemdalen* (1,5 km südwestlich der Kirche): Vemdals-Campen Semesterby; ganzjährig, preisgekrönt für Service und Qualität; Tel. 3 02 00.
Verpflegung: Lebensmittelgeschäft in Hedeviken.
Camping: In Hedeviken *Sånfjällscampen*: Rechts der Straße zum Nationalpark, am Vikarsjön, einfacher Platz; ganzjährig; Tel. (06 84) 1 21 30. • *Hede Sport Camp*: 7,5 km westlich von Hedeviken in Hede, große, vielseitige Anlage am Fluß Ljusnan, Restaurant; ganzjährig; auch 15 Hütten; Tel. (06 84) 1 10 20. • Siehe auch bei Unterkunft.
Auskunft: Turistbyrå, Ljusnegatan 14, S-84093 Hede; Tel. (06 84) 4 10 80.
Wanderkarte: Gröna kartan/Fjällversion 1:50 000. Blatt Sånfjället 173 A.

Aufstieg zum Nordtoppen, dem lohnendsten und aussichtsreichsten Gipfelpunkt des Nationalparkes Sånfjället.

14 Bei Östersund

Eiszeitspuren in den Oviksfjällen

Tourencharakter: Unschwierige Rundwanderung. Bei Nebel Orientierungsprobleme trotz Winterpfählen. Beim Abstieg im Björndalen steglose Bachüberschreitungen. Zahlreiche Feucht- und Moorstellen am Pfad entlang des Lekarån.
Anmerkung: Abkürzungen und Abstecher sind auf der Wegeskizze gestrichelt.
Ausrüstung: Wanderkleidung; festes Schuhwerk.
Beste Jahreszeit: Ende Juni bis September.
Reine Gehzeit: 6¼ Std.
Weglänge: 20 km.
Markierungen: Rote Andreaskreuze auf Holzpfählen bis zum Lekarån.
Steigungen: Etwa 700 m.

Die kahlen Oviksfjällen bilden den östlichsten Teil der Årefjällen bzw. der riesigen Fjällkette Jämtlands, ungefähr auf der Höhe des norwegischen Trondheim. Überall sind Rudimente jener unvorstellbaren erdgeschichtlichen Wandlungen vorhanden, als das kilometerdicke Inlandeis schmolz und sich von Westen nach Osten zurückzog. So geschehen vor rund 15000 Jahren während eines Prozesses, der 6000 Jahre andauerte. Dieser Vorgang schuf die groben Züge der Landschaft; fließende Wasser ziselierten den Fjäll, ganz besonders die Oviksfjällen.

In den üblichen deutschen Reiseführern findet man nur oberflächliche Angaben über die Oviksfjällen und das Urstromtal des forellenreichen, über den Dalsjön aus einer Seenplatte genährten Dammån, der das Gebirge nördlich begrenzt. Es liegt eben abseits, südlich des »Karolingervägen« (Europastraße 14), der wichtigsten Querverbindung Mittelschwedens zwischen Östersund und Norwegen, an der so namhafte Skistationen wie Åre locken. Aber auch bei Bydalen wie um Höglekardalen hat der Wintersport durch Lifte seine Zeichen in der Natur hinterlassen. Auf den Bergen dagegen scheint sich nichts verändert zu haben seit den Tagen, da die Gletscher dort ihre Zungen verloren haben.

Hauptstadt der dünnbesiedelten, 1178 bis 1645 zu Norwegen gehörenden und nach dem schwedisch-dänischen Krieg von Norwegen-Dänemark abgetretenen Provinz Jämtland – so groß wie Dänemark, aber nur 135000 Einwohner – ist das 1786 unter König Gustav III. Adolf am bodenseegroßen Storsjön nach rechtwinkeligem Schema gegründete Östersund.

Einen Resonanzschub erhoffte sich die Region Anfang der neunziger Jahre. Östersund hatte sich nämlich zusammen mit Åre um die Olympischen Winterspiele 1994 beworben. Sie kamen ins norwegische Lillehammer. Und auch für 1998 steht man mit leeren Händen da: Naganol in Japan machte das Rennen. Vielleicht gut so für das Jämtland, zumindest im Interesse des Naturschutzes!

Der Wegverlauf

In **Höglekardalens Semesterby** beginnt der Anstieg rechts des *Dromliften* am Waldrand. Nach ¼ Stunde, dort, wo sich die roten Andreaskreuze rechts wenden, bleiben wir am Rand der Piste und sind ¼ Stunde später an der **Lift-Bergstation** (780 m). Vor der Bergstation rechts, nun zuverlässig markiert mit roten Andreaskreuzen auf Holzpfählen. In Kürze bieten sich links, abseits des Weges, eindrucksvolle Blicke in den achtunggebietenden, rund 1000 Meter langen und 70 bis 80 Meter tiefen **Dromskåran**, herausgewühlt von den ungeduldigen, drängenden Elementen eines zum Durchbruch gelangten Schmelzwassersees der Oviksfjällen-Gletscher.

Nach insgesamt 1 Stunde sind die hauptsächlichen Steigungen überwunden. Erstmals genießen wir die Weite der Oviksfjällen. Am **Wegezeiger** (905 m) ist eine Entscheidung hinsichtlich des Weiterweges fällig. Droht schlechte Sicht, bietet sich als Alternative für den Rückzug der Geröllsteig am orographisch rechten Rand des Dromskåran an. Konditionsstarke können auf Pfadspuren den Drommen (1140 m) in die Tagesplanung einbauen; Auf- und Abstieg etwa 1½ Stunden.

Die Rundtour schwenkt beim **Wegezeiger** rechts in eine flache, lange, von Seen und Tümpeln aufgelockerte Mulde ein. Wir halten uns an die Pfadspuren parallel zu den Stangen der Skimarkierung. Nach insgesamt 1¾ Stunden ist es möglich, die Tour abzukürzen, indem man rechts ansteigt (Wegzeiger). Andernfalls geht es geradeaus, am besten (trockensten) orographisch links des Baches. Aus dem Steinmoos leuchten rote Polster der winzigen Alpen-Azalee. Im Vorblick erscheint für einige Zeit die Falkfångarfjället-Hütte. Linker Hand erhebt sich der Bantitjakk: höchster Berg (1200 m) im Östfjället. Der Bach wird im Hintergrund der Mulde an geeigneter Stelle links übersprungen.

Sobald die Hütte wieder auftaucht, läuft man noch ¼ Stunde zu diesem vor allem bei Schlechtwetter willkommenen Schutz links oberhalb des Sattels, der das Storfjället Baltejakke vom Falkfångarfjället trennt. Die **Falkfångarfjället-Hütte** (1090 m) wurde 1983 erstellt, besitzt Schlafstellen, einen Ofen und ist so sauber wie alle derartigen Unterkünfte.

Von der Hütte in den Sattel und rechtshaltend mäßig ansteigen. Schwach südwestlich besticht der Vintjuvelke, mit 1371 Meter höchster Gipfel in den Oviksfjällen. Unsere Spur führt nun annähernd eben zwischen drei Seen hindurch und auf dem mit Felsblöcken übersäten Plateau zum großen Steinmann des **Holtoke** (1185 m), dem Kulminationspunkt im Falkfångarfjället. Vom Ausgangspunkt knapp 3½ Stunden.

Nördlich absteigen. Ein Steinschmätzer schreit in den Wind. Jenseits von Höglekardalen, oberhalb der Waldgrenze, buckeln die von glazialen Schmelzwassern geprägten zwei Hovdehögen-Kuppen, an denen Skipisten häßliche Schneisen hinterlassen haben. Ungefähr ½ Stunde nach dem Gipfel sind wir an einer wichtigen **Kreuzung** mit einem vierarmigen Wegezeiger (960 m) angelangt. Von rechts kommt der erwähnte Abkürzer, geradeaus führt die direkte Route in einer ¾ Stunde zu Tal. Mehr als doppelt soviel Zeit nimmt der Weg durch das Björndalen in Anspruch. Dafür ist er wesentlich reizvoller und abenteuerlich.

An der **Kreuzung** links mit den Markierungsstangen. Schon nach 20 Minuten begegnen uns in einer geschützten Mulde die obersten Birken des hier noch lieblichen **Björndalen**. Zunächst bleiben wir links des Baches, dessen Ufer im weiteren Verlauf mehrmals gewechselt werden, wobei die jeweils günstigste Furt gesucht werden muß. Rund ½ Stunde dauert der Abstieg an den **Lekarån**. Während sich die Stangen der Wintermarkierung jenseits fortsetzen, gehen wir rechts auf Pfad- und Steigspuren, streckenweise weglos, stets in Ufernähe. Feucht- und Sumpfflecken weicht man, wenn möglich, aus. Für die Strecke bis zur Brücke ist mit wenigstens 40 Minuten zu rechnen. Dann hat man wieder festen Boden unter den Füßen und erreicht in gut 10 Minuten die Hütten von **Höglekardalens Fjällpensionat**. Vom Holtoke 2¼ Stunden.

Auf dem **Campingplatz** rechts halten und den breiten Weg nehmen. Zuletzt an einem Kinder-Übungsangelteich vorbei nach **Höglekardalens Semesterby**.

Nützliche Informationen

Anfahrt: Von Süden (E45) bis Svenstavik am Südzipfel des Storsjön. Dort links mit der Straße 321 bis Hallen (Tankstelle, Postamt, Lebensmittelgeschäft). In Hallen zweigt links die Stichstraße (22 km, streckenweise nicht geteert) nach Höglekardalen ab. Von Östersund (89 km) auf der Europastraße 14 etwa 50 km Richtung Trondheim bis kurz vor Mattmar, dann links (Straße 321) 17 km nach Hallen. Von Östersund täglich (17.6.–14.8.) Busverbindungen nach Höglekardalen über Hallen – Bydalen. Von Åre 94 km. Nächster Bahnhof: Mattmar (Strecke Östersund – Trondheim). Nach Östersund mehrmals täglich direkte Züge ab Göteborg und Stockholm; an Wochenenden Direktbusse von Stockholm.

Ausgangsort: *Höglekardalens Semesterby* (595 m), Gasthaus und Hütten unweit der Brücke über den Storån. Von Hallen 22 km. Bushaltestelle.

Ein ausgebrochener Schmelzwassersee des einstigen Oviksfjällen-Gletschers hat den bis zu 80 Meter tiefen Dromskåran gestaltet.

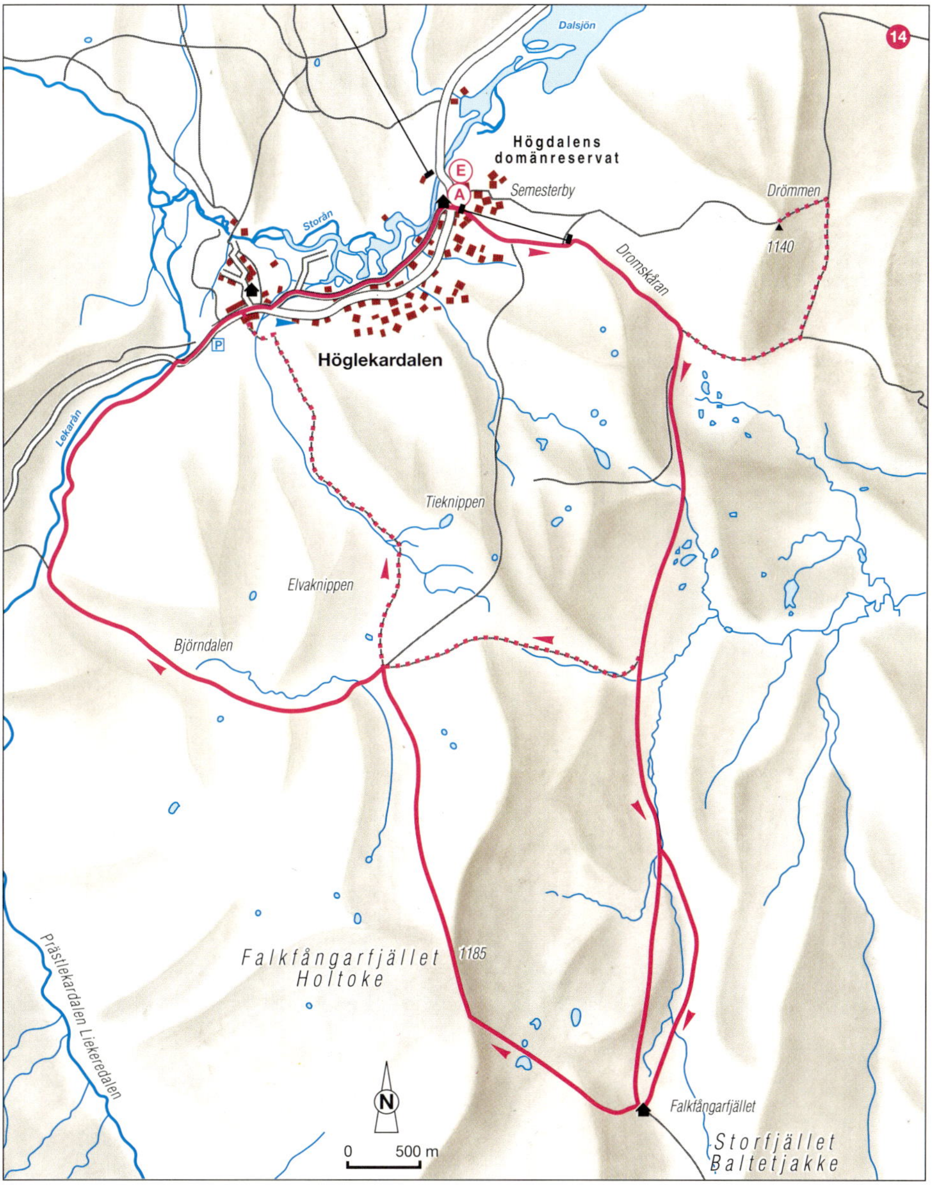

Gehzeiten: Insgesamt etwa 6¼ Std. Höglekardalens Semesterby – Falkfångarfjället-Hütte 2¾ Std. Hütte – Holtoke 35 Min. Holtoke – Wegekreuzung ½ Std. Kreuzung – Lekarån knapp 1 Std. Lekarån – Höglekardalens Fjällpensionat 1 Std. Fjällpensionat – Ausgangspunkt ½ Std.

Unterkunft: *Höglekardalens Semesterby*: 58 Hütten, Mittsommer bis Ende August; Tel. (0643) 32027. • *Höglekardalens Fjällpensionat*: Am Ende der Straße, 1,7 km von Höglekardalens Semesterby, Hütten und Campingplatz; Mittsommer bis Ende August; Tel. 32014. • *Bydalen* (20 km von Hallen): Bydalens Fjällby, Hütten, Sauna, Wirtschaft, Laden; Tel. 32011. Fjällhalsens Turistanläggning, Hütten (vier bis sechs Betten), Sauna, Cafeteria; Tel. 32009, 32011. • *Hallen* (an

der Straße nach Höglekardalen): Ol-Jons-By, 17 Hütten; Tel. (06 43) 3 01 98.
Camping/Caravaning: Zelt- und Caravaningplätze in *Höglekardalens Semesterby* und *Fjällpensionat*; siehe Unterkunft. • In *Östersund* SweCamp, ganzjährig, auch Hütten, Tel. (0 63) 14 56 15.
Einkehr unterwegs: Kiosk in *Höglekardalens Fjällpensionat*; wenn nicht besetzt: läuten.
Sehens- und Wissenswertes: Nordöstlich (800 m) von Höglekardalens Semesterby unterhalb der Straße die *Sennerei Hovdebuan* aus dem 18. Jh.; im Juli/August weiden Kühe und Zicklein, Vorführungen alter Arbeitsweisen; frische Waffeln. • *Bydalen*: Forschungsstätte über die wandernden Großforellen des Dammån, Führungen Juli/August Dienstag 19.30 Uhr.
Sehens- und Wissenwertes in der Umgebung: *Hallen*: Heimatmuseum im Hof Ifvarsgården, Juli/August Mittwoch 10–16 Uhr Fladenbrotbacken. Mittelalterliche Kirche, ursprünglich 13. Jh., freistehender hölzerner Glockenturm.
Andere Wanderungen: Kostenlose Broschüren »Wandern in den Årefjällen« und »Årefjällen. Der Führer für die Åreberge« anfordern bei Årefjällens Turistbyrå, Åre Torg, S-83013 Åre; Tel. (06 47) 1 77 20.
Auskunft: Turistbyrå, S-83001 Hallen, bei der Shell-Tankstelle; Tel. (06 43) 3 01 96. • Årefjällens Turistbyrå, Åre Torg, S-83013 Åre; Tel. (06 47) 1 77 20.
Wanderkarte: Fjällkartan 1:100 000, Blatt Z7. Gröna kartan/Fjällversion 1:50 000, Blatt 183 C.

Die Rentierflechte ist charakteristisch für die mittlere Fjällregion.

Der lappländische Fjäll

15 Der Süden Lapplands

In das Naturreservat Marsfjället

Tourencharakter: Einfach bis zur Marsfjällskåtan; hin und zurück etwa 4 Std. Bademöglichkeit. Bei Hochwasser des Rodinsbäcken und weggerissener Brücke kann die Tour dort scheitern. Ab Marsfjällskåtan zum Gipfel bei schlechter Sicht Orientierungsprobleme. Notdürftige (auf Bretterboden) Übernachtung in der sommers ständig offenen Marsfjällskåtan; kleiner Herd, Wasser in Hüttennähe.
Ausrüstung: Wanderkleidung; festes Schuhwerk.
Beste Jahreszeit: Juli bis Anfang September.
Reine Gehzeit: Etwa 10 Std.
Weglänge: 28 km.
Markierungen: Bis zur Marsfjällskåtan rote Andreaskreuze bzw. Farbzeichen (orangerot). Zum Gipfel teilweise Steinmänner.
Steigungen: 1200 m.

Ohne die wirtschaftlichen Interessen, d.h. Erzabtransport von Stekenjokk, die Anfang der siebziger Jahre die Straße von Saxnäs über den Fjäll nach Gäddede trieben, läge Fatmomakke heute noch am »Ende der Welt«. Es liegt gewissermaßen davor, vor dem imposanten Marsfjället. Seine wuchtigen Berge zeigen sich bei der Anreise von Vilhelmina, nördlich des bis zu 130 Meter tiefen Kultsjön, wobei der Hauptgipfel Marsfjället, nach dem das für Wanderer ungemein reizvolle, 86000 Hektar große Naturreservat Marsfjället benannt wurde, besonders hervortritt.

Das »Märzgebirge« ist trotz passabler verkehrsmäßiger Erschließung touristische »Diaspora« mit beeindruckenden Urlandschaften geblieben. Vom »Vildmarksvägen över Stekenjokk« zweigt nordwestlich von Västra Stornäs ein Sträßchen in das Samendorf Fatmomakke ab. Die hiesigen Fjällsamen, für die Fatmomakke seit jeher ein zentraler Platz war, insbesondere für Feiern, sind wie alle Samen durch staatliche Verordnungen seßhaft gemacht worden.

Ebenso unter Zwang verlief die während des 18. Jahrhunderts einsetzende Christianisierung im protestantischen Sinne. Doch so ohne weiteres gedachte man dem Glauben der Väter nicht abzuschwören, etwa dem Triumvirat – Töchter der Stammutter Mátaráhkko – Sáráhkká, Uksáhkká, Jouksáhkka, das die Siedlung und die kleinen Kinder beschützte sowie bei Schwangerschaft und Geburt half. Oder gar dem Schöpfer der Erde und aller Wesen: Rádienáhttje.

Selbst nach 1780, der Fertigstellung des ersten Bethauses, suchten Verzweifelte heimlich gemäß altüberkommener Tradition den Noajdde, den Schamanen, auf, damit er ihnen auf dem ovalen, mit Symbolzeichen versehenen Fell seiner Trommel die Zukunft deute. Der Pastor aus Vilhelmina verbrachte nur das Wochenende in Fatmomakke, um dort Taufen, Hochzeiten und Beerdigungen vorzunehmen.

Manches für die Samen seit Generationen Vertraute erhielt schwedische Namen. So wurde ihr Gåltojaure bald Kultsjön (wörtlich übersetzt: Kultursee) und war nicht mehr »See mit wirbelnden Wassern«. Schade! Heute halten im Gemeindegebiet von Vilhelmina, zu dem Fatmomakke gehört, 37 Familien knapp 20000 Rentiere.

Das Gebiet um den Kultsjön setzt, gezwungenermaßen, auf Tourismus, hier wie südwestlich um Klimpfjäll, das einst von den Werksanlagen in Stekenjokk zehrte. Diese den Raum größtenteils ernährenden Gruben – die höchstgelegenen Schwedens – schloß man im Herbst 1988 aus Rentabilitätsgründen, obwohl das geförderte Zinkerz jährlich 7400 Tonnen Kupfer, 15200 Tonnen Zink, 9 Tonnen Silber und sogar 77 Kilogramm Gold erbrachte.

Bei der Wanderung in das Naturreservat Marsfjället passiert man die Brücke über den Tjäpsjukke, an heißen Tagen ein frequentierter Badeplatz.

Der Wegverlauf

Vom **Parkplatz Fatmomakke** gehen wir entsprechend der blauen Tafel »Marsfjällskåtan« zwischen Café und Kiosk auf breitem Weg an den Strand. Dann links zu dem mit roten Andreaskreuzen bezeichneten Wanderweg. Er führt auf Distanz zum Kultsjön am Nordufer mäßig bergan etwa 25 Minuten durch den Wald. Danach geht es am rechten Rand einer Feuchtwiese entlang.

Wir verlassen die Andreaskreuze des Winterweges und vertrauen den orangeroten Markierungen des Sommerpfades. **Tjäpsjukke** heißt der erste landschaftliche Höhepunkt. Eine Brücke (555 m) führt über den in felsiger Klamm gurgelnden Wildbach. An heißen Tagen suchen schwedische Wandergruppen im kühlen Wasser planschend FKK-Erfrischung.

Am anderen Ufer kurz rechts, dann links und nun stetig bergan. Ein Auerhuhn schreckt auf. Nach einer ¾ Stunde muß der **Rodinsbäcken** überschritten werden, auf einem Steg – sofern vorhanden – oder etwa

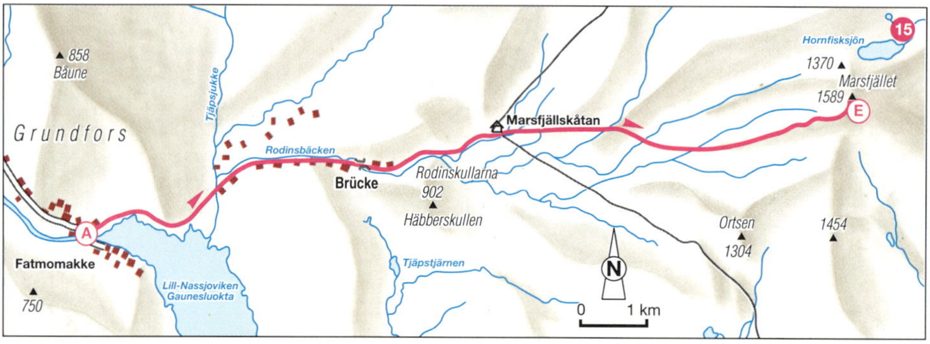

Am Rande des Marsfjället, in einer Bucht des Kultsjön bei der Samensiedlung Fatmomakke.

100 Meter bachaufwärts an geeigneter Stelle.

Ungefähr 20 Minuten später tauchen die stumpfen Kammgipfel des Naturreservates auf. Streckenweise geht es am Rodinsbäcken entlang, der bald zu einem zahmen Wässerlein wird. Hochmoorvegetation dominiert auf dem flachen Plateau, das dem Hauptkamm westlich vorgeschoben ist. Im Blickfeld erscheint das Falunrot der **Marsfjällskåtan** (910 m), die aus zwei kleinen Holzhütten besteht. Von Fatmomakke 2¼ Stunden.

Vom Wegzeiger wandern wir geradeaus, unmittelbar auf den markanten, breitgelagerten Marsfjället zu, wobei etliche Bachläufe überschritten werden. Anfangs verläuft der gut erkennbare Pfad noch eben, begleitet von vereinzelten Steinmännern. Langsam nimmt die Steigung zu. An der Gabelung nach etwa 1 Stunde geht es geradeaus, spürbar steiler und leicht linkshaltend, wobei die nördliche Rückfallkuppe des Stockes rechts bleibt. Die kargen Spuren ziehen sich rechts einer schwach ausgeprägten Mulde hoch und führen schließlich links zum großen Steinmann auf dem Gipfel des **Marsfjället** (1589 m). Von Fatmomakke etwa 5 Stunden.

Nützliche Informationen

Anfahrt: Nördlich (3,5 km) Vilhelmina die Straße 88 (Inlandsvägen) westwärts verlassen auf dem Vildmarsvägen 12 Richtung Saxnäs. 20 km hinter Saxnäs rechts in das Natursträßchen abbiegen. Nach 5 km rechts, 2 km geteert zum Parkplatz Fatmomakke. Von Vilhelmina 117 km. Busse von Vilhelmina täglich Montag bis Samstag ab 12.20 Uhr. Vilhelmina ist Station der Inlandsbahn Östersund – Gällivare (Zugverkehr 17.6.–13.8.).
Ausgangsort: *Parkplatz Fatmomakke* (550 m) am Nordwestzipfel des Kultsjön. Kioske, Café. Nächste Tankstelle in Klimpfjäll (19 km); dort auch Lebensmittelgeschäft.
Gehzeiten: Insgesamt etwa 10 Std. Fatmomakke – Tjäpsjukke 40 Min. Tjäpsjukke – Rodinsbäcken ¾ Std. Rodingsbäcken – Marsfjällskåtan ¾ Std. Marsfjällskåtan – Marsfjället 2¾ Std. Rückweg knapp 5 Std.
Unterkunft und Verpflegung: Wohnwagenplatz beim Parkplatz *Fatmomakke*.
• *Klimpfjäll* (19 km von Fatmomakke): Fjällfjället Äventyrshotellet, auch 26 komfortable Hütten; Tel. (0940) 71180. • *Saxnäs* (90 km von Vilhelmina): Vandrarhem-Jugendherberge Stiftsgården, 80 Betten; Tel. (0940) 70003. Wanderheim Kultsjögården, Zimmer, Hütten, Caravan-Abstellplätze; Tel.

Bei der Marsfjällskåtan. In der Bildmitte der breitgelagerte Gipfel des Marsfjället.

7 00 41. Kurhotel (rauch- und alkoholfrei), Doppelzimmer, Hütten; Tel. 7 00 80.
Camping: *Skansholms* (25 km von Vilhelmina am Vildmarksvägen), auch Hütten; Tel. (04 90) 2 10 34.
Sehens- und Wissenswertes: *Fatmomakke*: Samisches Kirchdorf gewissermaßen als Freilichtmuseum mit einem Dutzend Samenkaten und zwei Kirchen (eine davon von der Heilsarmee) sowie einem kleinen Museum; Informationstafeln (schwedisch, englisch); Kirche geöffnet 10–17 Uhr. Zugang vom Parkplatz auf der sogenannten »Sünderseite« über zwei Brücken.
Sehens- und Wissenswertes in der Umgebung: Bei der Anfahrt ab Vilhelmina, 5 km vor Saxnäs (Parkplatz, Kiosk): *Trappstegsforsarna* (Treppenstufen-Wasserfälle), einer der schönsten Wasserfälle Lapplands.
- *Saxnäs* am Südufer des Kultsjön: Ricklundsgården, bis 1965 Künstler-Kolonie, dann Künstlerheim; Galerie zugänglich.

Auskunft: Turistbyrå, Volgsjövägen 29, S-91232 Vilhelmina; Tel. (09 40) 1 52 17.
Wanderkarte: Fjällkartan 1:100 000, Blatt 23 EF.

16 Götterberg Atoklinten

An der norwegischen Grenze

Tourencharakter: Unschwierig. Auf dem Kamm des Atoklinten und am Gipfelaufbau ist Trittsicherheit ratsam. Bei Nässe stellenweise rutschig.
Ausrüstung: Wanderkleidung; festes Schuhwerk.
Beste Jahreszeit: Ende Juni bis Anfang September.
Reine Gehzeit: 2½ Std.
Weglänge: 7,5 km.
Markierungen: Keine; ausgeprägter Weg. Oberhalb des Waldgürtels sowie am Gipfelkamm stellenweise Steinmänner.
Steigungen: 500 m.

Ein gutes Stück südwestlich der vom Fremdenverkehr heimgesuchten Seenplatte um Tärnaby, das sich seines bekanntesten »Kindes«, des bald schon legendären Slalom-Asses Ingemar Stenmark rühmt, sowie des von Skiliften und Hotels geprägten, seit Anfang der neunziger Jahre supermodern verwandelten ehemaligen Bauerndorfes Hemavan liegt der gewässerreiche südlappländische Södra Storfjället im Dornröschenschlaf versunken. Starke Kontraste! Auf den Höhen ungetrübte Einsamkeit, in den Talschaften an der Europastraße 12 Tourismus- bzw. Wintersportorte.

Am Westrand des Södra Stofjället kokettiert ein Felsgipfel mit kühnen Formen: Atoklinten – heiliger Berg der Samen! Schwermetallhaltige Gesteinsmassen wurden durch einen eruptiven Vorgang in das damalige Meer gepreßt und erkalteten unter Wasser. Nach der Landhebung und dem Rückgang des Inlandeises schuf die Erosion das interessante Formengebilde. Etwa 10 Meter unterhalb des Gipfels befand sich eine Opferstätte, samisch Sjejdde. Dargebracht wurde den Göttern ein Stein oder ein Holzstück.

Das mager bewachsene Plateau zu seinen Füßen, in dem zwei Seen träumen, gab Spuren primitiver Wohnstätten frei. »Sami eatnan« – Land der Samen. Im Tarnafjällen, der weiteren Umgebung von Tärnaby, leben noch 60 Samen von der Rentierzucht (ca. 12 000 Tiere). Vor dem Wintereinbruch ziehen Menschen und Tiere hinunter in die Gegend östlich des Flusses Umeälven.

Möglicherweise riefen Gläubige am Atoklinten Jouksáhkká an, um einen Knaben zu bekommen. Oder den Jagdgott LejbÂlmaj. Der Wanderer begegnet mit Sicherheit dem Herrn der Winde, BieggeÂlmaj, den die Mythologie als Strichmännchen mit Windschaufeln unter einem gewölbten Himmel darstellt – bei strahlendem Sonnenschein. Und den darf sich jeder wünschen!

Der Wegverlauf

Vom **Parkplatz** (580 m) – östlich ist der Atoklinten erkennbar – auf breitem Weg, vorbei an einem Rengårde, dessen Ursprünge ins 18. Jahrhundert zurückreichen, nach **Atostugan** (605 m). Es ist die älteste schriftlich erwähnte samische Rodung, bezeugt im frühen 18. Jahrhundert als Sommerlager. Im Holzhaus rechts war bis 1945 eine Sommerschule der Samen untergebracht.

Bei der mit Rasensoden isolierten Samenkate weist eine Tafel links zum Atoklinten. Zunächst eben geht es verstegt durch den Birkenwald, dann mäßig aufwärts durch lichter werdenden Wuchs. Die erste Steigung ist nach 25 Minuten geschafft. Südöstlich, unweit des Baches Risbäcken, liegt das sagenumwobene samische »Skuggmannens grav«, das Grab des »Schattenmannes« in Sájvva, der Totenwelt. Sie war das Paradies der Sami, wo sie glücklicher und wohlhabender als auf Erden weiterzulebten glaubten.

Wir steigen abwärts und aus der Mulde wieder bergan. Sobald uns der Waldgürtel entläßt, öffnen sich bezaubernde Ausblicke über Seen zu den norwegischen Bergen. In Gehrichtung erscheint der mehr als 1 Kilometer lange Körper des Atoklinten mit seiner herausragenden Gipfelpyramide. Wir überschreiten den Abfluß des **Liten Tjärn** (830 m). Samernas heliga fjäll! Auf dem Plateau halten sich die Steigspuren schwach rechts, oberhalb des zweiten, größeren Sees, und werden schließlich rechts von einer breiten, schrofigen Rinne aufgenommen. Sie

Der Liten Tjärn am Aufstieg von Atostugan zum Atoklinten; im Hintergrund norwegische Berge.

endet in einem **Schärtchen** zwischen gletschergehobelten Felsen des bis zu 300 Meter breiten Stockes.

Links (nördlich) folgt man den deutlichen Steigspuren am Kamm bzw. an seinen glatten Erhebungen, die aussehen wie eine »Elefanthud«, so die Schweden zu den originellen Höckern. Nach 10 Minuten traversiert man links in die Scharte vor dem Gipfelstock. Dort leiten die Steigspuren in 10 Minuten zum höchsten Punkt des **Atoklinten** (1006 m).

Nützliche Informationen

Anfahrt: Von Storuman (Inlandsvägen) auf der Europastraße 12 westwärts 105 km nach Tärnaby und weiter (12 km) nach Västansjö; oder dorthin vom norwegischen Mo i Rana (107 km) über Hemavan. In Västansjö die E12 südwestlich verlassen Richtung Joeström/Norwegen und 28,5 km zum Parkplatz. Nächster Bahnhof Storuman (Östersund – Gällivare, Zugverkehr 17.6.–13.8.); auch Strecke von Umeå über Lycksele. Von Storuman werktags mehrmals Busse, Sonntag 13.45 Uhr, nach Tärnaby.

Ausgangspunkt: Parkplatz (570 m, Informationstafel) 3,5 km südlich Tärna Vilt, links der

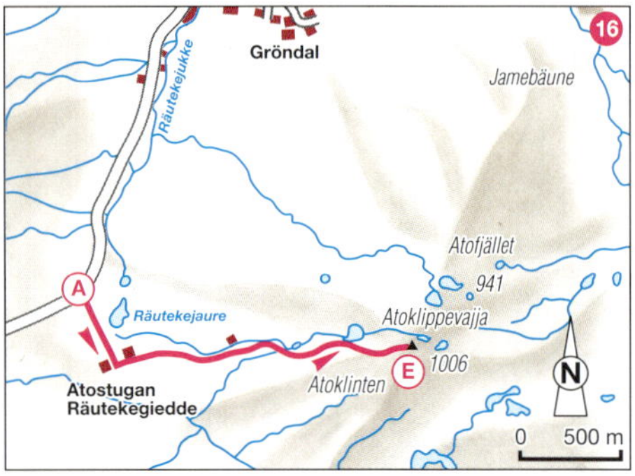

Am langgestreckten Felsstock des Götterberges Atoklinten, kurz unterhalb des Gipfels.

Straße; 3 km vor der norwegischen Grenze. Keine Busse.

Gehzeiten: Insgesamt 2½ Std. Parkplatz – Liten Tjärn ¾ Std. Liten Tjärn – Schärtchen ¼ Std. Schärtchen – Gipfel 20 Min. Abstieg und Rückweg 1¼ Std.

Unterkunft und Verpflegung: Nächstgelegen *Tärna Vilt*: In der Örtlichkeit Joesjö, am Südwestufer des Övre Jovattnet; Zimmer, Café (11–17 Uhr), Verkauf von Souvenirs und Lebensmitteln; Tel. (09 54) 3 20 66. • *Västansjö* (12 km von Tärnaby): Lindgrens Fjällstugor, zwölf Hütten für jeweils vier bis sechs Personen; Tel. (09 54) 2 10 20. *Tärnaby* im Nebengebäude des Tärnaby Fjällhotel (51 Zimmer, 30 Ferienwohnungen), ein Wanderheim; 5.6.–30.8.; Tel. (09 54) 1 04 20. Samegården, acht Zimmer mit drei bis fünf Betten; Tel. 1 04 40; siehe auch Sehens- und Wissenswertes.

Camping/Caravaning: Nächstgelegen bei *Tärnaby* (3,5 km östlich des Ortes): Tärnaby Camping, auch Hütten; ganzjährig; Tel. (09 54) 1 02 47. Tärnaby Husvagnscamping, 41 Stellplätze; ganzjährig; Tel. 1 04 80.

Sehens- und Wissenswertes in der Umgebung: *Tärnaby*: 630 Einwohner, als Siedlung 1832 gegründet; heutige Kirche 1908 geweiht, seit 1970 in der Gemeinde Storuman. Skimuseum im Hotel Fjällvindens Hus (Sessellift-Talstation). • *Samegården* (5 km östlich von Tärneby in Tärnafors): Samenmuseum und Verkaufsausstellung für samisches Kunsthandwerk; 26.6.–15.8. täglich 11–17 Uhr. • *Hemavan*: 225 Einwohner; futuristisch anmutender Tärna Fjällpark; Informationsstätte des Naturreservates Vindelfjällen und fjällbotanisches Zentrum Schwedens: nördlichster alpin-botanischer Garten der Welt, mehr als 300 verschiedene Gebirgspflanzen in natürlicher Umgebung, u. a. Gymninigretella runei, eine Orchideenart, die nur im südlichen Lappland vorkommt.

Auskunft: Tärnafjällens Turistbyrå, V. Strandvägen 11, S-92064 Tärnaby; Tel. (09 54) 1 04 50.

Wanderkarte: Fjällkartan 1:100 000, Blatt AC 2. Karten etc. erhält man am ehesten in Tärnaby sowie in Hemavan.

17 Einsamkeit um Ammarnäs

Seenwanderung zum »Adlerhorst«

Tourencharaker: Unschwierige Rundtour. Streckenweise feucht.
Ausrüstung: Wanderkleidung; festes Schuhwerk.
Beste Jahreszeit: Anfang Juli bis Ende September; höchste Durchschnittstemperaturen (–13,2 °C) und stärkste Niederschläge im Juli.
Reine Gehzeit: Etwa 6 Std.
Weglänge: 21 km.
Markierungen: Wegweiser, hölzerne Andreaskreuze, orangerote Farbzeichen.
Steigungen: Etwa 400 m.

»Adlernest« heißt schwedisch »Örnbo«. Es ist der Name eines aufgelassenen samischen Bauernhofes über dem Gautsträsk in wahrhaft horstähnlicher Position. Zur Zeit seiner Gründung im Jahre 1860 dachte kein Mensch am Gautsträsk an eine Straßenverbindung mit der Außenwelt. Der Postbote bewältigte die 89 Kilometer von Sorsele rudernd im Boot und zu Fuß, winters auf Ski; bis 1906 einmal in der Woche, dann zweimal, jeweils mit 40 Kilogramm beladen. Im Herbst war die Last wegen der Stürme auf den Seen etwas geringer, unisono im Frühjahr wegen trügerischer Eisdecken. Ein Mann namens Josef Berglund, Stammvater aller Berglunds, trieb Handel mit Mo in Norwegen – hin und zurück rund 180 Kilometer, weglos im Hochgebirge, auf Ski, den Schlitten ziehend, ehe er sich Pferde und Knechte leisten konnte. Aber selbst dann noch blieb der Warenaustausch ein gefährliches und riskantes Geschäft.

Siedler hatten sich 1821 in den weltfernen Erdenwinkel gewagt, dessen Umgebung seit dem Mittelalter Sommerweide für Rentiere war. Die Pioniere zimmerten Holzhütten, manche nur 4 Meter im Quadrat. Abends, wenn die Betten aufgestellt wurden, mußten das Butterfaß und andere hinderliche Gegenstände ins Freie. Die Leute lebten von Viehzucht, Ackerbau, Jagd, Fischfang und ernteten Heu an den Flüssen, Bächen und Sümpfen. Den Potatisbacken (Kartoffelhügel), einen Endmoränenkegel im Dorf, hatte Nils Johansson im 19. Jahrhundert für den Kartoffelanbau kultiviert. Die »neue« Frucht war aus Amerika nach Schweden gelangt, wo sie der fortschrittliche Mann auf dem Jahrmarkt in Lycksele erworben hatte. Frauen sorgten für die Bekleidung, saßen am Spinnrad, webten, strickten. Das Schuhwerk war aus Tierhäuten, mit Sehnen zusammen-

Erstes Ziel der Tour: Jukkegaske, eine samische Einöde. Im Wald steht der hölzerne Vorratsspeicher um einiges erhöht über dem Boden.

Der Bärtejaure ist eines von rund einem Dutzend entlegener Gewässer der gleichnamigen Seenplatte bei Ammarnäs.

genäht. Weit und breit kein Arzt; der nächste im 200 Kilometer entfernten Ort Lycksele. Und der konnte nicht helfen, als 1894 eine Diphtherie-Epidemie wütete.

1858 Weihe der ersten Kapelle. Die Straße talaus bis Jillesnåle war 1923 einigermaßen hergestellt. Von dort ging es im Boot über den See Storvindeln nach Sorsele, das erst 1939 von Ammarnäs auf der Straße erreicht werden konnte. Als Elementarschule diente in Ammarnäs bis 1932 eine Bauernkammer. In jenem Jahr erhielten die Leute erstmals Strom durch ein kleines Kraftwerk an der Mündung des Vindelälven in den Gautsträsk, was im Samischen soviel wie Schlüsselsee bedeutet, während »näs« (Ammarnäs) gleichzusetzen ist mit Landzunge, nämlich zwischen Tjulån und Vindelälven. Der Vindelälven, vom Kraftwerkbau verschont geblieben, ist einer der vier ungezähmten großen Flüsse des Landes. Ihn berühren wir auf dem Weg in den nordöstlichen Teil des 1974 proklamierten und 1988 erweiterten Vindelfjällen-Naturreservates – mit 4800 Quadratkilometern das größte Schwedens.

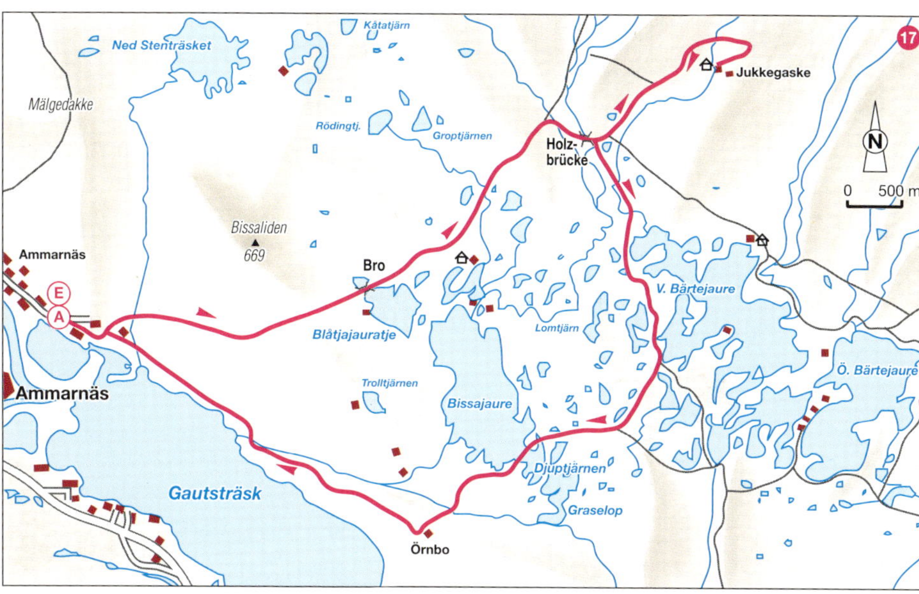

Der Wegverlauf

Am **Parkplatz** gilt der Wegweiser »Bärtejaure«. Rechts neben der Informationstafel folgt man dem *Georgsvägen* etwa 500 Meter. Dann links ansteigen, geleitet von hölzernen Andreaskreuzen, wobei man bald schon einen Ausblick über den Gautsträsk hat. Nach insgesamt einer ¾ Stunde ist vorerst die Steigung zu Ende. Nun senkt sich der Weg sogar, ist streckenweise verstegt. Er bringt uns in ¼ Stunde zu einer **Windschutzhütte** aus Birkenstämmen, die eine schöne Sicht über den Blåtjajauratie vermittelt.

Unsere Route führt am See links vorbei, über einen Holzsteg, dann auf ausgetretenem, steinigem Pfad durch Felsblöcke. Wegezeiger-Hinweis: »Laisvall«. Im Vorblick erscheint die Bergkuppe Årjel Biergenis (989 m), an der noch im Juli Firnfelder blinken. Knapp 1 Stunde nach dem Windschutz wird ein gewundener Bachlauf überschritten, wenig später der **Biergenisjukke** auf einer Holzbrücke.

Anschließend wandern wir noch knapp 25 Minuten Richtung Laisvall. Beim **Wegweiser** geht es rechts mit einem Waldpfad 5 Minuten zur Lichtung des im Sommer verlassenen Samenweilers **Jukkegaske**. Rast neben der alten Kate, die bei schlechtem Wetter Unterschlupf bietet. Oberhalb steht im Hang auf Stelzen eine hölzerne »härbre« (samisch für Vorratshaus). Außerdem vermittelt der Platz weiträumige Blicke südlich über die herrliche Bärtejaure-Seenplatte, durch welche die Tour ihren weiteren Verlauf nimmt.

Zurück an den **Biergenisjukke**. Vor der Brücke links, jetzt geleitet von orangeroten Farbzeichen an den Baumstämmen. Etwas später wendet sich das Weglein links vom Fluß ab. Auf einem Plattensteg geht es über

einen Seeabfluß. Von der nächsten Lichtung wird nordöstlich Jukkegaske sichtbar.

Beim Windschutz von **Bärtejaure** vertraut man sich rechts dem Wegweiser »Ö Bärtejaure« an. Zwischen Seen auf einen Geländerücken südlich. Nach ½ Stunde am *Wegweiser* erneut rechts, mittels Felsplatten über das Flüßchen. Am anderen Ufer steht links eine *Windschutzhütte*.

Nun müssen wir zwar auf Farbzeichen verzichten, haben aber einen deutlichen Pfad unter den Sohlen. Eine halbe Stunde ist es zu dem anheimelnd zwischen Seen gelegenen *Windschutz Bissan*. Von hier geradeaus weiter und etwas später an der *Kreuzung* links. Auf Holzbalken über einen *Bach*. Die Straße queren und zur entzückenden Hanglichtung **Örnbo.** Eine Samenfamilie hatte 1860 die Gebäude erstellt und dort gelebt. Ihr Sohn verließ die Einöde 1952. Das Ensemble verdankt seinen guten Erhaltungsgrad den Restaurierungsarbeiten von 1972.

Wir gehen kurz zurück und an der Wegegabel vor der Hütte links. Jetzt wieder geleitet von Farbzeichen, steigen wir ständig abwärts in 35 Minuten zu einem Fahrsträßchen. Dann wandern wir den rauschenden Bissajaure-Abfluß entlang, an dem sich oberhalb der Brücke ein einladender *Rastplatz* befindet. Das Sträßchen führt an den See heran und liefert uns 20 Minuten später am **Parkplatz** ab.

Nützliche Informationen i

Anfahrt: Von Sorsele (1192 km von Göteborg) auf der Straße 363 nordwestlich 89 km nach Ammarnäs. Von Sorsele (Station der Inlandsbahn Östersund – Gällivare) Zugverbindungen 17.6.–13.8., während dieser Zeit Busse Montag bis Freitag, u.a. ab 11.20, 14 Uhr, Samstag/Sonntag ab 10.20 Uhr.
Ausgangsort: *Ammarnäs* (405 m), 300 Einwohner, Siedlung der Lappland-Gemeinde Sorsele in Västerboten. Ausgangs- bzw. Zielort des klassischen Kungsleden. Tankstelle mit Werkstatt. Post.

Örnbo – der »Adlerhorst« – wurde 1860 von einer samischen Familie gegründet, die dort bis 1952 lebte.

Ausgangspunkt: *Norra Ammarnäs,* Wanderparkplatz im gleichnamigen Ortsteil, östlich der Vindelälven-Mündung in den Gautsträsk. Von Ammarnäs 4,5 km, beschildert (N Ammarnäs).
Gehzeiten: Insgesamt etwa 6 Std. Parkplatz – Windschutzhütte 1 Std. Windschutzhütte – Biergenisjukke 1 Std. Biergenisjukke – Jukkegaske ½ Std. Jukkegaske – Biergenisjukke 25 Min. Biergenisjukke – Bärtejaure 25 Min. Bärtejaure – Örnbo 1½ Std. Örnbo – Parkplatz knapp 1¼ Std.
Unterkunft und Verpflegung: *Jugendherberge-Vandrarhem Jonsstugan*; 14.6.–30.8; Tel. (0952) 60045. • *Hotel-Restaurant Ammarnäsgården*; Tel. 60003. • Ferienhäuschen, u.a. das zum Hotel Ammarnäsgården gehörende Semesterby. • Lebensmittelgeschäft.
Camping: *Ski och Fritidscenter* (an der Skilift-Talstation); Tel. (0952) 60110.
Sehens- und Wissenswertes: *Naturum* im Hotel Ammarnäsgården. • *Samenkirche,* geweiht 1911, erbaut nach Plänen des Architekten Torben Grut, der das Stockholmer Olympiastadion entwarf, in dem 1912 die Sommerspiele stattfanden. • Vielbeachtetes *Samentreffen* am Wochenende vor Mittsommer. • Im September *Rentierabtrieb;* Kälber markieren, Schlachtvieh aussondern. In der Umgebung hüten den Sommer über 20 Familien rund 14000 Rentiere; eine der dichtesten Konzentrationen Schwedens.
Andere Wanderungen: *Gaisatj* (950 m): Lohnendster Aussichtsgipfel um Ammarnäs; Route auf der Wanderkarte punktiert. Ausgangspunkt: Parkplatz westlich (6,5 km) des Hotels Ammarnäsgården. An der rechten Straßenseite dem blauen Wegweiser folgend 1¼ Std. zur freien Gipfelkuppe. • *Lilla Kungsleden*: Vom Hotel Ammarnäsgården auf der Straße 500 m Richtung Sorsele, dann rechts 600 m zum Parkplatz; dort blaue Wegweiser. 78 km (vier Tage) bis Hemavan. Siehe bei Literatur: Kraus, Gerhard. • *Kungsleden* nach Adolfsström, siehe Tour 29.
Auskunft: Turistbyrå (im Hotel Ammarnäsgården), S-92075 Ammarnäs; Tel. (0952) 60132.
Wanderkarte: Fjällkartan 1:100000, Blatt BD16. Erhältlich im Turistbyrå.

18 Adolfsström am Kungsleden

Durch das Naturreservat Iraft-Delta

Tourencharakter: Unschwieriger Spaziergang von Bäverholmen. Das Boot nach Bäverholmen kann in Johanssons Fjällstugar angefordert werden oder direkt unter Tel. 23018.
Ausrüstung: Leichte Wanderkleidung; auch mit Turnschuhen.
Beste Jahreszeit: Ende Juni bis September.
Reine Gehzeit: 2 Std. plus 10 Min. Bootsfahrt nach Bäverholmen.
Weglänge: 8 km.
Markierung: Farbzeichen (orangerot).
Steigungen: Etwa 50 m.

Im kleinen Hafen dümpelt ein Cessna-Wasserflugzeug. Angler holen ihre Fanggeräte aus dem Kofferraum des Autos, ziehen beinlange Gummistiefel an. Eine Gruppe Kungsleden-Wanderer döst in der Sonne, die Köpfe an die hochgepackten Rucksäcke gelehnt. Adolfsström scheint wie ausgestorben. In der Tat: Die 1960 gebaute Zufahrtsstraße ist weitgehend nur geschottert, Adolfsström ein Geheimtip.

Das war nicht immer so. Von 1770 bis 1807 wurde im Nasafjäll an der norwegischen Grenze Silber gewonnen und im Ort verhüttet. Im Gefolge der Knappen aus dem Süden und den Küstengebieten zog das evangelisch-lutherische Christentum folternd und mordend ein. Es fand bei den »Wilden«, wie die Ankömmlinge die heidnische Bevölkerung nannten, geringe Resonanz; nicht minder die Aufforderung, das Silbererz von den Gruben in das Schmelzwerk zu transportieren. Selbst bei Strafe weigerten sich viele freie Samen, solche Sklavenarbeit zu leisten, und verließen trotzig ihre Heimat. Um dennoch genügend Arbeitskräfte bzw. Siedler zu gewinnen, lockte der König mit 15 Jahren Steuerfreiheit und Befreiung vom Kriegsdienst.

Heutzutage rechtfertigt allein die Landschaft aus Seen, Wäldern, Bergen um Adolfsström einen Besuch. Auch deshalb,

Am Anlegesteg von Bäverholm treffen sich sowohl Kungsleden-Wanderer wie Ausflügler von Adolfsström.

weil sich in den sechziger Jahren die Mehrheit der Bevölkerung sowie der Reichstag gegen eine Regulierung des Laisälven ausgesprochen haben. Wie es früher aussah bei den »Wilden«, spiegelt leider nur mehr das Silbermuseum in Arjeplog wider. Dies ist das Zentrum der gleichnamigen Gemeinde auf 12945 Quadratkilometern – das entspricht der Fläche von Rheinland-Pfalz –, wo, statistisch betrachtet, pro Quadratkilometer ein Drittel Mensch lebt, im Gegensatz zu 222 in Deutschland.

Der Wegverlauf

Arnold, der Wirt von Bäverholmen, steuert sein kleines Personenschiff mit Vollgas durch das Iraft-Delta. Es sieht zunächst wie eine dunkle Wand aus Wäldern aus, entblättert sich dann aber gewissermaßen und gibt einen schmalen Arm des Flusses Laisälven frei, an dem rechts **Bäverholmen** liegt, die Biberinsel, auf der seit 1922 das Wärdshus die Einsamkeit unterbricht. Die freundliche Frau des Wirtes, Lisa, kocht vorzügliche lan-

Von dem gastlichen Bäverholm bringt ein Brettersteg den Wanderer zum Weg nach Adolfsström.

destypische Speisen wie »Köttbullar« – Hackfleischbällchen mit Kartoffeln. Wer etwas mehr Zeit hat, bestellt ein Fischgericht.

Und zum Kaffee, der aus der Kanne beliebig »nachgefaßt« werden darf, gibt es frische Waffeln (Våfflor) mit Sahne und Moltebeeren, ähnlich unseren Himbeeren.

Vom **Wirtshaus Bäverholm** (465 m) auf Holzplanken zu den Ferienhäuschen. Dort übernimmt uns die passable Spur des *Kungsleden.* Im Mischwald dominieren die Birken. Moosbekleidete Felsblöcke liegen herum. Lautlos fliegt eine braungefleckte Waldohreule davon. Sie nistet am Boden, zwischen hohem Gras oder in Büschen. Auf dem Weg, den runzlige Wurzeln überziehen, liegt Elch-Losung.

Nach ¼ Stunde träumt links ein stark verlandeter Weiher. Überall Urwüchsigkeit im 1974 gegründeten **Naturreservat Iraft-Delta,** das 690 Hektar umfaßt. Rechts taucht die Wasserfläche des Ahaviken auf, dessen Zufluß auf starken Holzbalken überschritten wird. Linker Hand glitzert der Bietsik.

Die beschilderte Rechtsabzweigung zu einer 500 Meter entfernten *Windschutzhütte* am See kann als Abstecher ins Programm aufgenommen werden, zumal wir hier schon die Hälfte der Tour zurückgelegt haben.

Der *Kungsleden* zieht geradeaus und bietet wenig später für Genießer ein Rastplätzchen mit Grillmöglichkeit. Dann weisen Leitungsmasten die Route. Sie berührt den großen See am Iraft-Delta. Südwestlich erhebt sich der Tjäksa (1092 m). Zuletzt bringt uns eine Holzbrücke wieder an den Hafen von **Adolfsström**.

Nützliche Informationen i

Anfahrt: Ab Sorsele auf dem Inlandsvägen (Straße 45) 12,5 km Richtung Arvidsjaur, dann links. Weiter Richtung Maskaur – Laisvall; insgesamt 129 km, überwiegend Schotterstraße. Von Arjeplog 75 km, von Jäkkvik 81 km. Busverbindungen (12.6.–14.8.) von Laisvall Montag, Mittwoch, Freitag 13.15 Uhr, Samstag (9.7.–6.8.) 11.55 Uhr. Von Laisvall besteht

Auf dem Hauptgipfel des Pieljekaise. Links der stumpfe Nordgipfel, rechts ein Zipfel des Hornovan-Sees.

Verbindung mit dem Bahnhof Arvidsjaur (Zugverkehr nur 17.6.–13.8.) der Inlandsbahn.
Ausgangsort: *Adolfsström* (462 m), am Ende der Straße durch Laisdalen. Parkplätze am Hafen. Nächste Tankstelle in Laisvall (35 km).
Gehzeiten: Bäverholm – Adolfsström 2 Std.
Unterkunft und Verpflegung: *Johanssons Fjällstugor* (Hütten); Tel. (0961) 23040. *Thorfves Fjällstugor* (Hütten); Tel. 23041. Restaurant Yraftviken (mit Handwerksstuga); Juli/August 12–21 Uhr. Lebensmittelgeschäft in Thorfves Fjällstugor; 9–20 Uhr. • *Laisvall* (35 km): Hotel; Tel. (0961) 20012.
Camping: *Gautosjö* (5 km), Rolf Sundqvist Turistservice, auch Hütten; 15.6.–31.8.; Tel. (0961) 23016.
Einkehr unterwegs: *Bäverholms Wärdshus*; 12–20 Uhr.
Andere Wanderung: *Kungsleden* nach Jäkkvik: Siehe Tour 30.
Sehens- und Wissenwertes: *Adolfsström*: Major-Hof, erbaut 1800 durch Major v. Holstein; 1992 originalgetreu restauriert. Schmelzofen von 1770.
Sehens- und Wissenswertes in der Umgebung: *Laisvall*: Laisvallsgruva seit 1943, eines der größtes Bleibergwerke Europas,

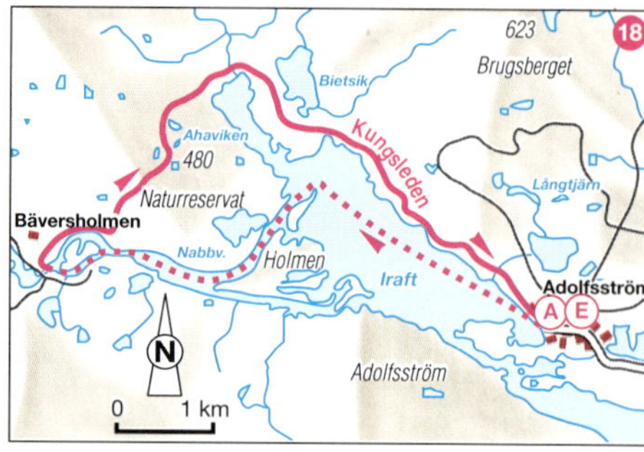

300 Arbeiter; Führungen (1½ Std.) 25.6.–4.8. Montag bis Freitag 12 Uhr; Mindestalter 15 Jahre; Auskunft: Turistbyrå Arjeplog. • *Arjeplog*: Silvermuseet, Kulturdenkmal Nordschwedens in einer ehemaligen, 1854 eröffneten Samenschule; 22.6.–10.8. 9–18 Uhr, sonst Montag bis Freitag 10–16 Uhr, Samstag 11–15 Uhr. Vor dem Museum eine Plastik des Gründers Dr. Einar Wallquist (1896–1985), des verdienstvollen »Lappendoktors«.
Auskunft: Turistbyrå, Torget, S-93090 Arjeplog; Tel. (0961) 11220. • Adolfsström, Johanssons Fjällstugor; Tel. (0961) 23040.
Wanderkarte: Fjällkartan 1:100000, Blatt BD16. Erhältlich im Ort.

19 Nationalpark Pieljekaise

Auf den höchsten Gipfel (1137 m)

Tourencharakter: Unschwierig. Am Gipfel Trittsicherheit ratsam; oftmals starke Böen. Bei schlechter Sicht Orientierungsprobleme oberhalb der Waldgrenze.
Ausrüstung: Wanderkleidung; festes Schuhwerk.
Beste Jahreszeit: Anfang Juli bis September.
Reine Gehzeit: 4¼ Std.
Weglänge: 14 km.
Markierungen: Bis zum Beginn des Gipfelganges Farbzeichen (rot und orange); anschließend Steinmänner.
Steigung: 700 m.

Die urwaldartigen, typischen skandinavisch-montanen Birkenbestände veranlaßten die Naturschutzbehörde 1909 zur Gründung des Nationalparks auf einer Fläche von 15340 Hektar. Fjällbirken, staudenähnlich, bis 8 Meter hoch, trotzen, im Gegensatz zu Kiefern, den kühlen, stets vom Nordatlantik blasenden Sommerwinden. Ihr größter Feind ist der kleine Fjällbirkenspinner (Biston betularia). Er tritt zwar selten auf, wenn aber, dann millionenfach in Schwärmen, die Bäume entlaubend; so geschehen 1955 bis 1957, besonders um den See Tjallasjaure.

Ansonsten blieben die Birkenwälder unberührt, ausgenommen vom Holzschlag der Samen für Brennmaterial, Einrichtung oder andere zweckdienliche Gegenstände. Überhaupt: Verglichen mit anderen Nationalparks Schwedens, die während des Sommers oftmals Tausende frequentieren, wird der Pieljekaise am Ostrand der Fjällkette, südwestlich von Jäkkvik, kaum besucht. Nur wenige entdecken seine Schönheiten entlang der markierten Wege.

Seen, riesige Toteislöcher, umschlungen von Mooren, durchsetzen die sanft geschwungenen Konturen des Mittelgebirges. Als höchste Erhebung ragt – von Jäkkvik in Form der Nordkuppe zu sehen – lediglich ein Doppelberg heraus, der die Form von zwei Ohren hat und deshalb auf samisch Pieljekaise heißt, was soviel wie »Ohrengipfel« bedeutet. Seine Felsgruppen bestehen aus nährstoffarmen Schiefern, am Gipfel aus hartem, erosionsbeständigem Amphibolit.

Da Jäkkvik – der günstigste Ausgangspunkt für den Nationalpark – am verhältnismäßig stark befahrenen »Silvervägen« nach bzw. von Norwegen liegt, sieht der flüchtige Tourist darin nur einen unwichtigen Transitort. Wer weiß schon, daß dort Lars Levi Læstadius (1800–1861), Pfarrer in Karesuanda an der finnischen Grenze, geboren wurde. Der Vater von zwölf Kindern gründete die

Trotz seiner für alpine Begriffe geringen Höhe (1137 m) lagern am Pieljekaise Firnfelder bis in den Sommer.

puritanische, asketisch ausgerichtete protestantische Glaubensbewegung Læstadianismus. Sie erfaßte den Norden und sprang mit Auswanderern in die Neue Welt über. In den USA beten heute noch Læstadianer-Gemeinden wie in Nordskandinavien. Was ursprünglich den moralischen Verfall der Samen, primär durch Alkohol, verhindern sollte, entwickelte sich, Andersdenkende jedoch tolerierend, zu einer »reinen« Lehre für Moral und Enthaltsamkeit, z. B. wider das Fernsehen; im Radio werden nur Gottesdienste gehört. Unweit der Kirche in Jäkkvik – für Gläubige ein Wallfahrtsort, vor allem zum Gottesdienst am Sonntag vor Mittsommer – erinnert der in einer Wiese stehende »Minnesten« an Læstadius sowie an dessen Bruder Petrus, einen Missionar.

Der Wegverlauf

In **Jäkkvik** vom *Lebensmittelgeschäft* 250 Meter südwärts auf der Naturstraße. Dann rechts in den *Kungsleden* einschwenken. Nach der Nationalparktafel an der Gabelung den linken Weg nehmen. Zunächst geht es im untersten, flachen Vegetationsgürtel auf dem Holzbohlensteg entlang. Eine Brücke führt links über den Bach. Nun mäßig bergan durch Heidelbeerfelder und lichten Birkenwuchs, wobei im Rückblick immer mehr Seen erscheinen.

Nach insgesamt 1 Stunde leitet rechts ein Stichweg zur offenen, gepflegten **Allmen Raststuga** (700 m); Kochgelegenheit.

Geradeaus. An der nahen Wegeteilung links, den Kungsleden verlassend. Tafel:

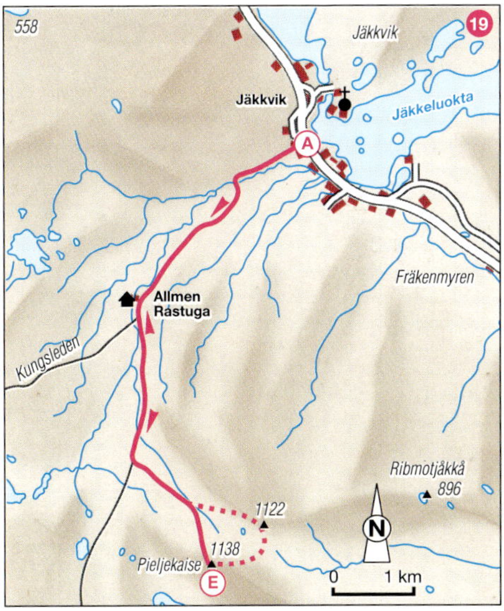

»Viejenäs«. Den Gipfel vor Augen, wandern wir durch niedriges Strauchwerk. Dann geht es auf Steinen über ein Bächlein. »Smörball«, Sumpfdotterblumen bzw. Europäische Trollblumen, das charakteristische Gewächs des Gebietes, erfreuen mit ihren prallen gelben Blütenköpfen. Markierungsfarben leuchten an den einzeln stehenden Birken.

Ungefähr ½ Stunde nach der Raststuga durchqueren wir das Geröllfeld eines Baches. Etwa 10 Meter danach, bei einer hochgestellten Felsplatte mit Farbzeichen, nehmen wir links die Wegspuren direkt Richtung Gipfel. Jetzt leiten uns Steinmänner rechts einer bis in den Sommer schneegefüllten Mulde in 20 Minuten zur Tafel an der Grenze des **Nationalparks Pieljekaise.**

Wenig später hält sich die kümmerliche Spur rechts und strebt dem felsigen Gipfelstock zu. Streckenweise weglos, werden der Steinmann und das hölzerne Vermessungszeichen auf dem **Pieljekaise** (1137 m) gewonnen. Die Rundschau vom höchsten Punkt ist unbeschreiblich: 360 Grad infolge der isolierten Stellung des Berges!

Nützliche Informationen

Anfahrt: Von Arjeplog auf dem »Silvervägen« (Straße 95) 61 km, von der norwegischen Grenze 76 km, von Stockholm 1110 km, von Göteborg 1390 km. Busverbindungen (12.6.–14.8.) von Arjeplog Montag bis Freitag 14 Uhr. Arjeplog hat Busverbindung mit dem Bahnhof Arvidsjaur (Zugverkehr 17.6.–13.8.) der Inlandsbahn Östersund – Gällivare.
Ausgangsort: *Jäkkvik* (430 m), Dorf im lappländischen Silverdalen. Tankstelle.
Gehzeiten: Insgesamt 4¼ Std. Jäkkvik – Allmen Raststuga 1 Std. Raststuga – Pieljekaise 1¼ Std. Abstieg knapp 2 Std.
Unterkunft und Verpflegung: *Wanderheim Kyrkans Fjällgård*: Vier- und Sechsbettzimmer, Selbstversorger; Zeltmöglichkeit; Tel. (0961) 21040. *Jäkkviks Stugby*; Tel. 21120. *Café Jäkkvigsgården*; 11–18 Uhr. *Lebensmittelgeschäft*; 9–18 Uhr. • *Jutis Stugby*: 15 km von Jäkkvik Richtung Arjeplog, dann links; Ferienhäuser, Cafeteria; Tel. (0961) 27011. • Nächste Hotels in *Arjeplog*: u.a. Lyktan (Zentrum); Tel. (0961) 11210. Silverhyttan (Randlage), Hütten; Tel. 11579. Jugendheim Fjällgård & Samegård (Doppelzimmer, Selbstversorger) im Zentrum; Tel. 10260.
Camping: *Arjeplog* (61 km): Kraja Fritidsanläggning (auch Hütten, Restaurant, Freibad), großzügige, moderne Anlage etwa 1 km außerhalb auf einer Landzunge am See Hornavan; Tel. (0961) 11220. • *Caravaning-Camp Polcirkeln* (33 km von Jäkkvik Richtung Norwegen), 1,5 km südlich des Polarkreises; Tel. (0961) 11564.
Variante: Vom Pieljekaise weglos nordöstlich in einen Sattel und Gegenanstieg auf den Nordgipfel (1122 m). Von dort westlich zum bekannten Herweg. Zusätzlicher Aufwand ¾ Std.
Andere Wanderung: Kungsleden nach Kvikkjokk, siehe Tour 31.
Sehens- und Wissenswertes: Auf der »Insel« Jäkkesuolo die Jäkkvikskapellet, errichtet 1777 am See Hornavan bei Arieplog, 1885 hierher versetzt. Schlüssel in Kyrkans Fjällgård, bei dem die Zufahrt zur Kirche beginnt. Neben der Kirche die Prästkammaren (Prälatenhaus).
Sehens- und Wissenswertes in der Umgebung: Arjeplog, siehe Tour 18.
Auskunft: Turistbyrå, Torget, S-93090 Arjeplog; Tel. (0961) 11220.
Wanderkarte: Fjällkartan 1:100000, Blatt BD16. Erhältlich im Lebensmittelgeschäft.

Am Laitaure: entweder per Boot oder zu Fuß nach Aktse. Im Hintergrund rechts der markante Skierfe, links der massige Tjakkeli.

20 Im Banne des Skierfe

Ein Pulsschlag Lapplands

Tourencharakter: Unschwierig. Bootsverkehr auf dem Laitaure nach Aktse 20.7.–31.8. täglich (außer Montag) 11 Uhr und 16.30 Uhr, Rückfahrt von Aktse 16 Uhr. Mitternachtssonne 8.6.–4.7.
Ausrüstung: Leichte Wanderkleidung; festes Schuhwerk.
Beste Jahreszeit: Anfang Juli bis Mitte September.
Reine Gehzeit: Etwa 8½ Std. Bei Bootsbenützung 5½ Std.
Weglänge: 34 km (ohne Bootsfahrt).
Markierungen: Rote Farbzeichen.
Steigungen: Etwa 150 m.

»Sveriges kanske vackraste utsikt« – vielleicht Schwedens schönste Aussicht, so lobt das Fjällhandbok die Schau von dem in 1179 Meter gipfelnden Horn des Skierfe über dem Laitaure und dem grandiosen, bezüglich seiner Fauna in Europa einzigartigen Delta des Rapaätno im Rapadalen. Während des Frühsommers hat jeder Flußarm eine andere Farbe, von milchigem Weiß der Schneewasser über helles Flaschengrün zu schmutzigem Braun. Westlich sieht man den gewaltigen, 5 Kilometer langen Pårtejekna-Gletscher.

Der Skierfe war für die Samen ein heiliger Berg, ein Siejdde, wie andere Naturformationen, die sie als heilig wähnten. Zu Füßen seiner 700 Meter hohen Steilabstürze, am Ufer des Sees Saiva, hatten sie einen »Offerplats«, wahrscheinlich für ertragreichen Fischfang. Dann war die Opfergabe ein Fisch. Und auch um den Berg sowie am benachbarten Passåive sind Kultstätten nachgewiesen. Vielleicht sollte dort LejbÂlmaj, der Herrscher des Wildes, mit Rentierhorn, Knochen oder Blut für die Jagd wohlwollend gestimmt werden.

Auf dem Parkplatz gibt eine Tafel die Entfernung bis Aktse mit 15 Kilometer an. Es sind 17 Kilometer zu Fuß; dies nur vollständigkeitshalber. Allerdings können die ersten

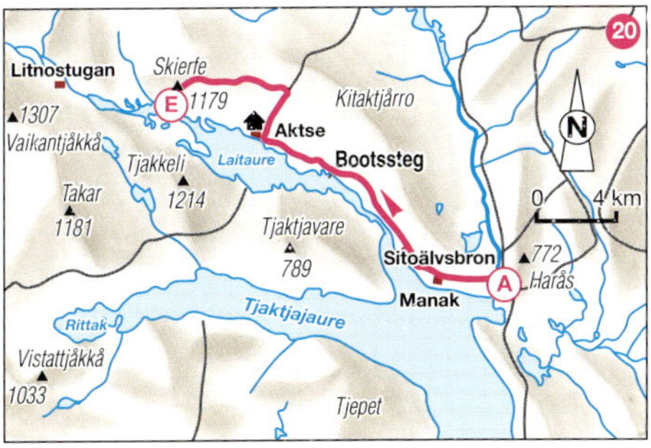

11 Kilometer mit dem Fahrrad gemacht werden, und vom Anleger am Kuolleluoppal fährt der Same Lennart Läntha die Touristen einmal täglich über den Laitaure in 20 Minuten in seine Heimat Aktse sowie am Spätnachmittag wieder zurück. Mit Lennart Läntha können Sie einen Bootsausflug in das einzigartige Delta des Rapaätno vereinbaren. Gipfelstürmer wird der Skierfe anziehen. Doch allein schon die Wanderung nach Aktse macht einen beglückenden Tag. Irgendwie kommt dort jeder auf seine Kosten!

Der Wegverlauf

Vom **Parkplatz Sitoälvsbron** (520 m) überqueren wir auf der Brücke den reißenden **Sitoätno** und folgen dem breiten Weg streckenweise auf eintönigen Geraden durch den Kiefern- und Birkenwald. Nach 1½ Stunden zeigt sich erstmals das kühne Horn des Skierfe. Das Rauschen des Kuolleluoppal dringt an die Ohren. Und etwa 1 Stunde später sind wir beim **Kuolleluopal-Bootssteg** (495 m). Westlich weitet sich der bis zu 3 Kilometer breite Laitaure. Links davon die dunkle Mauer des Tjakkeli.

Vor dem Anleger, rechts der *Unterstandhütte*, beginnt der **Sommerweg** mit Bretterbohlen. Auf Holztäfelchen an Bäumen sind die jeweils zurückgelegten Kilometer eingeritzt. Nach 40 Minuten werden die roten Andreaskreuze des Winterweges gekreuzt. Etwa 20 Minuten später geht es auf einem Steg über einen Bach. Und immer wieder springt der Skierfe ins Blickfeld. Sobald uns der dichte Laubwald entläßt, bringt uns ein Wiesenpfad rechts in 5 Minuten zu den Hütten von **Aktse** (530 m) am oberen Saum einer herrlichen Hangwiese.

Nützliche Informationen

Anfahrt: Nördlich (7 km) von Jokkmokk die Reichsstraße 88 (Inlandsvägen) westwärts verlassen und 65 km Richtung Kvikkjokk. Bei Tjåmotis (49 km vor Kvikkjokk) rechts beschildert (Seitevare Kraftstation) abzweigen. Nach 7 km rechts der Staumauer weiter, nun geschottert 13,5 km zum Parkplatz Sitoälvsbron. Von Jokkmokk 93 km. Busverbindungen nur auf der Straße nach Kvikkjokk; siehe Tour 21.
Ausgangspunkt: *Parkplatz Sitoälvsbron* am Ende der oben beschriebenen Straße.
Gehzeiten: Insgesamt etwa 8½ Std. Parkplatz – Kuolleluoppal-Bootssteg knapp 2¾ Std. Bootssteg – Aktse 1½ Std. Rückweg ca. 4¼ Std. Mit dem Boot 3 Std. weniger.
Skierfe-Besteigung: Von den Aktse-Hütten auf dem Kungsleden etwa ¾ Std. ansteigen. Dann links, weiter bergauf in anhaltender Querung (Pfadspuren, Steinmänner) zur exponierten Spitze des Skierfe (1179 m). Hin und zurück knapp 6 Std.
Unterkunft und Verpflegung: Nächstgelegen: *Årrenjarka Semesterby* (103 km von Jokkmokk), Hütten, Camping, Ladengeschäft, kleine Gaststätte; Tel. (0971) 23018.
• Kvikkjokk, siehe Tour 21.
Unterkunft und Verpflegung unterwegs: *STF-Stützpunkt Aktse*: Zwei Hütten mit insgesamt 34 Schlafplätzen sowie eine Hütte des Hüttenwartes mit Wirtsraum; ein Raum (zehn Schlafplätze) ständig offen; 20 Min. oberhalb des Bootsanlegers. Hüttenwart und Proviantverkauf 17.6.–10.9., 8–9 Uhr, 18–20 Uhr; Nottelefon.
Camping: Nächstgelegen: *Årrenjarka*, siehe oben. • *Kvikkjokk*; siehe Tour 21.
• *Jokkmokk*; drei Plätze. An der Straße (3,5 km) Richtung Kvikkjokk: Kuossinjarka, auch 20 Hütten; 1.6.–31.8.; Tel. (0971) 31013, 31005.
Sehens- und Wissenswertes in der Umgebung: *Jokkmokk*; siehe Tour 28.
Auskunft: Siehe Kvikkjokk, Tour 21.
Wanderkarten: Fjällkartan 1:100000, Blatt 27H und 27I.

Bei Aktse. Die Route auf den heiligen Berg Skierfe führt von rechts bis zu seiner hornähnlichen Spitze.

21 Die Wander-Drehscheibe Kvikkjokk

Aussichtswarte Lulep Sjnjerak (809 m)

Tourencharakter: Unschwierig. Die Wanderung kann von Sjnjerak südöstlich als Panoramaweg fortgesetzt werden, rechts vorbei am See Kuoletisjaure in 3½ Std. zur Talstraße bei Årrenjarka. Von dort Busrückfahrt (12.6.–13.8.) gegen 17 Uhr.
Ausrüstung: Leichte Wanderkleidung.
Beste Jahreszeit: Ende Juni bis September.
Reine Gehzeit: Knapp 2¾ Std.
Weglänge: 9 km.
Markierungen: Wegweiser. Rote Farbzeichen.
Steigungen: 470 m.

Der sogenannte »Linnéleden«, die Straße von Jokkmokk, endet abrupt in Kvikkjokk. Sie trägt den Namen des småländischen Naturforschers und Biologen Carl v. Linné, der 1772 die Wildnis um die Mitte des 17. Jahrhunderts gegründete Siedlung am waldreichen Delta der Flüsse Tarraätno und Kamajåkkå in den See Saggat bereiste. Auf Ruderbooten mehr als 100 Kilometer über Seen. Ein beschwerliches, abenteuerliches Unternehmen, wie man in seinem Buch »Lappländische Reise« lesen kann.

Das blieb sie bis zum Straßenbau 1957, obwohl bereits seit 1928 an den Stromschnellen des Kamajåkkå die Fjällstation Kvikkjokk stand. Der Segen des Silbererzes, das Samen als gequälte Zwangsarbeiter mit Rentieren bis zu 50 Kilometer aus dem Gebirge heranschafften, war 1702 nach 30jährigem Abbau vorbei. Doch noch immer sprechen die Samen von der »Hutta« (Hütte), wenn sie Kvikkjokk meinen. Früher gab es dort dreimal soviel Menschen als heute. Grund für die »Lappmark-Mission«, 1673 einen Prediger zu entsenden, um den heidnischen Samen die »Furcht vor Gott« brutal zu lehren. Sie lebten völlig autark, vornehmlich zur Winterszeit bei 40 Grad Kälte und mehr. Da brachte der »marknad« (Jahrmarkt) Anfang Februar in Jokkmokk langersehnte Abwechslung: Man verkaufte Felle, machte Tauschgeschäfte und ging auf Brautschau.

In unseren Tagen basiert die schmale wirtschaftliche Grundlage neben der Forstwirtschaft auf dem Wandertourismus im 30-Seelen-Kirchdorf, während die Rentierzucht keine große Rolle mehr spielt. Wärmster Monat ist, wie überall im Fjäll, der Juli mit durchschnittlich 13,7 °C; September 6,1 °C.

Der Wegverlauf

Vom **Kvikkjokk Turistservice** auf der Schotterstraße bergwärts. An der Gabelung rechts halten. Damit sind wir auf dem 1991 eröffneten *Vandringsled Kvikkjokk – Årrenjarka,* der für uns bis zur Hochfläche Sjnjerak gilt.

Zunächst auf breitem Weg durch den Mischwald. Nach insgesamt 1 Stunde passiert man bei einem Bachsteg die erste *Unterstandhütte.* Das rauschende Bächlein zur Linken gewinnen wir ohne Anstrengung an Höhe und sind nach einer ¾ Stunde am zweiten *Rastplatz.* Dahinter ist der Weg streckenweise verstegt.

Es folgt ein weiterer *Unterstand.* Von diesem Hüttchen noch etwa ¼ Stunde Richtung Sjnjerak. Dann rechts halten, nun durch Heidegelände, auf die sanft gerundete Kuppe des **Turisttoppen** (809 m) – seines Zeichens die höchste Erhebung und eine der besten Logen unmittelbar um Kvikkjokk. Die samische Bergbezeichnung lautet »Lulep Sjnjerak« – Süd-Sjnjerak, bezogen auf die sich nördlich wölbende Kuppe des Alep Sjnjerak (793 m, Nord-Sjnjerak) und die nordöstlich gelegenen Sjnjerak-Höhen.

Östlich weglos hinab zur hölzernen *Raststuga* am stark verlandeten See von **Sjnjerak.** An seinem Westufer gelangen wir zurück zum vertrauten Herweg und auf ihm in etwas mehr als 1 Stunde nach **Kvikkjokk**.

Nützliche Informationen

Anfahrt: Die Stichstraße (114 km) nach Kvikkjokk zweigt 7 km nördlich von Jokkmokk vom Inlandsvägen (Straße 45) westlich ab. Busse von Jokkmokk mehrmals täglich (12.6.–13.8.) ab 10 Uhr.

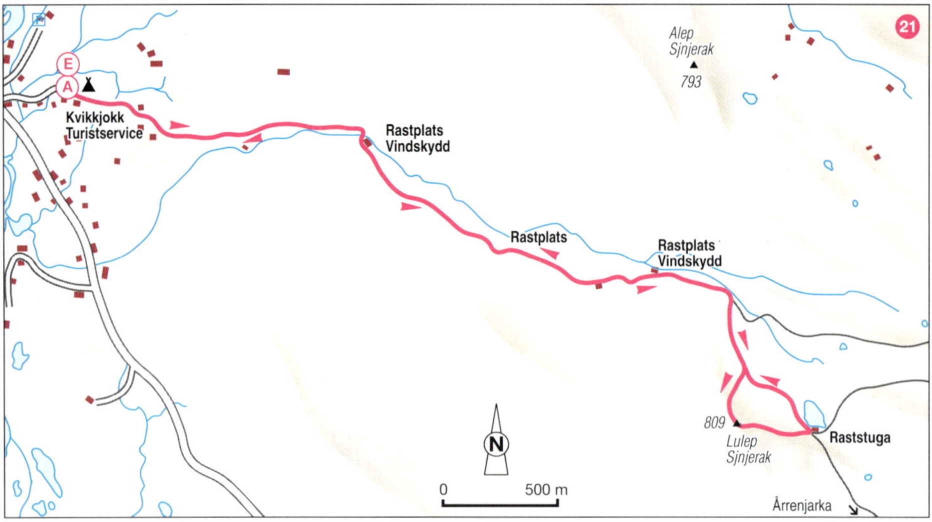

Raststuga unterhalb des Turisttoppen bzw. des Gipfels Lulep Sjnjerak.

Ausblick vom Prinskullen südöstlich auf die Seenplatte um Kvikkjokk, das links zu erkennen ist.

In Jokkmokk Station der Inlandsbahn Östersund – Gällivare, verkehrt 17.6–13.8.
Ausgangsort: *Kvikkjokk* (315 m), Siedlung der Großgemeinde Jokkmokk, nördlich des Polarkreises. Mit Abisko, Saltoluokta und Nikkaluokta das frequentierteste Wanderzentrum Lapplands. Parkplatz am Ende der Straße, bei der Fjällstation. Post. Tankstelle im 20 km entfernten Årrenjarka.
Gehzeiten: Insgesamt knapp 2¾ Std. Kvikkjokk Turistservice – Turisttoppen 1½ Std. Turisttoppen – Sjnjerak-Schutzhütte 5 Min. Schutzhütte – Turistservice knapp 1¼ Std.
Unterkunft und Verpflegung: *Fjällstation*: Mehrbettzimmer, Restaurant, Geschäft, Selbstversorgerküche; Kreditkarten; Mitte Juni bis Mitte September; Tel. (0971) 21022. *Turistservice*: Einfache Fünfbett-Ferienhütten, kleines Restaurant und Geschäft; Euroschecks; Juni bis September; Tel. 21036. • Lebensmittelgeschäft (mit Post) am Ortseingang.
Camping/Caravaning: *Turistservice*, siehe Unterkunft. • Caravaningplatz *Husvagns-Camping*; Tel. (0971) 21011; Anfahrt vom Lebensmittelgeschäft 1,2 km Richtung Jokkmokk, dann rechts hinab 800 m zum Platz am See.
Andere Wanderungen: *Kungsleden* nach Saltoluokta, siehe Tour 32. • *Padjelantaleden*, siehe Tour 22. • *Prinskullen* (749 m), nordwestlich von Kvikkjokk. Unschwierig, Höhenunterschied 430 m, Aufstieg 1¾ Std. In Kvikkjokk von der Båtbrygga (Schiffsanleger); Bestellung des Bootes für Hin- und Rückfahrt bei Björn Sarsta; Tel. 21012; oder Kenth Arvidsson; Tel. 21022; über den Kamajåkkå zum Anleger (Båtsplats) am Westufer. Dort rechtshaltend entsprechend der Farbzeichen, links vorbei an Häuserruinen. Durch Misch- und Birkenwald des *Pärlälevens Naturreservates*. Knapp 10 Min. oberhalb der Waldgrenze verläßt man den markierten Weg rechts auf Pfadspuren. Über den freien Hang zum aussichtsreichen *Prinskullen*, der südöstlichen Sekundarerhebung des Bergrückens Vallevare; 1½ Std. Die Route ist auf der erwähnten Wanderkarte 1:20000 genau eingezeichnet, ebenso der Weiterweg vom Prinskullen 1 Std. zu einer flachen Kuppe (870 m, Rentiergehege).
• *Kaskaivo* (1322 m), markanter Felsgipfel schwach nordwestlich von Kvikkjokk; Trittsicherheit notwendig. Wie beim Padjelantaleden (Tour 22) mit dem Boot nach Bobäcken und zur Brücke über den Vallebäcken. Danach die Rechtsabzweigung

nehmen, im Wald parallel zum Vallebäcken knapp 2 Std. ansteigen. Oberhalb der Waldgrenze links halten, weglos zum Gipfel; großartiger Panoramablick. Von Bobäcken 4–4½ Std.

Sehens- und Wissenswertes: *Holzkirche* von 1907 an Stelle der ersten, 1760 geweihten Kapelle; freistehender Glockenturm. • Im Gebäude des Lebensmittelgeschäftes das *Naturmuseum* (Naturum); 9.30–12 Uhr, 13–18 Uhr, Samstag 9.30–13 Uhr.

Sehens- und Wissenswertes in der Umgebung: *Jokkmokk*, siehe Tour 28.

Auskunft: Turistbyra, Stortorget 4 (Box 124), S-96223 Jokkmokk. Tel. (0971) 12140.

Wanderkarten: Kvikkjokk 1:20000.

• Fjällkartan 1:100000, Blatt 27 H. Erhältlich in der Fjällstation und im Turistservice.

22 Nationalpark Padjelanta

Sechs Tage auf dem Padjelantaleden

Tourencharakter: Unschwierig. In Feuchtzonen Holzbohlenstege (ca. 35 % der Gesamtstrecke). Bei Nebel etc. auf den Höhen streckenweise schwierige Orientierung. Wenige Watstellen, sofern alle Stege und Brücken vorhanden; ansonsten beschilderte »Umleitung«.
Ausrüstung: Warme Wanderkleidung. Festes Schuhwerk.
Verpflegung: In Kvikkjokk und Ritsem; teilweise auch in den Hütten oder Samensiedlungen, siehe Hinweise dort.
Beste Jahreszeit: Mitte Juli bis Anfang September; ab Mitte August keine Mücken.
Abfahrt des Bootes: Von Kvikkjokk nach Bobäcken (Fahrzeit ¼ Std.); 1.7.–20.8. täglich 9, 11.30, 13.30, 16.45 Uhr; 21.8.–17.9. täglich 9, 13.30 Uhr.
Reine Gehzeit: Sechs Tage, für alpengewohnte Wanderer; sonst acht Tage.
Weglänge: 139 km.
Markierungen: Rot und beschildert an Wegeteilungen; Holzpflöcke, gelegentlich Steinmänner.
Steigungen: 1600 m.
Rückkehr: Ein Tag: Ab Ritsem-Fjällstation Bus ab 8 Uhr nach Gällivare-Järnvägsstation (Bahnhof). Von dort Eisenbahn oder Bus bis Jokkmokk, anschließend Bus nach Kvikkjokk.
Auskunft: Jokkmokks Turistbyrå, Stortorget 4 (Box 25), S-96223 Jokkmokk; Tel. (0971) 12140, 15257.
Wanderkarte: Fjällkartan 1:100000, Blatt BD10. Erhältlich u.a. in der Fjällstation Kvikkjokk.

Als uns Björn Sarstad nach 4 Kilometern Fahrt in seinem knatternden Außenborder von Kvikkjokk durch den Wasserdschungel des Tarraåtno in Bobäcken abliefert, warten auf ihn bereits Leute, die von Ritsem den Padjelanta-Nationalpark durchquert haben. Wir laufen entgegengesetzt in den 1963 eingerichteten, größten schwedischen Nationalpark (1984 km^2).

Der samische Begriff Padjelanta bedeutet »höheres Land«. Offenes, seenreiches Hochland mit weichen Konturen aus leicht verwitternden Schieferarten und Sandstein zwischen Sarek-Nationalpark – »Alaska Schwedens« – und Norwegen. Herzkammer des Parks ist das Gebiet um den scheinbar meeresweiten Virihaure, der als schönstgelegener See Schwedens gilt, und den benachbarten Vastenjaura. An ihren Ufern haben Tuorpon-, Jåkkåkaska- und Sirka-Samen seit Jahrhunderten ihre Sommerlager, umgeben von Rentier-Weiden. In den niedrigen Lagen streiften vor nicht allzulanger Zeit noch »björnar«, Bären aus dem Sarek, auf der Nahrungssuche. Die Alten haben zur Abwehr ein Glöckchen mitgenommen. Mittlerweile läßt sich keiner mehr sehen. Statt dessen kann man hin und wieder Elche beobachten auf ihrem Zug über das Gebirge. Rauhfußbussarde in der Luft sind keine Seltenheit, an den Gewässern Fischadler, Sturmmöwe, Moorschneehuhn. Artenreiche Gebirgsflora findet Nahrung auf kalkreichen Böden. Insgesamt kommen im Nationalpark mehr als 400 Gefäßpflanzen vor. Einen kleinen Teil davon veranschaulichen die drei Schaukästen in Staloluokta.

Padjelanta ist ein Triumph der Natur. Und den bringt uns der Padjelantaleden sehr nahe. Nicht umsonst schätzt man ihn neben dem Kungsleden als lohnendste, besttrassierte Weitwanderung Schwedisch-Lapplands. Überdies bildet die Strecke zwischen Staloluokta und Akkajaure ein Teilstück des 1993 eröffneten Fernwanderweges Nordkalottleden (800 km).

Der Wegverlauf

1. Tag: Kvikkjokk – Tarrekaisestugan

Vom *Båtsplats* in **Bobäcken** (335 m) vertraut man sich der Tafel »Padjelantaleden« an. Ein Schild macht deutlich, daß es 13 Kilometer zur Njunjesstugan sind: erste Nächtigungshütte. Der markierte Pfad wendet sich vom Fluß ab. Nach ½ Stunde auf einer Brücke über den *Vallebäcken* und an den Tarraåtna heran. Die Rechtsabzweigung zum Kaskaivo (1322 m), dessen schrundige Südabstürze dem Waldgürtel nordwestlich entragen, bleibt unbeachtet.

Rentiere »spazieren« häufig auf den Straßen Lapplands. Vorsicht: In Schweden gibt es täglich 30 bis 40 Kollisionen mit Wild!

Anfangs eben, ab der Brücke über den *Rautajåkkå* mäßig aufwärts zwischen kindshohen Farnkräutern, durch Wacholder, Birken und Espen, Silberweiden und Ebereschen. Das ausgetretene, streckenweise sehr feuchte, von Telefonleitungsmasten begleitete Weglein bringt uns zunächst auf die Lichtung der morbiden Samenkåta *Bäcken* (390 m). Anschließend, im Abstand von ¼ Stunde, über zwei Stege in 35 Minuten nach **Njunjes** (400 m), das der Lappen-Missionar Olof Holmborn im 18. Jahrhundert gründete. Und schon ½ Stunde später, kurz vor einer Brücke, erreicht man die **Njunjesstugan** (455 m).

Wir bleiben diesseits des Tarraåtno. Es geht spürbar bergan, durch Nadelwald in ½ Stunde zu einer firstähnlichen Anhöhe. Erstmals bietet sich ein instruktiver Blick über das Tarradalen und zur 6 Kilometer langen Wasserfläche des Tarraure, zu dem sich das Gelände neigt. Etliche rutschige Passagen erfordern Konzentration. Südwestlich gebietet die Staika (1794 m) mit einem kleinen Gletscher in der Südostmulde.

Am Nordufer des **Tarraure** entlang über Wiesen und durch Birkenwäldchen. Rechts, 200 Meter oberhalb des Wasserfalls, befindet sich der ehemalige samische Opferplatz Passeuksa – »heilige Pforte«. Abschließend in einer ¾ Stunde zu den erst im letzten Augenblick sichtbar werdenden **Tarrekaisestugan** (510 m) auf einer Lichtung unweit des Sees.

Ausgangsort: Kvikkjokk (315 m), siehe Tour 21.
Gehzeiten: Insgesamt 5¾–6 Std. Bobäcken – Bäcken 2¼ Std. Bäcken – Njunjesstugan 1 Std. Njunjesstugan – Terrekaisestugan 2½ Std.
Weglänge: 20 km.
Steigungen: 250 m.
Unterkunft unterwegs: *Njunjesstugan* (440 m): STF; 20 Schlafplätze in zwei Räumen, einer (zehn Schlafplätze) ganzjährig geöffnet; Hüttenwart 17.6.–10.9.
Zielpunkt: *Tarrekaisestugan* (510 m): STF; 20 Schlafplätze in zwei Hütten; Hüttenwart 17.6.–10.9.

Kvikkjokk ist Ausgangsort für die Durchquerung des Nationalparkes Padjelanta.

2. Tag: Tarrekaisestugan – Tarraluoppalstugorna

Überlegungen hinsichtlich der Aufbruchszeit: Bis zur Såmerlappastuga sind es 3½ Stunden, bis Tarraluoppalstugan knapp 7¼ Stunden, allerdings nur mit geringfügigen Steigungen. Wie am ersten Wandertag ist die nächste Schlafhütte, Såmerlappa, 13 Kilometer entfernt.

Von den **Tarrekaisehütten** nordwestlich durch schütteren Birkenwald am Rand der Sümpfe des in den See mündenden Tarraätno. Rechts oben die steilen Flanken des Tarrekaise-Massivs, im Vorblick das prägnante Trapez des Måskatjkaise. Etwa 50 Minuten nach Tarrekaise zweigt links ein Pfad ab zu der ½ Stunde entfernten, jenseits des Flusses liegenden, ständig offenen Tarraälvshyddan, dem ältesten, 1883 gegründeten Stützpunkt des STF. Er besitzt lediglich musealen Charakter und wird nicht mehr versorgt. Nahebei unterhielten Tuorpon-Samen eine Frühjahrs- und Herbstsiedlung samt Schule.

Die Birken lichten sich. Der Padjelantaleden schwenkt zu Füßen des Måskatjkaise mit dem trogförmigen Tarradalen in Nordrichtung ein. Mehrere Bäche müssen steglos überquert werden! Die gelegentliche Anwesenheit von Elchen verrät ihre Losung. Schließlich führt der Pfad an den Fluß heran, bleibt 20 Minuten an seinem Ufer, durchmißt eine Geröllreise und leitet wenig später über eine letzte Brücke zur **Såmmarlappastugan** (530 m) am Tarraätno.

Wie die erste Unterkunft aussah, sehen wir knapp 10 Minuten später, links des Weges: eine Samenkate, die zur Not immer noch bescheidenes Quartier bietet. Auf dem Talboden der gewundene Flußlauf, den die Route bald wieder berührt. Ungefähr 1¼ Stunden nach der Såmmarlappastugan, hinter den Metallbrücken über den Slittajåkkå, empfängt uns der **Padjelanta-Nationalpark**.

Weiterhin sind wir im schütteren Birkenwald über längere Strecken (ca. 2 Std.) auf Bohlenstege angewiesen. Es vergeht ungefähr 1 Stunde, ehe man die Baumgrenze (740 m) erreicht. Nach einer weiteren Stunde, zum Schluß abwärts über Rentierweiden – nördlich wird die etwa 1 Stunde entfernte Tarraluoppalstugorna sichtbar –, ist man am Ostufer des **Tarraluoppal** (700 m).

Die Richtung beibehaltend, verläßt man für eine Weile den Padjelanta-Nationalpark, um dann den **Sarek-Nationalpark** zu betreten, wo man in ¼ Stunde die **Tarraluopalstugorna** anpeilt.

Ausgangspunkt: *Tarrekaisestugan* (510 m), siehe Zielpunkt 1. Tag.
Gehzeiten: Insgesamt 7½ Std. Tarrekaisestugan – Såmmarlappastugan 3½ Std. Såmmarlappastugan – Tarraluoppalstugorna 4 Std.
Weglänge: 28 km.
Steigungen: 200 m.
Unterkunft unterwegs: *Tarraälvshyddan* (510 m): STF; ½ Std. abseits; ein Raum ohne Ausstattung, Brennmaterial in der Umgebung. • *Såmmarlappastugan* (530 m): STF; 18–20 Schlafplätze; ganzjährig offen; Hüttenwart 17.6.–10.9.; zeitweilig Proviantverkauf in geringen Mengen; Nottelefon.
Zielpunkt: *Tarraluoppalstugarna* (705 m): SNV; 36 Schlafplätze in sechs Hütten; Hüttenwart 1.7.–29.8; Nottelefon.

3. Tag: Tarraluoppalstugorna – Staloluokta

Bei den **Tarraluoppalstugorna** (705 m) auf einer Hängebrücke über den *Vassjajåkkå*. Anschließend rechts halten und bergan. Nach 1¼ Stunden streift die Route den ersten *See* (925 m) und gewinnt wenig später den Scheitelpunkt (960 m) des Padjelantaleden. Wir sind auf dem mit einem Labyrinth aus Seen und Teichen sowie bis Ende Juli mit Firnfeldern bedeckten, hügeligen Tuottar-Hochplateau, das eindrucksvolle Rundumblicke erlaubt, vor allem östlich in die Sarek-Gruppe.

Eben dahin an den Nordzipfel des **Kieddåivejauratjah** (922 m). Anschließend bleibt der langgestreckte Kårrojauratjah rechts liegen. Der Pfad, ein uralter Weg der Tuorpon-Samen, steuert zwischen mehr oder weniger großen Gewässern hindurch. Den Vorblick beherrscht der 12 Kilometer Luftlinie entfernte Bergriese Alatjåkkå (1572 m). Südwestlich erstreckt sich der mächtige, in 1639 Meter gipfelnde Stock des Kierkevare mit der 800 Meter hohen, braunrötlichen Nordwand des Junkatjåkkå (1560 m).

Zur Mittagspause treffen wir bei der **Tuottarstugorna** (920 m) ein, der höchstgelegenen Unterkunft im Nationalpark. Die Hütten

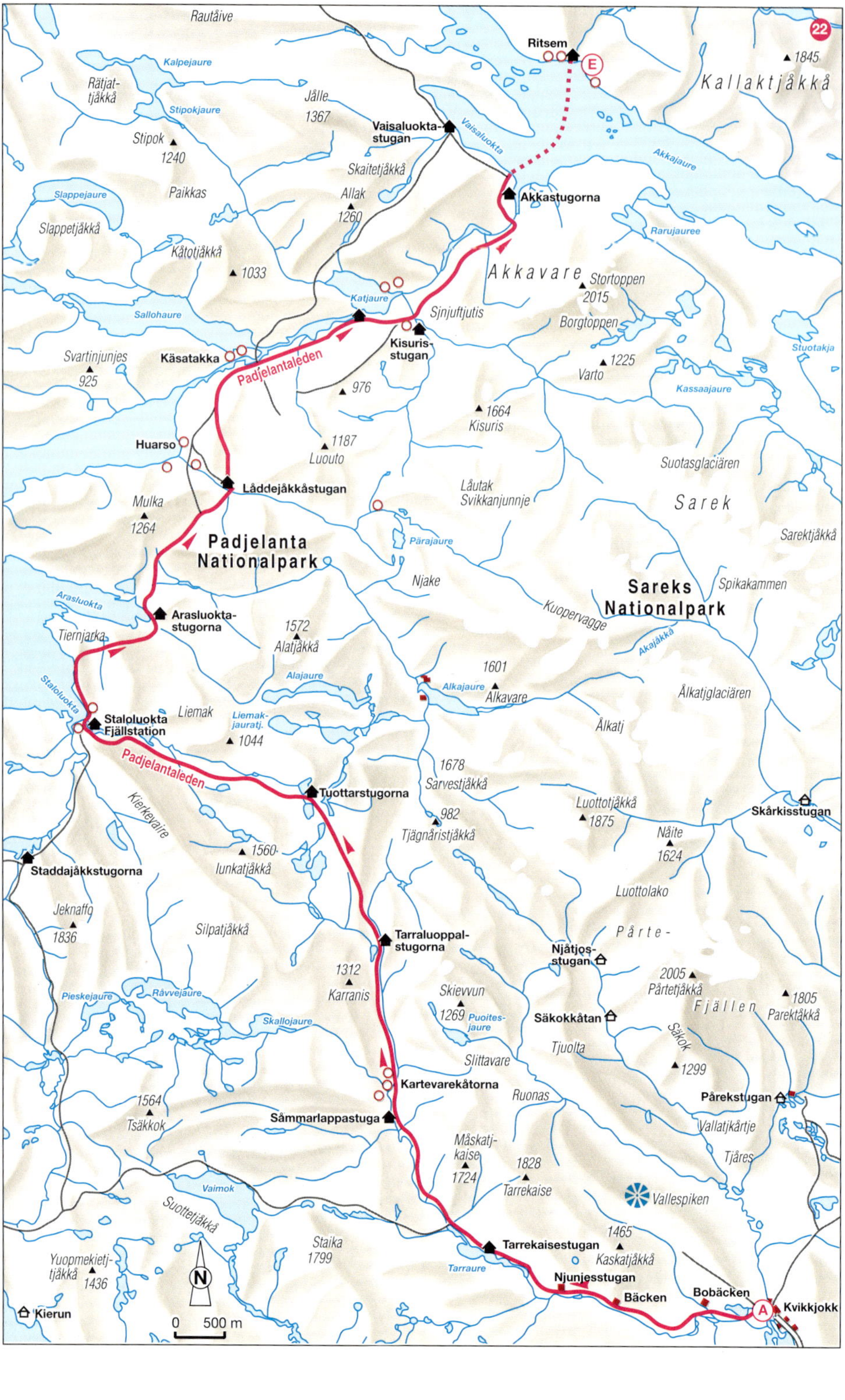
22
Rautåive
Kalpejaure
Rätjat-
tjåkkå
Stipokjaure
Jålle
1367
Ritsem
E
1845
Kallaktjåkkå
Vaisaluokta-
stugan
Vaisaluokta
Stipok
1240
Skaitetjåkkå
Akkajaure
Slappejaure
Paikkas
Allak
1260
Akkastugorna
Slappetjåkkå
Kåtotjåkkå
1033
Rarujauree
Akkavare
Stortoppen
2015
Katjaure
Sjnjuftjutis
Sallohaure
Borgtoppen
Kisuris-
stugan
Svartinjunjes
925
Käsatakka
Padjelantaleden
1225
Varto
Stuotakja
976
Kassaajaure
1664
Kisuris
Huarso
1187
Luouto
Suotasglaciären
Låddejåkkåstugan
Låutak
Svikkanjunnje
Sarek
Mulka
1264
Padjelanta
Nationalpark
Pärajaure
Sarektjåkkå
Njake
Sareks
Nationalpark
Spikakammen
Arasluokta
Arasluokta-
stugorna
Kuopervagge
Tiernjarka
1572
Alatjåkkå
Akajåkkå
Staloluokta
Alajaure
1601
Alkajaure
Alkavare
Ålkatjglaciären
Staloluokta
Fjällstation
Liemak
Liemak-
jauratj.
1044
Ålkatj
Padjelantaleden
1678
Sarvestjåkkå
Tuottarstugorna
Luottotjåkkå
1875
Skårkisstugan
Kierkevaire
982
Tjägnåristjåkkå
Nåite
1624
1560
Iunkatjåkkå
Staddajåkkstugorna
Luottolako
Jeknaffo
1836
Silpatjåkkå
Tarraluoppal-
stugorna
Pårte-
Njåtjos-
stugan
1312
Karranis
2005
Pårtetjåkkå
Skievvun
Pieskejaure
Råvvejaure
1269
Puoites-
jaure
1805
Parektjåkkå
Fjällen
Säkokkåtan
Skallojaure
Säkok
Tjuolta
Slittavare
1299
Kartevarekåtorna
1564
Tsäkkok
Ruonas
Pårekstugan
Såmmarlappastuga
Vallatjkårtje
Måskatj-
kaise
1724
1828
Tarrekaise
Tjåres
Vaimok
Vallespiken
Suottetjåkkå
Staika
1799
1465
Tarrekaisestugan
Kaskatjåkkå
Yuopmekietj-
tjåkkå
1436
N
Tarraure
Njunjesstugan
Bäcken
Bobäcken
A
Kvikkjokk
Kierun
0
500 m

kauern in einer Mulde oberhalb des Tjekimjaure. Ihn nährt der Tuottarjaure. Diesen Zufluß gilt es nach kurzem Abstieg zu durchwaten, knapp 10 Minuten später den Abfluß. Dann ist die Spur trocken. Sie verläuft nach einer Gegensteigung schwach nordostwärts durch eine breite Mulde, über einen Rücken und stößt auf den **Pållaurjåkkå** (675 m), der unterhalb eines Wasserfalls auf einem *Metallsteg* überschritten wird.

Am anderen Ufer rechts und auf verschlungenen Pfaden durch dichtes, teilweise mannshohes Buschwerk und Weidengestrüpp eine ¾ Stunde zum **Kieddaure** (664 m), von dem sich die Route wenig später halb links abwendet. Erstmals sieht man den Virihaure, das elftgrößte Gewässer Nordschwedens, nachher auch den Luoppal. Rechts an einem kleinen See vorbei. Schließlich wandern wir abwärts an das Ufer des **Luoppal** und rechts, mit Hilfe einer Hängebrücke, über den Luoppal-Abfluß zur **Fjällstation Staloluokta** (595 m). »Stalo« galt als ein den Samen feindlich gesinnter Riese, und »luokta« bedeutet Bucht.

Ausgangspunkt: *Tarraluoppalstugorna* (705 m), siehe Zielpunkt 2. Tag.
Gehzeiten: Insgesamt etwa 8 Std. Tarraluoppalstugorna – Tuotta-Plateau 1½ Std. Tuottar-Plateau – Tuottarstugorna 1¾ Std. Tuottarstugorna – Pållaurjåkkå-Brücke 2¾ Std. Brücke – Staloluokta 2 Std.
Weglänge: 29 km.
Steigungen: 350 m.
Unterkunft unterwegs: *Tuottarstugorna* (920 m): SNV; 32 Schlafplätze in sechs Hütten; Hüttenwart 1.7.–29.8; eine Hütte (sechs Schlafplätze) immer offen; Nottel.
Zielpunkt: *Fjällstation Staloluokta* (595 m): SNV; 36 Schlafplätze in zwei Hütten; Hüttenwart 1.7.–5.9; eine Hütte (zwölf Schlafplätze) gänzjährig geöffnet; Proviantverkauf (Trockennahrung, Saiblinge, Schokolade) in der Samensiedlung bei Familie Parfa; 1.7.–20.8. wochentags 9–12 Uhr, 15–20 Uhr, Sonntag 13–20 Uhr; auch samisches Kunsthandwerk.

4. Tag: Staloluokta – Låddejåkkåstugan

Nordwärts, oberhalb des Sommerlagers der Tuorpon-Samen, vorbei am gepflegten, mit Rentierfellen ausgelegten *Kirchlein*, wo sommers Gottesdienste stattfinden. Dann wandern wir durch die Westflanken des Unna Titer weiter bergan mit fesselnden Blicken auf den Virihaure – größtes Gewässer (108 km^2) im Nationalpark – und die Grenzberge Norwegens. Virihaure bedeutet soviel wie »der See, den der Windhauch kräuselt«.

Auf dem ersten, mit kleinen Seen bestückten Plateau wendet sich die Route leicht rechts, überschreitet nach insgesamt 2 Stunden auf dem Stuor-Titer-Nordwestrücken den vorläufig höchsten Punkt (790 m) und schwenkt in Ostrichtung ein. Die Arasluokta-Hütten werden sichtbar. Vorsicht bei den Traversierungen der tiefen Bachbette! Hinunter zur Hängebrücke des **Arasjåkkå**. Jenseits durch den Zaun des Rentiergeheges und links zu den **Arasluoktastugorna** (584 m): »Välkommen till Arasluokta« begrüßt uns die Tafel an einer der mit Sonnenenergie versorgten Unterkünfte bei der Siedlung der Jåkkåkaska-Samen. Sie verlassen das Lager gegen Ende Juli und beziehen ihre Herbstsiedlung im Sarek.

Spaziergang am Seeufer durch die *»sameviste«* und, rechtshaltend, am *Kirchlein* vorbei hinauf zum Padjelantaleden (720 m). Er fällt durch Heide und Buschwerk an den breiten **Miellätno** (600 m) ab, über den uns eine 58 Meter lange Hängebrücke bringt. Abermals bergauf, etwa 1½ Stunden, in den breiten Sattel **Pårka** (900 m), einer Wasserscheide nordwestlich des Huornatj (1212 m). Ausblicke nordöstlich zum vergletscherten Akka (2016 m).

Nach dem Bachbett an der Gabelung rechtshaltend über das Plateau und zur Brücke über den **Låddejåkkå** (Vogelbach) absteigen, der in seinem weichen Schieferbett bizarre »Töpfe« ausspült. Vor dem Rentierzaun links 500 Meter zur **Låddejåkkåstugan** (590 m) auf einer flachen Eisseeablagerung.

Ausgangspunkt: *Staloluokta* (595 m), siehe Zielpunkt 3. Tag.
Gehzeiten: Insgesamt 7½–8 Std. Staloluokta – Arasluoktastugorna 3¼ Std. Arasluoktastugorna – Miellätno-Brücke knapp 1¼ Std. Brücke – Sattel Pårka 1¾ Std. Sattel Pårka – Låddejåkkåstugan 1¼ Std.

Ausklang des Padjelantaleden: Schiffahrt über den Akkajaure nach Ritsem.

Weglänge: 23 km.
Steigungen: 500 m.
Unterkunft unterwegs: *Arasluoktastugorna* (584 m): SNV; 32 Schlafplätze in sechs Hütten; Hüttenwart 1.7.–29.8; eine Hütte (sechs Schlafplätze) ganzjährig offen; Nottel.
Zielpunkt: *Låddejåkkåstugan* (590 m): SNV; 28 Betten in zwei Hütten; Hüttenwart 1.7.–5.9.; eine Hütte (sechs Schlafplätze) ganzjährig geöffnet; Nottelefon.

5. Tag: Låddejåkkåstugan – Kisurisstugan

Mit dem Durchschreiten des Rentierzaunes betreten wir das Gebiet der Sirkas-Samen. Nach etwa ½stündigem Anstieg hält sich die Spur schwach links, verläuft ab der Wegegabel am Viertjajåkkå eine ¾ Stunde fast eben und passiert am stumpfen Westrücken des Låtatj einen Rentierzaun unweit des Geheges (760 m). Anhand der Wanderkarte lokalisieren wir die Samensiedlungen an den Ufern des Vastenjaure und des Vuojatätno.

Wenig später geht es abwärts in 1¾ Std. zur Hängebrücke über den **Vuojatätno** (545 m). Vor der Brücke rechts. Durch die feuchte, wellige Wiesenlandschaft überqueren wir nacheinander vier Stege. Dann nicht links (500 m) zur nahen *Samensiedlung Kutjaure* (530 m) am Lachsforellensee (samisch = Kutjaure), sondern rechts (östlich) halten. Es folgt eine mäßige Steigung. Bohlenstege erschließen auch hier das Feuchtgebiet. Begleitet von Birken und Kiefern erreicht man in einem Birkenwäldchen die **Kisurisstugan** (580 m). Kisuris bedeutet »kleines, junges Ren«.

Die Terrassenlandschaft der Umgebung hinterließen unterschiedlich hohe Schmelzwasserseen der ausklingenden Eiszeit.

Ausgangspunkt: *Låddejåkkåstugan* (590 m), siehe Zielort 4. Tag.
Gehzeiten: Insgesamt 6½ Std. Lådddejåkkåstugan – Vuojatätno-Brücke 3 Std. Brücke –

Kutjaure samevista 2¼ Std. Kutjaure – Kisurisstugan knapp 1¼ Std.
Weglänge: 23 km.
Steigungen: Nicht ganz 300 m.
Unterkunft unterwegs: *Kutjaure samevista* (530 m): Schlafplätze (Juli/August) in der Samensiedlung; Proviant (Trockennahrung, Saiblinge).
Zielpunkt: *Kisurisstugan* (580 m): SNV; 34 Schlafplätze in drei Hütten; Hüttenwart 1.7.–29.8.; zwei Hütten (zwölf Schlafplätze) ständig offen; Nottelefon.

6. Tag: Kisurisstugan – Änonjalme – Ritsem

Von **Kisuris** (580 m) in guten 5 Minuten zur *Spietjaujåkkå-Brücke*. An der Wegeteilung links und auf einer Brücke über die Gletscherwasser des *Sjnjuftjutisjåkkå*. Anschließend hält man sich mit dem ausgetretenen Weg rechts und wandert ansteigend im **Stora-Sjöfallet-Nationalpark**.

Knapp 10 Minuten nach der Brücke sind beiderseits des Weges die Mulden einstiger *Renfanggruben* im Abstand von 8 bis 10 Metern zu erkennen. Durch Birkenwald talaus, zwei Stege überschreitend und vorbei an einem *Rastplatz* (500 m) gelangt man zur schwankenden Hängebrücke über eine Wasserschnelle des **Vuojatätno** (460 m). Und schon eine ½ Stunde später erwartet uns in bezaubernder Lage die **Akkastugorna** (470 m). Ausklang hinunter zur Samensiedlung **Änonjalme** (440 m) bzw. zur *Schiffslände* (Kiosk).

Ausgangspunkt: *Kisurisstugan* (580 m), siehe Zielpunkt 5. Tag.
Gehzeiten: Insgesamt 4 Std. Kisuris – Akkastugorna 3¼ Std. Akkastugorna – Schiffsanleger 25 Min. Überfahrt (50 Min.) nach Ritsem gegen 9 oder 16.40 Uhr. Dort vom Schiffsanleger 20 Min. ansteigend zur Fjällstation.
Weglänge: 16 km.
Steigungen: 50 m.
Unterkunft unterwegs: *Akkastugorna* (470 m): STF; 40 Schlafplätze in zwei Hütten; eine davon (zehn Betten) ganzjährig geöffnet; Hüttenwart 26.6.–10.9.; Nottelefon.
Zielpunkt: *Ritsem* (460 m), siehe Tour 24.

23 Nationalpark Stora Sjöfallet

Von Saltoluokta auf den Lulep Kierkau (1059 m)

Tourencharakter: Unschwierig. Eine luftige Passage; Trittsicherheit und Schwindelfreiheit notwendig. Bei Nässe oder Schnee gefährlich. Schlechte Sicht erschwert die Routenfindung.
Ausrüstung: Wanderkleidung; Bergschuhe.
Beste Jahreszeit: Mitte Juli bis September. Mitternachtssonne auf dem Gipfel 7.6.–21.7.
Reine Gehzeit: 5 Std.
Weglänge: 17 km.
Markierungen: Wegweiser; Steinmänner.
Steigungen: 700 m.

Als im Jahre 1912 der Svenska Turistföreningen die erste Unterkunft in Saltoluokta oberhalb der gleichnamigen Bucht des Sees Langas einweihte, war sich der STF der Bedeutung des Platzes bewußt: einmal als Station des Kungsleden, außerdem als Basis des Lulep Kierkau, primär aber, um in dem damals »hinter dem Mond« gelegenen Tal einen idealen Stützpunkt für Wanderer am »Vägen västerut« (»Weg westwärts«) zu schaffen, wie die inzwischen ausgebaute Straße genannt wird, von der man per Motorschiff Saltoluokta erreicht. Dabei springt einem südwestlich der massige Lulep Kierkau imposant ins Gesichtsfeld. Steinerner Wächter von Saltoluokta – ein Berg von geradezu magnetischer Anziehungskraft. Er bildet das am einfachsten erreichbare bzw. am wenigsten schwierige und hervorstechende Gipfelziel im 1909 eröffneten Nationalpark Stora Sjöfallet, der sich auf 127 800 Hektar um das Stauseen-System des Stora Luleälv ausdehnt. Der Lulep Kierkau (deutsch = Südöstlicher Kierkau) krönt das 12 Kilometer lange Massiv, das sich vom Hauptgipfel fortsetzt über den Kaska Kierkau (950 m, Mittlerer Kierkau) zum Alep Kierkau (986 m, Nordwestlicher Kierkau) auf der Höhe des Stora Sjöfallet.

Hinter dem Lulep Kierkau verbirgt sich der Pietsaure. An seinem lieblichen Gestade haben Sirkas-Samen (Sirkas = Weide) ein sehenswertes Sommerlager, das ebenfalls zu einer Wanderung einlädt. Übrigens bilden die zusammenhängenden Nationalparks Stora Sjöfallet, Sarek und Padjelanta die umfangreichste (5232 km²) unter Naturschutz stehende Wildnisregion Europas.

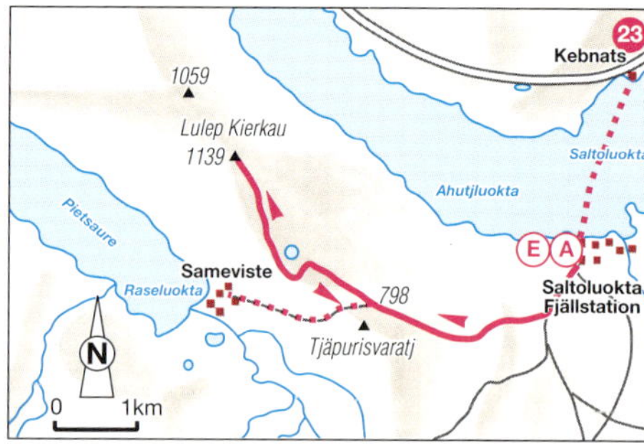

Der Wegverlauf

Rückseitig der **Fjällstation** wandern wir ¼ Stunde auf dem *Kungsleden*; dann wird er rechts verlassen, Kennzeichnung »Pietsaure«. Es folgt – nun im Nationalpark – ein Aussichtsplatz. Weiter durch Strauchwerk und Birken. Der montane Birkenwald nimmt eine Fläche von 28100 Hektar des Parkes ein; 2600 Hektar sind Kiefern- und Mischwald; es gibt 9100 Seen und 700 Moore; 200 Hektar sind bebaut, den Rest bildet kahles Gebirge.

Über einen Bachlauf, wobei wir ständig den Bergkörper vor Augen haben. Zwischendurch leicht abwärts, dann wieder bergan aus dem Strauchwaldgürtel zu einem großartigen Panoramapfad. Links oben wölbt sich der Tjäpurisvaratj (798 m).

Etwa 1 Stunde nach der Fjällstation bleibt die Linksabzweigung (nach Pietsaure) unbeachtet. Wir schlendern geradeaus und queren die Flanken, bald zu Füßen dunkler Felsmauern, in denen gelegentlich Rentiere klettern. Nach ungefähr ½ Stunde wird der Pfad spürbar steiler, auf ein kurzes Stück sogar unangenehm. Er hält sich links über eine rampenähnliche Mulde unter überhängenden Wänden.

Aufatmen bei der grasigen Schulter, an

»Hausberg« von Saltoluokta ist der unschwierig ersteigbare, aber lohnende Lulep Kierkau.

der ein Rinnsal plätschert. Jenseits öffnen sich Blicke in das reizvolle Hochtal mit den Mäanderschlingen des Autsutjjåkkå sowie zum Måskostjåkkå (1420 m).

Rechtshaltend über eine kurze, gut gestufte, luftige Felsstufe hoch über dem 8 Kilometer langen Pietsaure. Anschließend mit dem Wiesenpfad und durch ein Schärtchen zu einem kleinen, im August schon ausgetrockneten Karsee. Abermals folgt eine felsige Stufe. Die Hütten der Samensiedlung am Pietsaure werden sichtbar. Unser Steig durchmißt das geneigte, gletschergehobelte Plateau und ist vorläufig nicht zu verfehlen. An einer Stelle (2 m) müssen die Hände zu Hilfe genommen werden. Steinmänner erklären die Route. Ein alter, weißhaariger Renbock trottet durch die einem Mondkrater ähnliche Landschaft, über der ein Adler seine Kreise zieht. Westlich schimmern die eisigen Riesen des Sarektjåkkå – zweithöchster Gipfel (2089 m) Schwedens –, südwestlich die Äpar-Gletscher

Die nächste, übernächste flache Kammkuppe scheint der Gipfel zu sein. Nicht verzweifeln, weiterlaufen! Und zwar bis zum nordwestlichen, vorerst und auch von der Fjällstation nicht auszumachenden Ende des Bergstockes. **Lulep Kierkau** (1059 m). Unter dem Steinmann des Gipfelfelsens liegt die Blechkassette mit dem Gipfelbuch. Bei klarer Sicht soll nördlich der Kebnekaise zu se-

Ausblick über den Akkajaure vom Anstieg zum Lulep Kierkau.

hen sein, Schwedens höchster Gipfel (2117 m) – immerhin 40 Kilometer Luftlinie entfernt.

Nützliche Informationen

Anfahrt: Abzweigung der geteerten Zufahrtsstraße vom Inlandsvägen (Straße 45) zwischen Porjus (7 km) und Gällivare (42 km) in nordwestlicher Richtung 78 km bis Kebnatsbryggan, der Schiffslände links unterhalb der Talstraße; Parkplätze. Busse von Gällivare-Bahnhof täglich 12.6.–17.9 u.a. 11 Uhr, 14 Uhr; die Busse haben Anschluß an die Schiffe nach Saltoluokta Fjällstation. Gällivare ist Endstation der Inlandsbahn von Östersund (Zugverkehr 17.6.–13.8.) sowie Station der Bahnstrecke Luleå – Kiruna – Narvik.
Nächste Tankstelle taleinwärts (13 km) in Stora Sjöfallet.
Ausgangspunkt: *Saltoluokta Fjällstation* (400 m): STF; hotelähnliche Anlage; 17.6.–17.9; zwei Häuser mit 93 Schlafplätzen in Doppel- und Mehrbettzimmern; Restaurant (fixe Essenszeiten), Selbstversorgerküche, Ladengeschäft; Sauna. Zeltplatz; Tel. (0973) 41010; Kreditkarten. Belegt alljährlich u.a. in der zweiten oder dritten Augustwoche beim Saltoluokta-Musikfestival. Von Kebnatsbryggan Schiffsverbindungen, u.a. gegen 9.45 Uhr, 12.55 Uhr, 15.50 Uhr.
Gehzeiten: Insgesamt 5 Std. Fjällstation – Gipfel 2¾ Std. Abstieg 2¼ Std.
Unterkunft und Verpflegung: Wie Ausgangspunkt. • *Stora Sjöfallet Husvagnscamping*: Von Kebnats auf der Straße 13 km talein, Bushaltestelle; 125 Touristenlager, Selbstversorgerküche, Restaurant; 25.2.–30.10.; Tel. (0973) 40070.
• *Sjöfallsstugan*: STF; bei Stora Sjöfallet, 1 km vom Schiffsanleger; zwei Räume mit vier Schlafplätzen; ganzjährig.
Andere Wanderung: *Pietsaure*, hin und zurück 3¼ Std. Wie bei der beschriebenen Tour etwa 1 Stunde in Richtung Lulep Kierkau. An der Gabelung links weiter, empor in den Wiesensattel (760 m) westlich des Tjäpurisvarati. Auf der anderen Seite rechtshaltend in ½ Std. hinunter zum Samenlager Raseluokta (645 m) am Sandstrand des Pietsaure.
Sehens- und Wissenswertes: Vom Landesteg Saltoluokta geht es links in die kleine *Samensiedlung* (mit Kirchlein); Verkauf von selbstgefertigtem Kunsthandwerk.
Auskunft: Turistbyrå, Storgatan 16, S-98221 Gällivare; Tel. (0970) 16660. Auch in der Fjällstation.
Wanderkarte: Fjällkartan 1:100000, Blatt BD10 oder BD8; erhältlich in der Fjällstation.

24 Ritsem hin und zurück

Zu Samensiedlungen am Akkajaure

Tourencharakter: Unschwierige Wanderung. Abfahrt des Motorschiffes nach Änonjalme (25 Min.) Ende Juni bis Anfang September von Ritsem båtbryggan (unterhalb des Ortes, Parkplätze, Bushaltestelle) 8.30 Uhr. Rückfahrt (25 Min.) von Vaisaluokta 17.10 Uhr.
Ausrüstung: Wanderkleidung; festes Schuhwerk.
Beste Jahreszeit: Mitte Juni bis September.
Reine Gehzeit: 4¼ Std. Schiffahrten insgesamt knapp 1½ Std.
Weglänge: 16 km.
Markierungen: Rot und beschildert.
Steigungen: Etwa 50 m.

»Weg in den Wilden Westen« hat der Volksmund den Sjölfallsleden, die Straße von Porjus nach Westen, getauft – ulkig, doch zutreffend, bezogen auf das Ende der Straße im fernen Sitasjaure, etliche Kilometer vor der norwegischen Grenze. Die abwechslungsreiche Fahrt passiert Kebnats, wo das Motorschiff nach und von der Fjällstation Saltoluokta anlegt. Südwestlich lastet über dem See Langas der Schatten des dunklen Lulep Kierkau.

Die folgende Örtlichkeit, Stora Sjöfallet, entspricht nicht mehr dem Namen, denn die Wasserschnellen – sie zählten zu den gewaltigsten Schwedens – wurden »wegrationalisiert«, degradiert zum mickrigen Rinnsal. Sie mußten aus angeblich wirtschaftlichen Gründen gegen den Willen der Bevölkerung einem 30 Meter hohen Damm weichen, der die bis zu 5900 Millionen Kubikmeter Wassermassen des Akkajaure staut, für das Kraftwerk in Porjus.

Die Asphaltdecke endet bei Ritsem. Dieser kleinen Siedlung, hervorgegangen aus einem Samenlager, schenken Reiseführer kaum Beachtung, obwohl sie eine herrschaftliche Loge vermittelt mit Blick über den Akkajaure zu den Gletschern des optisch mit den Westalpen vergleichbaren, sagenumwobenen Akka (1963 m).

Akka ist samisch, zu deutsch »alte Frau, Oma«. Akka hieß auch die Anführerin der Wildgänse, mit denen Selma Lagerlöfs Romanfigur Nils Holgersson seine »wunderbare Reise« über Lappland erlebte. Der Kleine meinte, »noch niemals in einem so wunderschönen Land gewesen« zu sein, gestand aber, daß es seine »einzige Sorge war, sich von Mückenschwärmen nicht auffressen zu lassen«.

Akka ist auch der »Vorname« des 69 Kilometer langen Stausees (samisch = jaure), über den uns das Motorschiff »MS Storlule von Ritsem« 11 Kilometer nach Änonjalme

Unterhalb von Ritsem wartet das Linienschiff zur Überfahrt nach Änonjalme.

befördert. Dort leben Sirkas-Samen (Sirkas = Weide), wie auch im 8 Kilometer benachbarten, ebenfalls am Akkajaure liegenden Vaisaluokta und in dem sich südwestlich ausbreitenden Nationalpark Padjelanta an den Seen Kutjaure, Sallohaure und nördlich des Vastenjaure. Früher, vor dem Stau des Akkajaure, als sich statt dessen acht kleine Seen ausbreiteten, hatten dort die Samen ebenfalls Siedlungen.

Der Wegverlauf

In **Änonjalme** (440 m), oberhalb des unschönen *Schiffsanlegers,* vertrauen wir uns linkshaltend der Tafel »Padjelanteleden« an und folgen damit dem 139 Kilometer langen Weitwanderweg Richtung Kvikkjokk. Linker Hand reihen sich Samenhäuser am See, über den das Auge nordöstlich zum eisigen Kallaktjåkkå im Nationalpark Stora Sjöfallet schweift.

Erste Rast und weitreichende Ausschau: **Akkastugorna** (470 m). Nach einer weiteren ½ Stunde erwartet uns hinter einem Rentierzaun die Hängebrücke (470 m) über der Wasserschnelle des **Vuojatätno**, der die große Seenplatte im Padjelanta-Nationalpark entwässert.

Zurück nach **Änonjalme** (440 m) und nordwestlich weiter im Birkenwald. Etwa ¼ Stunde später stößt der Trampelpfad auf das Ufer des **Akkajaure**. Es folgt ein unterhaltsamer Spaziergang an der schwach eingewölbten Bucht (samisch = luokta) von Vaisa. Vor der ersten Samenhütte geht es links kurz bergan und oberhalb der Hütten zu einem Steg. Unmittelbar vor der zweiten Brücke

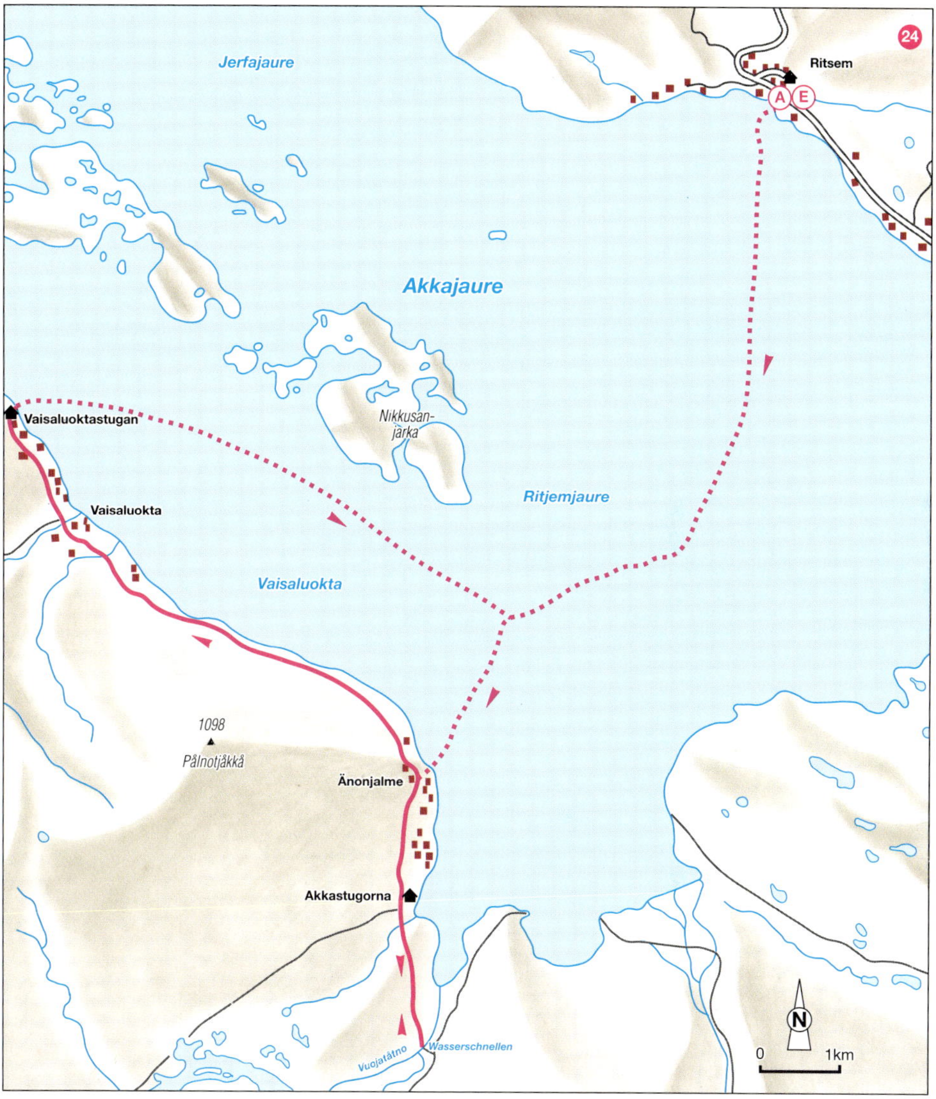

biegt links eine Variante des Padjelantaleden ab. Am anderen Ufer steht das Lappenkirchlein, wo im Sommer gelegentlich an Sonntagen protestantische Gottesdienste gefeiert werden.

Vaisaluokta (460 m) ist mit etwa 15 Familien die größte Samen-Sommersiedlung Schwedens. Wie alle anderen Dörfer gehört auch Vaisaluokta dem 1950 in Jokkmokk gegründeten Sámiid Riikkasearvi (Svenska Samernas Riksförbund) mit Sitz in Umeå an. Seine Hauptaufgabe sind Rechtspflege, Fragen der Rentierwirtschaft und kulturelle Belange.

Hier trennen uns nur mehr 20 Minuten von der **Vaisaluoktastugan** und damit vom **Anlegesteg** für die Rückkehr nach Ritsem.

Nützliche Informationen

Anfahrt: Abzweigung der geteerten Stichstraße (140 km) vom Inlandsvägen (Straße 45) zwischen Porjus (7 km) und Gällivare (42 km) in nordwestlicher Richtung. Letzte

Tankstelle 50 km vor Ritsem in Stora Sjöfallet. Busse von Gällivare-Bahnhof 12.6–17.9. täglich 11.45 Uhr, Montag bis Freitag zusätzlich 15 Uhr, Samstag 12 Uhr, Sonntag 13.45 Uhr; Haltestellen: Ritsem Fjällstation und Ritsem båtbryggan (Schiffsanleger). Gällivare ist Endstation der Inlandsbahn von Östersund (Zugverkehr 17.6.–13.8.) sowie Station der Bahn von Narvik über Kiruna und von Luleå.
Ausgangsort: *Ritsem* (460 m), Siedlung über dem Akkajaure-Nordufer.
Gehzeiten: Insgesamt knapp 4¼ Std. Änonjalme – Akkastugorna 35 Min. Akkastugorna – Vuojatätno-Brücke 35 Min. Brücke – Änonjalme 1 Std. Änonjalme – Vaisaluokta 2 Std.
Unterkunft und Verpflegung: *Ritsem*: STF-Station; 40 Schlafplätze in 14 Räumen, Selbstversorgerküche, Restaurant, Sauna Lebensmittelgeschäft; 17.6.–17.9; Tel. (0973) 42030. *Ritsems Husvagnscamping*: 130 Stellplätze, 45 Betten in Zwei-, Drei- und Vierbettzimmern; 30.6.–20.8., ab 30.7.; Café und kleines Lebensmittelgeschäft; Tel. (0973) 42042. • *Stora Sjöfallets Turistanläggning* (an der Straße nach Ritsem): 200 Wohnwagenplätze, 125 Betten in Zwei-, Drei- und Vierbettzimmern, Restaurant; Tel. (0973) 40070.
Unterkunft unterwegs: *Akkastugorna*: (470 m): STF; 40 Schlafplätze in zwei Hütten, eine davon (zehn Schlafplätze) ganzjährig geöffnet; Hüttenwart 26.6.–10.9; Nottelefon. • *Vaisaluoktastugan* (460 m): STF; bei der namensgleichen Samensiedlung am Schiffsanleger; zwei Räume mit 20 Schlafplätzen; bewartet 27.6.–31.8., ein Raum (zehn Schlafplätze) ständig offen.
Einkehr unterwegs: *Akkastugorna* und *Vaisaluokta* während der Bewartungszeiten.
Sehens- und Wissenswertes in der Umgebung: *Sitasjaure* (620 m): Am gleichnamigen See, abgelegene Samensiedlung, überragt nordwestlich vom teilweise vergletscherten Alitoaivi (1584 m). Von Ritsem gute Schotterstraße – Vorsicht Rentierwechsel! – 20 km. • *Sitasjaurestugorna*: 30 Schlafplätze in zwei Hütten; eine Hütte (20 Schlafplätze, Küche) immer offen; Hüttenwart 26.6.–3.9.; von Ritsem 12.6.–18.9. täglich Bus 15.30 Uhr; Rückfahrt jedoch nach Ankunft (16 Uhr).
Auskunft: Turistbyrå, Storgatan 16, S-98221 Gällivare; Tel. (0970) 16660.
Wanderkarte: Fjällkartan 1:100000, Blatt 29GH. Erhältlich in der Fjällstation.

Auf dem Akkajaure mit Kurs zu den Samensiedlungen an seinem Südwestufer.

25 Kebnekaise (2117 m)

Höchste Spitze Schwedens

Tourencharakter: Unschwierig. Jedoch Trittsicherheit notwendig. Bei Nebel bzw. schlechtem Wetter sollte der Kebnekaise nicht angegangen werden. Die Verhältnisse entsprechen denen an Alpen-Viertausendern. Bootsverkehr (5,2 km, ½ Std.) auf dem Ladtjojaure täglich Mitte Juni bis Mitte September 8, 10, 10.30, 11, 12, 13.30, 16.30, 19 Uhr Richtung Kebnekaise, Richtung Nikkaluokta 8.30, 10.30, 11, 11.30, 12.30, 14, 17, 19.30 Uhr. Aufbruch zum Kebnekaise ratsam vor dem Weggang (ca. 8.30 Uhr) der geführten Gruppen.
Ausrüstung: Bergkleidung; festes Schuhwerk.
Beste Jahreszeit: Mitte Juli bis Anfang September. Mitternachtssonne auf dem Gipfel 23. Mai bis 21. Juli.
Reine Gehzeit: Kebnekaise Fjällstation hin und zurück nicht ganz 8 Std. bei Bootsbenützung, sonst etwa 3 Std. mehr. Fjällstation – Kebnekaise 5½ Std., Rückweg 5 Std.
Weglänge: Kebnekaise Fjällstation hin und zurück 38 km; bei Bootsfahrt 28 km. Kebnekaise Fjällstation – Kebnekaise hin und zurück 20 km.
Markierungen: Beschilderung, rote Farbzeichen.
Steigungen: Bis Kebnekaise Fjällstation 300 m. Fjällstation – Kebnekaise und zurück nicht ganz 1900 m.

Kebnekaise! Beiläufig 75 Kilometer westlich der Stadt Kiruna, im ewigen Eis. Sydtoppen, 2117 Meter. Höher hinauf geht es zu Fuß nirgendwo in Schweden. Eine Holzstange, an die ein weißes Tuch gebunden ist, steckt im Firn des exponierten Gipfels. Dort stand der Franzose Charles Rabot 1883 als erster Mensch, ohne zu wissen, daß dies der höchste Gipfel Schwedens ist.

Zu dem 20 Meter niedrigeren Nordtoppen leitet ein scharfer Firngrat, der etwas an den Rochefortgrat in der Montblancgruppe erinnert. Nur für Könner! Abgesehen davon: Wer sich den »Kebne«, wie ihn die Schweden kurz nennen, nicht zutraut – auch geführte Touren werden angeboten –, den wird allein schon die Wanderung von Nikkaluokta durch das Tal Ladtjovagge zur Fjällstation an der südöstlichen Basis des Gebirgsstockes zufriedenstellen. Die erste Unterkunft errichtete der Schwedische Touristenverein 1907. Mittlerweile besteht der häufig überlaufene, einem kleinen Hoteldorf ähnelnde Stützpunkt aus einem Haupt- und vier Nebengebäuden mit insgesamt 194 Betten.

Nikkaluokta, der übliche Ausgangsort, ist einer der kältesten Plätze in den schwedischen Tälern. Dort kann die Quecksilbersäule im Winter durchaus auf –50 °C fallen. Um den 9. Dezember bettet sich die Sonne in ihren Winterschlaf, etwa vier Wochen lang. Aber selbst im Hochsommer lastet polare Atmosphäre über der Siedlung, noch mehr über den Bergen, sobald die »blaue Dämmerung« einbricht.

Der Wegverlauf

Links der **Turistinformation** dem breiten geschotterten Weg fünf Minuten folgen. Dann rechts auf den Wanderweg überwechseln und weiter talein im Birkenwald, knapp 1 Stunde zur Brücke (460 m) über den **Cievrragorsa.** Von dort sind es 35 Minuten zum *Bootssteg* neben der **Ladtjoluspekåtan** (511 m).

Nun entweder auf der Nordseite des Ladtjojaure zu Fuß 1½ Stunden oder mit dem Boot in 20 Minuten zur **Ladtjojaurekåtan** (511 m). Von dort wandert man auf dem ausgetretenen Weg durch das Ladtjovagge. Streckenweise verstegt, schwenkt die Route in Nordwestrichtung ein und führt zur Hängebrücke über den **Tarfalavagge** (660 m), wo uns nur mehr 1½ Kilometer von der **Kebnekaise Fjällstation** (690 m) trennen.

Als Normalweg zum Kebnekaise gilt der Västra leden (10 km), der, im Gegensatz zum Östra leden (8 km), gletscherfrei ist und keinerlei technische Schwierigkeiten birgt.

Von der Fjällstation geht es westwärts Richtung Singistugorna an der Basis des Kaipak (772 m) etwa 10 Minuten zur Gabelung

Szenerie um den Kebnekaise, Schwedens höchste Gebirgslandschaft.

vor einem Bachlauf. Hier rechts, jetzt spürbar bergan. Nach ¼ Stunde teilen sich die Routen beim Wegezeiger vor dem **Jöckelbäcken** (780 m). Während der Östra leden am Bach entlang ansteigt, überschreiten wir den Bach und folgen dem Västra leden. Er quert die Flanken und führt dann parallel zum Kittelbäcken in dessen Talmulde aufwärts. Auf etwa 1200 Metern wird der Kittelbäcken links gequert. Durch Geröll und Firnfelder gelangen wir mühsam in 50 Minuten in den Sattel (1440 m) zwischen Tuolpagorni (links) und den Steilabstürzen des Vierramvare. In seiner Südflanke setzen sich die roten Farbzeichen fort. Bei guter Kondition dauert es etwa 1 Stunde, bis die Steinmänner auf der Kuppe des **Vierramvare** (1710 m) gewonnen sind.

Erstmals zeigt sich der Kebnekaise, nur 2,2 Kilometer Luftlinie entfernt. Doch dazwischen ist das Kaffedalen eingelagert. Und dieses urige Hochtal bedingt einen

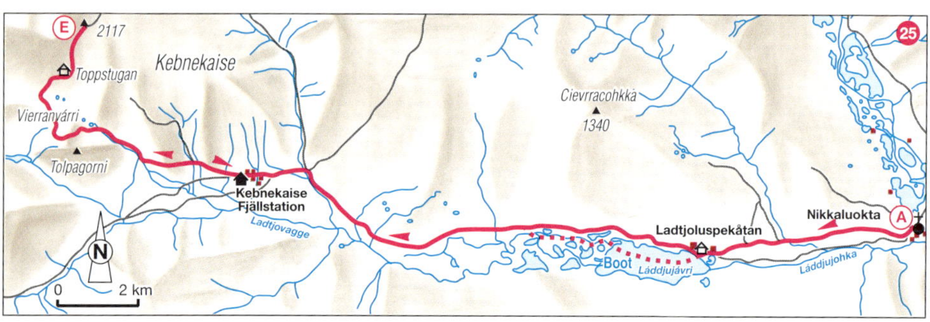

Am Gipfel des Kebnekaise. Der Firngrat vom Südgipfel (rechts, nicht mehr im Bild) bis zum Nordgipfel.

Höhenverlust von 250 Metern, ehe der letzte Aufschwung in Angriff genommen wird. Nach ungefähr 1 Stunde stößt man auf eine Reihe quer zur Route stehender Markierungsstangen. Folgt man ihnen rechts (östlich), kann die **Toppstugan** (1880 m) nicht verfehlt werden.

Hier liegen die steilsten und anstrengendsten Passagen des Aufstieges hinter uns! Die Gipfelflanke verliert an Neigung. Auf Distanz zu den Abbrüchen über dem Björlingsglaciär passieren die Steigspuren eine hohe Markierungsstange und leiten an den Firnhang der Gipfelhaube und auf die Spitze des **Kebnekaise-Sydtoppen** (2117 m). Von der Fjällstation 5 bis 5½ Stunden.

Nützliche Informationen

Anfahrt: Von Kiruna 65 km; beschilderte Abzweigung von der Durchgangsstraße beim Konsum. 12.6.–20.8. täglich Busse ab Kiruna 9.20, 13.35, 16.20 Uhr; 21.8.–17.9. Montag bis Freitag 5.35, 13.35, 16.45 Uhr.
Ausgangsort: *Nikkaluokta* (450 m), Kirchdörfchen am Ostende des Sees Paittasjärvi, östlich des Kebnekaise; Langzeit-Parkplatz links an der Ortseinfahrt; Informationszentrum (preiswertes Selbstbedienungs-Restaurant, Ladengeschäft) geöffnet 8–20 Uhr. Nächste Tankstellen in Kiruna.
Gehzeiten: Kebnekaise Fjällstation insgesamt nicht ganz 8 Std. Nikkaluokta – Ladtjoluspekåtan knapp 1½ Std. Ladtjoluspekåtan – Kebnekaise Fjällstation etwa 2½ Std. plus 20 Min. Bootsfahrt. Rückweg 3¾ Std. Kebnekaise-Besteigung insgesamt 10–10½ Std. Fjällstation – Vierramvare 3½ Std. Vierramvare – Kebnekaise 2 Std. Rückweg 5 Std.
Unterkunft und Verpflegung: *Nikkaluokta*: Zehn Vierbett-Hütten, Cafeteria, Ladengeschäft (kein Brennspiritus und Gas); Tel. (0980) 55015. • In *Kiruna* mehrere Hotels, Pensionen, Ferienwohnungen. Dort auch Wanderheim-Jugendherberge (Skyttegatan 16 A-B, 800 m vom Bahnhof), 120 Schlafplätze; 17.6.–18.8.; Tel. (0980) 17195, 12784; Postanschrift: Tyyne Isaksson, Brytaregatan 9, S-98134 Kiruna.
Unterkunft und Verpflegung unterwegs: *Kebnekaise Fjällstation* (690 m): Insgesamt 194 Schlafplätze (Zwei-, Vier-, Sechsbettzimmer), eingerechnet die ganzjährig offene Hütte Jägarn (16 Schlafplätze, elektrische Heizung, Kochplatten; Nottelefon). Im Hauptgebäude Selbstbedienungs-Restaurant (mit Ausschanklizenz für Wein und Bier), Einrichtung für Selbstversorger, Sauna, Telefon-Automat; Ladengeschäft (kein Brennspiritus), Euroschecks und gängige Kreditkarten werden akzeptiert. Zum Frühstück Wartezeiten! Für Zeltler ein Service-Gebäude (Küche, Dusche, WC, Trockenraum); geöffnet 15.6.–17.9.; Reservierung

ratsam; Tel. (09 80) 5 50 00. • *Toppstugan* (1880 m): Unterhalb des Südgipfels, ständig offen, zehn Schlafplätze, Decken, Holzofen, Gaskocher für Kartuschen des Typs 2202 (erhältlich in der Fjällstation).

Camping: Beim Turistzentrum *Nikkaluokta.* • *Kiruna*: Kiruna Camping (Campingvägen), Restaurant, auch 90 Hütten; ganzjährig, Zufahrt ab der Durchgangsstraße beschildert; Tel. (09 80) 1 31 00.

Sehens- und Wissenswertes: *Nikkaluokta*: Heimstätte für zehn Samenfamilien an der Stelle eines Opferplatzes; Kirche, 1942 geweiht; deutschsprachiges Informationsblatt im Turistzentrum.

Sehens- und Wissenswertes in der Umgebung: *Kiruna*: 26 000 Einwohner, 140 km nördlich des Polarkreises, flächenmäßig (19 447 km^2, etwa wie Rheinland-Pfalz) Europas größte Kommune. Järnmalsgruva i Kirunavaare, 1890 gegründet, größte Untertage-Eisenerzgruben weltweit; Führungen sommers im Besucherstollen (1 ½ Std. bei 10 °C, nicht für Kinder unter zehn Jahren) Montag bis Freitag 12, 14, 16.15 Uhr durch das Turistbyrå; im Sommer frühzeitig anmelden!

Auskunft: Turist AB, Nikkaluokta 1104, S-98129 Kiruna; Tel. (09 80) 5 50 15. • Kiruna Turistbyrå, Lars Janssonsgatan 17, S-98122 Kiruna; Tel. (09 80) 1 88 80.

Wanderkarten: Fjällkartan 1:100 000, Blatt BD 8. • Spezialkarte Högfjällskartan Kebnekaise 1:20 000. Erhältlich in der Fjällstation.

26 Abisko – der Norden Lapplands

Unter der Mitternachtssonne

Tourencharakter: Unschwierige Rundwanderung. Teilweise weglos. Bei Nebel Orientierungsprobleme. Bei Nässe rutschiger Pfad im Abstieg durch die Schlucht des Gohpasjohka. Njulla-Sessellift (Stollinbanan) 9.30–15.30 Uhr. Während der Mitternachtssonne zeitweilig 23–1 Uhr.
Ausrüstung: Wanderkleidung; festes Schuhwerk.
Beste Jahreszeit: Mitte Juli bis Anfang September.
Reine Gehzeit: 5–5¼ Std. bei Benützung des Sessellifts, sonst 6½-7 Std.
Weglänge: 16½ km.
Markierungen: Keine; vereinzelt Steinmänner. Ab Björkliden Beschilderung »Rallarvägen«.
Steigungen: Etwa 300 m.

In Abisko strahlt die Mitternachtssonne zwischen 13. Juni und 4. Juli, und vom Gipfel des Njulla ist die »Midnatssol« vom 31. Mai bis 16. Juli zu bewundern. Während dieser Zeit bleibt es 24 Stunden hell über den Gefilden des bei Wanderern bekanntesten schwedischen Tourenstützpunktes. Hier beginnt oder endet, je nach Laufrichtung, der Kungsleden, das Aushängeschild aller skandinavischen Weitwanderrouten mit dementsprechendem Rummel.

Während dort, wie kaum woanders in Schweden, dem Herdentrieb gehuldigt wird, begegnete uns am Njulla, in der grandiosen Schlucht Gohpasvággi und beim Rückweg auf dem historischen Rallarvägen nicht mal eine Handvoll Leute. Dafür beobachteten wir in aller Ruhe eine große Rentierherde und in der Luft einen beutesuchenden Steinadler. Offensichtlich hat es sich auch noch nicht herumgesprochen, daß der Njulla eines der für Blumenfreunde ergiebigsten Reviere der gesamten lappländischen Fjällregion ist. Das beginnt schon beim Ridonjirastigen, dem Wanderpfad zur Bergstation.

Obwohl Abisko 200 Kilometer nördlich des Polarkreises liegt, ist das Gebiet verhältnismäßig sonnenreich und niederschlagsarm. Es findet Schutz hinter den westwärts hochragenden Bergen im atlantischen Regenschatten. Durchschnittliche jährliche Niederschlagsmenge: 298 Millimeter, in Riksgränsen hingegen, kurz vor der norwegischen Grenze, 1100 Millimeter.

Touristenstation wurde Abisko 1902, als feststand, daß ein Jahr später die Eisenbahn kommen würde. Die Straße allerdings von Kiruna ließ noch eine Zeitlang, nämlich bis 1982, auf sich warten. Übrigens ist der Name Abisko samischen Ursprunges, wie nahezu alles in Lappland, und bedeutet »Meereswald«.

Der Wegverlauf

Ob Aufstieg zu Fuß oder mit dem Sessellift – zunächst genießen wir die Balkonlage des Restaurants bei der Sessellift-Bergstation (900 m). Südöstlich zeigt sich die unverkennbare Silhouette des zum Himmel hin offenen, durch die Schürfarbeit eines Talgletschers entstandenen Hufeisens der »Lappenpforte« (Lapporten) zwischen Tjuonatjåkka (1554 m, links) und Nissuntjårro (1738 m), dem populärsten Motiv Lapplands für Maler und Fotografen. Außerdem erfreuen Blicke über den rund 70 Kilometer ausgedehnten, fischreichen Torneträsk.

Von der **Sessellift-Bergstation** rechts ansteigend dem grasigen, schwach ausgeprägten Weg folgen. Wenig später halten sich die Spuren links und verschwinden im heideähnlichen Kahlfjäll. Für die Orientierung dient nordwestwärts eine stumpfe Kuppe, die über einen mit Felsblöcken besetzten, grasigen Hang nach insgesamt 25 Minuten erreicht wird. Die folgende Kuppe, zu der streckenweise ein schmaler Pfad leitet, ist bereits der Gipfel des aus schnell verwitterndem Glimmerschiefer bestehenden **Njulla** (1169 m). Vom großen Steinmann, neben dem eine Tafel die Westgrenze des Natio-

Bei seinem Auslauf in den Torneträsk bildet der Gohpasjohka eine abenteuerliche Klamm, an die sich der Wanderweg hält.

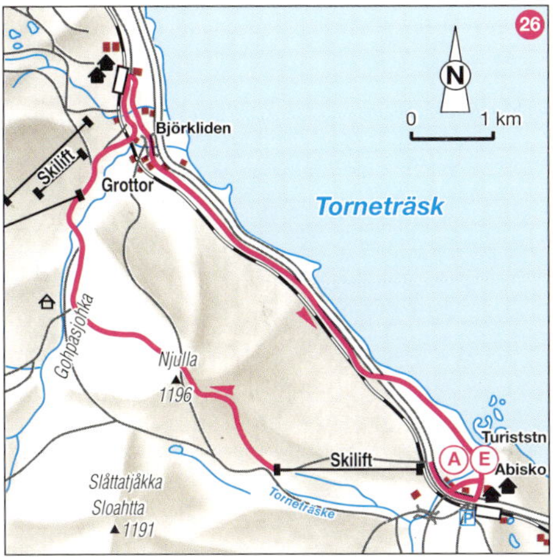

nalparkes Abisko erklärt, reicht die Rundschau etwa 50 Kilometer – natürlich optimales Wetter vorausgesetzt, das dem Autor selbst bei zweimaligem Besuch nicht vergönnt war.

Von der flachen Gipfelhaube geht es in nordwestlicher Richtung abwärts, weglos über den schrofigen Hang in Richtung des Baches Gohpasjohka. Scharfe Augen orten am anderen Ufer eine Samenkate. Sie bildet den konkreten Ansteuerungspunkt, der auf den Karten zusätzlich mit dem Zeichen für Brücke versehen ist, die jedoch nicht mehr existiert.

Vor dem **Gohpasjohka** (820 m) rechts dem Weg folgen, und zwar seiner unteren Spur. Sie führt nahe an einen imposanten **Wasserfall** heran und bietet ein wundervolles Rastplätzchen am Wiesenhang. Nördlich zeigt sich die Tourismussiedlung Björkliden. Sie rühmt sich der nördlichsten Golfanlage der Welt.

Etwa 1 Stunde nach dem Gipfel wird der *Wildbach* auf einer Brücke überschritten. Anschließend rechts durch Buschwerk und Stauden entlang des Baches. Er entwickelt sich zu einem rasenden, reißenden Wasserschwall in schaurigen Schluchten. Am anderen Ufer ist der Schlund einer Höhle mit Brettern vernagelt. Man bleibt knapp ½

Während des Anstiegs auf den Njulla ergeben sich zunehmend umfassendere Perspektiven über den insgesamt 70 Kilometer langen Torneträsk.

Stunde an der **Klamm**. Bei einer kleinen Feuchtwiese kurz links, dann rechts zum **Bahnkörper**. Jenseits laufen wir links parallel neben dem Schienenstrang her in 10 Minuten zur Straße bei **Björkliden**. Vom Gipfel 1¾ Stunden.

Auf der Straße 200 Meter rechts, dann rechts den blauen Täfelchen »Rallarvägen« folgen. Wir befinden uns auf der Baustraße, mit Hilfe derer vor einem Jahrhundert unter unvorstellbaren Strapazen die Erzbahn vorangetrieben wurde. Seit 1994 ist der **Rallarvägen** Wanderroute und bildet ein Teilstück des 1993 eröffneten, 800 Kilometer langen Nordkalottleden. Informationstafeln (schwedisch/englisch) machen die Gegebenheiten aus der Zeit des Bahnbaues verständlich. Auf einem Steg wird erneut der im Felsbett tosende **Gohpasjohka** überquert. Von Zeit zu Zeit rattern Güterzüge, die Loren-Waggons mit Erz beladen, gen Narvik.

Ein Schottersträßchen kreuzen. Rechts am Weg folgt eine Betonröhre, die den »Ralla-

re« einst Unterschlupf bot. Zwischendurch ergeben sich Ausblicke über den **Torneträsk**, an den die Wanderung nach einem Tunnel heranführt und sich genußvoll fortsetzt. Bald kennzeichnen links am Weg gelbe Tafeln das Vogelschutzgebiet. Es darf vom 1. Mai bis 31. Juli nicht betreten werden. Schließlich erreichen wir den eindrucksvollen, 30 Meter tiefen Canyon des **Abiskojåkkå** vor seiner Mündung in den Torneträsk. Zwischen dem dunklen, ausgewaschenen Schiefergestein der Schluchtwände lagert eine hellere Schicht aus Dolomit, der sogenannte »Abisko-Marmor«. Zur **Turiststation Abisko** sind es noch gute 5 Minuten.

Nützliche Informationen

Anfahrt: Europastraße 10 von Kiruna 96 km, von Narvik 75 km. Bahnhof (Abisko Turist), mit Kiruna dreimal täglich Zugverbindung. Von Stockholm mit dem Zug 18 Std., von Göteborg 25 Std. Busse von Kiruna-Bahnhof Ende Juni bis Ende August täglich u.a. 11.30, 18.30 Uhr, Haltestelle »Abisko Turist«.

Ausgangsort: *Abisko* (385 m), 150 Einwohner, am Torneträsk, nordwestlich von Kiruna, bestehend aus den Ortsteilen Östra (Tankstelle, Laden) und Turist. Parkplätze beim Bahnhof Abisko Turist, an der Südseite der Bahnlinie.

Ausgangspunkt: Sessellift-Bergstation (900 m) am Njulla; bewirtschaftete Hütte. Zu Fuß von der Talstation 1½ Std.; zur Talstation (Parkplätze) vom Bahnhof Abisko Turist 10 Min.

Gehzeiten: Insgesamt (Sessellift-Benützung) 5¼ Std. Sessellift-Bergstation – Njulla ¾ Std. Njulla – Gohpasjohka 40 Min. Gohpasjohka – Björkliden 1¼ Std. Björkliden – Abisko 2½ Std.

Unterkunft und Verpflegung: *Abisko Turiststation*: STF; Naturum, Ladengeschäft (8–21 Uhr), 300 Betten in Zimmern und Hütten; Selbstversorgerküche, Sauna. Zelt-

platz (tällplats) mit Servicehaus (Selbstversorgerküche, WC); Hauptgebäude geöffnet Anfang Juni bis Mitte September, Anbau Keron und Zeltplatz 19.2.–30.9.; Tel. (0980) 40200; Voranmeldung ratsam! • *Abisko Östra*: Camp Abisko, Zwei- und Vierbett-Hütten; Sauna; ganzjährig; Tel. 40148. Gästgården: einfache Zimmer; Tel. 40148. Während der Hauptsaison (Juli/August) sind erfahrungsgemäß oftmals in Abisko wie in Björkliden alle Quartiere belegt; dann in Riksgränsen (siehe Tour 27), noch besser in Kiruna versuchen.
Einkehr unterwegs: Restaurant an der Sesselbahn-Bergstation.
Andere Wanderungen: *Kungsleden*: Beschreibung in umgekehrter Richtung, siehe Tour 33. • *Abiskojaurestugorna*: Vom holzgeschnitzten »Kungsledenportal« in den Nationalpark und entlang dem Abiskojåkka, vorbei am Aussichts- und Rastplatz Marmorbrottet knapp 2¾ Std. zum Abiskojaure; rechts Samenkaten. Am Ufer des Sees entlang zu den vier Hütten der Abiskojaurestugorna (490 m, Hüttenwirt 20.6–25.9.) an der Brücke über den Kamajåkka. Von Abisko nicht 4–5 Std. • *Lappenpforte*: Vom Bahnhof Abisko Turist entsprechend dem Wegweiser »Offerplats/Lapporten« südostwärts durch Birkenwald in 1¾ Std. zum einstigen samischen Opferplatz, einem Hügel mit offensichtlich von Menschenhand geschaffener Grube (590 m). Die Richtung beibehaltend (Steinmänner), erreicht man den Tjuonajaure (950 m) im Trogtal, das mit den beidseitigen Bergen die »Lappenpforte« bildet, einen uralten samischen Rentierwechsel zwischen Frühjahrs- und Sommerweiden. Von Abisko 3½–3¾ Std.
Sehens- und Wissenswertes: *Naturum* bei der Turiststation. • *Kanjonstigen*: Naturlehrpfad (1 km, blau markiert) am Abiskojåkka, südlich der Straße; Informationsblatt (schwedisch) in der Turiststation. • *Abisko-Nationalpark*: Südwestlich, im Kirunafjäll auf 75 km², gegründet 1909 als »ein arktischer Kräutergarten im Norden Lapplands«.
Auskunft: Abisko Turiststation, siehe Unterkunft. • Turistbyrå, Lars Janssonsgatan 17, S-98122 Kiruna; Tel. (0980) 18880.
Wanderkarte: Fjällkartan 1:100000, Blatt BD6.

27 In der Tundra bei Riksgränsen

Auf den Kerikas (567 m)

Tourencharakter: Unschwierige Rundwanderung. Bei Regen rutschige Felsen!
Ausrüstung: Wanderkleidung; festes Schuhwerk.
Beste Jahreszeit: Juli, August.
Reine Gehzeit: 3 Std.
Weglänge: 11 km.
Markierungen: Farbzeichen (rot, weiß, blau).
Steigungen: 200 m.

Riksgränsen – Reichsgrenze Schwedens zu Norwegen. Nördlichster Bahnhof des Erdballes, nördlich des 68. Breitengrades. Zwischen 26. Mai und 18. Juli geht die Sonne nicht unter. Erst seit 1982 von Kiruna auf der Straße erreichbar, von Norwegen her seit 1984 – gegen vehemente, nutzlose Proteste der Samen. Zehn Monate regiert der Winter, von Mitte September bis Ende Juni. Es gibt hier mehr als dreimal soviel Niederschläge als in Abisko, weil die vom Atlantik heranziehenden Wolken von Bergen gestaut werden und sich entleeren. Dies garantiert den Skisportlern üppige Schneefälle. Permafrost hält den Boden der Kältesteppe in einer Tiefe von etwa 2 Metern ständig gefroren.

Dennoch begeistert die Gegend auf ihre Art. Sie besitzt ein herbes Flair, selbst wenn dunkle, schwere Wolkenballen den Wanderer zu erdrücken scheinen. Nordöstlich unterhalb von Riksgränsen schwimmt die Halbinsel Kerikas im Wasser des Vássejávri. Ein Kleinod der Landschaft, ein Mikrokosmos. Gelegentlich ertönt der helle Schrei, der fast klagende Pfeifton eines Rauhfußbussards aus den Felsbastionen. Ab Mitte August, wenn der Herbst goldenen Einzug hält im Birkenrevier, kann man sich an Blaubeeren (Blåbären) sattessen, während die rotgelblichen Hjortron – Moltebeeren – als Marmelade schmecken. Pilze wuchern aus den feuchten Böden. Zwei Wochen später fällt oft schon Schnee. Anfang Dezember verschwindet die Sonne vier Wochen lang hinter dem Horizont.

Den breitgelagerten Kerikas überschreitet man in der Tundra um Riksgränsen.

Im frühen 20. Jahrhundert durchstreiften nur Samen mit ihren Rentieren den unwirtlichen Fjäll und die Tundren. Bei ihnen verursachte der 1902 fertiggestellte (1922 elektrifizierte), 69 Kilometer lange Schienenstrang zwischen Kiruna und Narvik, dem damaligen Victoriahavn, starke Irritationen, brachte Konflikte, nicht zuletzt unter dem Diktat der unerwünschten sogenannten »Zivilisation«. Was kümmerte die Nomaden das Prädikat »Achtes Weltwunder« für die technische Meisterleistung des Bahnbaues, noch dazu unter elenden Bedingungen für die 5000 »Rallare«. Zahlreiche Arbeiter, Norweger und Schweden, starben in der Wildmark. Sie ruhen auf dem Friedhof in Tornehamn.

Andererseits bot der Schienenstrang die effektivste Möglichkeit zur Nutzbarmachung der Ressourcen Lapplands, konkret der Erzgruben von Kiruna. Ihr »Graues Gold« bildet eine wesentliche Stütze der schwedischen Wirtschaft, trotz erheblicher Konjunktureinbrüche Mitte der siebziger Jahre und Halbierung des Personalstandes. Das durch den warmen Einfluß des Golfstromes eisfreie Narvik erlaubt nämlich ganzjährige Verschiffung auf dem Atlantik. In Kiruna fördern 2000 staatlich Beschäftigte (500 unter Tage)

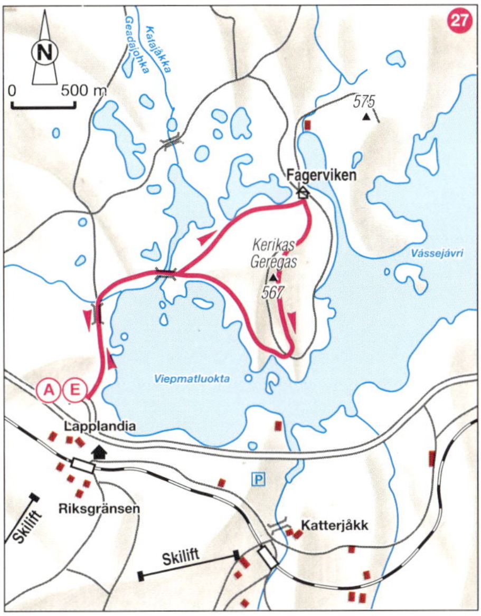

Hin und wieder verursachen am Kerikas abgerissene Holzstege kleinere Probleme an Bachläufen.

jährlich 20 Millionen Tonnen Rohmaterial aus der weltweit größten und ergiebigsten Erzgrube. Die Vorräte – rund 2 Milliarden Tonnen – sollen noch ein Jahrhundert reichen. Tagtäglich rollen bis zu 30 Transporte, gezogen von 10 000 PS starken Speziallokomotiven, jeder Loren-Waggon mit 100 Tonnen beladen, an Riksgränsen vorüber nach Narvik. Ihr Rattern übertönt den ewigen Wind, ja, selbst das Fauchen der Stürme am kahlen Urgestein des Kerigas, den die Schweden angesichts seiner Konturen scherzhaft »Keps Siluett« (Mützen-Silhouette) nennen.

Der Wegverlauf

Am **Parkplatz** (463 m, Informationsanschlag) signalisiert das hölzerne rote Andreaskreuz den Auftakt der Wanderung. Wir gehen über Holzstufen und vorbei an den Resten der 1902 installierten Pumpstation für die Wasserversorgung der schweren Erzbahn-Dampflokomotiven.

Der Weg zwischen dünnen Birken und Felsbrocken ist streckenweise verstegt. Nach 10 Minuten müssen wir an der Gabelung nach rechts. Erneut auf Holzbohlen und über Felshöcker – südwestlich zeigt sich der Kerikas – kommen wir zu einer *Kate,* die bei schlechtem Wetter Unterschlupf bietet.

Auf einem Holzsteg über den Zufluß des Vássejávri in die Bucht (samisch = luokta) *Viepmatluokta* des Vássajávri. Der folgende Steg nach 10 Minuten kann zerstört sein; dann links etwas oberhalb über Steine des Bachbettes.

Jenseits an der Gabelung links, der Beschilderung »Vintskidd Fagerviken« entsprechend. Etwa ¼ Stunde später erwartet uns links ein Rastplatz mit schöner Sicht auf die Seen und die norwegischen Grenzberge des Björnfjell (Bärengebirge). Über etliche Holzstufen abwärts und die feuchte Bachmulde queren. Die roten Zeichen leiten sicher zum halboffenen Unterstand **Fagerviken** (480 m)

oberhalb der gleichnamigen Bucht eines Seitenarmes des Vássejávri in landschaftlich beeindruckender Umgebung.

Rechts (Tafel »KEPs Siluettled«) etwa 20 Meter, dann erneut rechts (geradeaus blaue Markierung am Seeufer entlang) und nun den weißen Zeichen auf den Felsen folgen. Das Steiglein führt in Schlangenlinien durch Niederwuchs und später über eiszeitlich gehobelte Felsbuckel. Ungefähr ¼ Stunde nach Fagerviken erreichen wir den ersten Gipfelpunkt. Anschließend in eine schwach ausgeprägte Mulde und im Gegenanstieg zum kleinen Steinmann auf dem höchsten Punkt des **Kerikas** (567 m).

Nun geht es abwärts. Südlich ergeben sich aufschlußreiche Einblicke in die Trogtäler und über die Berge des westlichen Kirunafjäll, aus dem südöstlich unübersehbar der Vassitjåkka (1491 m) hervortritt. Östlich schimmert der bleierne Glanz des Vássejávri, Bestandteil einer riesigen Seenplatte.

Auch jenseits der Mulde skizzieren weiße Farbkleckse den Routenverlauf. Die nächste Kuppe wird links, etwas unterhalb ihres Kulminationspunktes, umgangen. Dann senkt sich die Überschreitung. Hier müssen wir im hohen Strauchwerk 5 Minuten lang genau auf die weißen Zeichen achten, da kaum Spuren vorhanden sind. Doch wenig später herrscht wieder Klarheit. Man stößt auf den blau markierten Uferpfad unweit der »njarka«, der südlichen Nase der Halbinsel.

Rechts geht es kurzweilig weiter. Eine abschüssige Mulde ist mit Brettern verstegt. Nach 10 Minuten passiert man einen *Rastplatz*. Etwas später tritt rechts der Kerikas wieder vor Augen. Und abschließend gelangen wir mit der vertrauten Route zurück zum Parkplatz.

Nützliche Informationen

Anfahrt: Von Kiruna 131 km, von Abisko 35 km auf der Europastraße 10; ab norwegischer Grenze 7,5 km. Bahnhof, mit Kiruna dreimal täglich Zugverbindung. Busse von Kiruna (Folkets Hus) Ende Juni bis Mitte September u.a. täglich 11.30, 18.30 Uhr.
Ausgangsort: *Riksgränsen* (520 m), Hotelkomplex und Bahnhof nahe der Grenze Norwegens. Beliebter Wintersportplatz.
Ausgangspunkt: *Parkplatz* (453 m), 800 m vom Hotel bzw. Bahnhof, unterhalb, abseits der E 10.
Gehzeiten: Insgesamt 3 Std. Parkplatz – Kate 20 Min. Kate – Fagerviken 40 Min. Fagerviken – Kerigas ½ Std. Kerigas – Uferpfad 25 Min. Uferpfad – Kate 40 Min. Kate – Parkplatz 20 Min.
Unterkunft und Verpflegung: *Hotel Riksgränsen*: Unterhalb des Bahnhofes; mit Lebensmittelgeschäft (kein Geldwechsel), weitläufiger Komplex, auch Appartements; ganzjährig; Tel. (0980) 40080. • *Wanderheim Katterjåkk Turiststation* : 1,5 km östlich nahe der Straße, bei der Wetterstation; Mehrbettzimmer; Tel. 43108.
Camping/Caravaning: *Björkliden*: 28 km Richtung Abisko; auch Hütten; Restaurant, Lebensmittelgeschäft; 12.2.–18.9.; Tel. (0980) 40040. • *Lapplandia*: Einfacher Caravaningplatz neben dem Startpunkt.
Andere Wanderung: *Rallarvägen*: 1994 eröffneter, beschilderter Wanderweg auf der historischen Baustraße entlang der Eisenbahn über Björkliden 38 km nach Abisko. Es ist die Fortsetzung des gleichartigen Weges von Norwegen.
Sehens- und Wissenswertes: Unweit des Hotels das *Haus Sven Hörnell*: Verkauf samischer Volkskunst; historische Fotodokumentation und Foto-Ausstellung des Lappland-Fotografen Sven Hörnell; Dia-Bildschau (deutsch) mit 21 Hasselblad-Projektoren; geöffnet 15.6.–15.9. von 9–18 Uhr.
• Fahrt mit dem Touristenzug auf der *Erzbahn* (Ofotban) 39 km nach Narvik.
Auskunft: Kiruna Turistbyrå, Lars Janssonsgatan 17, S-98122 Kiruna; Tel. (0980) 18880.
Wanderkarte: Fjällkartan 1:100000, Blatt BD6. Erhältlich im Kaufladen des Hotels.

28 Muddus-Nationalpark

Urwaldrunde nördlich des Polarkreises

Tourencharakter: Unschwierige Wanderung. Bei Nässe im Felsgelände rutschig. Die Wanderhütten im Nationalpark haben Bettzeug, Geschirr, Besteck, Flaschengas; geöffnet 15. Mai bis 15. September; übrige Zeit Schlüssel erhältlich in den Tourismusbüros Jokkmokk und Gällivare.
Ausrüstung: Wanderkleidung; festes Schuhwerk.
Beste Jahreszeit: Juni bis Anfang September.
Reine Gehzeit: 7¼ bis 7½ Std.
Weglänge: 25 km.
Markierungen: Wegweiser, Farbzeichen (rot).
Steigungen: Etwa 300 m.

Altwaldbestände und große, verschiedenartige Moore, vornehmlich Strangmoore, sowie Seen prägen den 1942 zum Nationalpark deklarierten, mit dem Diplom des Europarates prämierten Muddus (Fläche 49300 Hektar) nordöstlich von Jokkmokk. Aus den Fluten des Stora Luleälven ansteigend, erstreckt er sich auf einem Urgesteinsplateau mit vereinzelten, sanft gerundeten Bergformen. Die höchsten, baumlosen Kuppen haben den Charakter eines Mittelgebirges. Nach Süden fällt das Plateau steil ab und geht über in eine teilweise dramatische Canyonlandschaft. Moore und Seen bedecken beiläufig die Hälfte des Parkes. Den Rest bilden Nadelwald, im Süden auf den trockenen Böden bis zu 700 Jahre alte Kiefern, im zentralen und östlichen Teil überwiegen Fichten, die sich vor 2000 Jahren von Osten langsam über Skandinavien ausbreiteten.

Am Muddusjaure ließen sich Mitte des 19. Jahrhunderts Siedler nieder, lebten dort aber nur 50 Jahre. Seitdem ist Muddus wieder das urige Reich von Fischotter und Biber, Luchs und Bär, Elch, Auerhahn sowie »Konzerthalle« für 115 Vogelarten, von

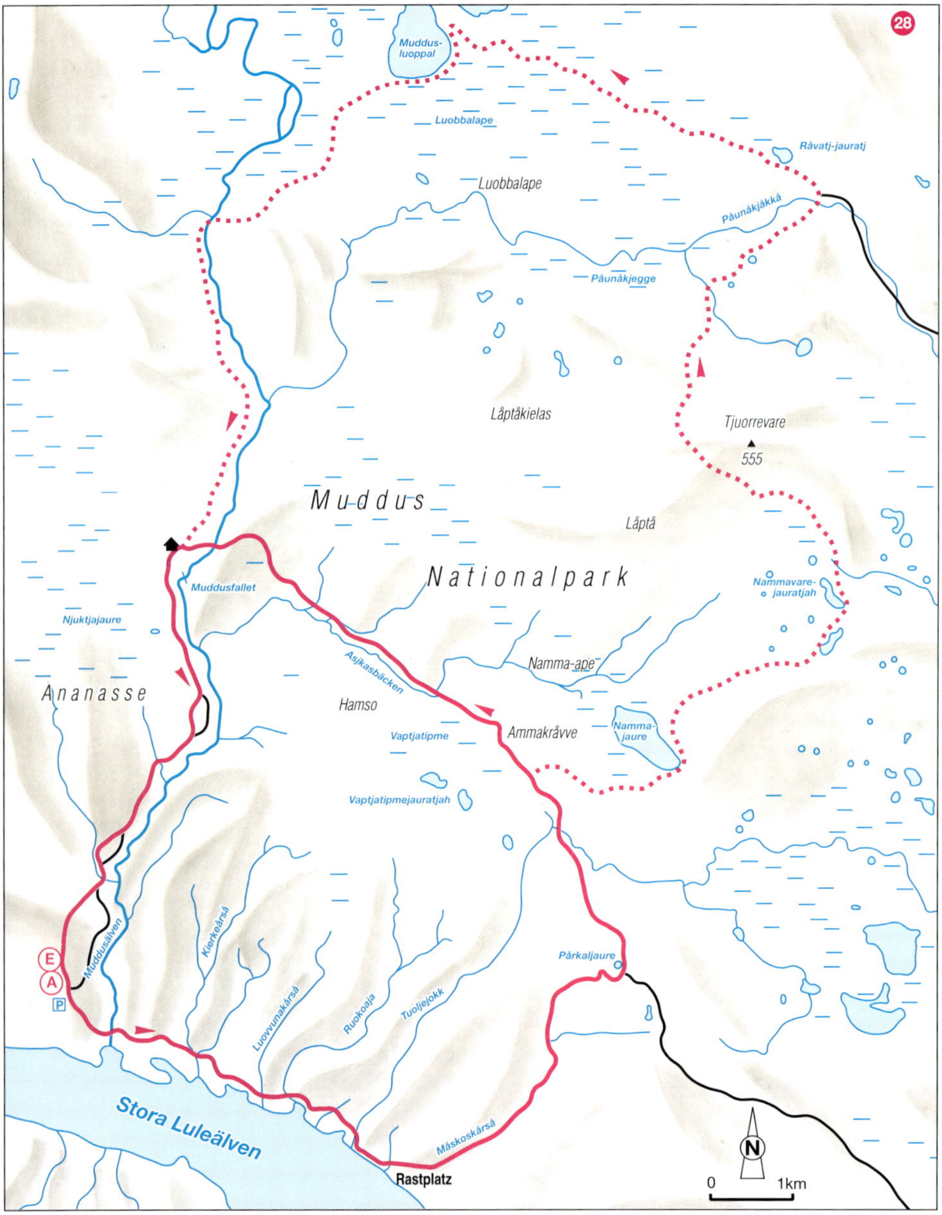

denen 50 Arten auch brüten. Ihr Schutzgebiet um den Muddusjaure darf zwischen 15. März und 31. Juli nicht betreten werden. Dorthin führt der große, 42 Kilometer lange Rundweg Muddusleden. Doch erschließt bereits der »kleine«, nachstehend beschriebene Rundkurs die Vielfalt des Nationalparks.

Der Wegverlauf

Vom **Parkplatz** wenige Schritte zu einem *Rastplatz* mit *Brunnen*. Geradeaus wandern wir dann entsprechend der Beschilderung »Måskoskårs« sowie der roten Farbzeichen leicht abwärts in ¼ Stunde zur Holzbrücke über den klammähnlich in den Stora Luleäl-

ven fließenden **Muddusälven**, der hauptsächlichen Entwässerungsader des Nationalparks.

Auf und ab geht es zwischen Steinbrocken und Kiefern, über glazial geschliffene Felshöcker und auf Bretterstegen. 1 Stunde nach der ersten Brücke folgt die zweite über den **Touljejokk**. Kurz auf einer hölzernen Steiganlage. Dann führt der Weg am seenbreiten **Stora Luleälven** entlang in 5 Minuten zu einem begrüßenswerten *Rast- und Badeplätzchen* (164 m).

Die Route biegt links ab vom Ufer. Über den *Rentier-Gehegezaun* hilft eine Holzstiege. Etwa 20 Minuten nach dem Rastplatz sind wir am Schlund der riesigen, 2,5 Kilometer langen Urweltschlucht **Måskoskårså**, in die ein Pfad führt, der im Geröll endet. Der Canyon ist ohnehin aus Gründen des Vogelschutzes vom 15. März bis 31. Juli gesperrt. Doch Sie können ihn aus der Höhe in seiner ganzen Größe und Wildheit bestaunen!

Vor der Verbotstafel rechts und in felsigem Gelände empor. Die gelben Farben an den Bäumstämmen markieren die Grenze des Schutzgebietes, die roten den Wegverlauf. Den Granit haben Eiszeitgletscher gestaltet. Verstreut liegen meterhohe Felsbrocken herum. Ein Hase guckt uns zu beim schweißtreibenden Anstieg unter Mückenstichen. Das Steilstück nimmt ½ Stunde in Anspruch. Dann geht es kurz über gestuften Fels abwärts. Trotz fehlender Wegspur leiten die Farbzeichen zuverlässig.

Knapp 1¼ Stunden nach dem Luleälven-Ufer haben wir von einer kettengesicherten Kanzel die versprochenen schwindelerregenden Blicke in die von Felsbrocken gefüllte, 50 bis 70 Meter tiefe Kluft der **Måskoskårså:** ein archaisches Szenario, scheinbar wie am Tage der Schöpfung. Dort wachsen beispielsweise Gebirgs-Frauenfarn und Alpen-Pechnelke, die sonst nur im Fjäll vorkommen.

Etliche Minuten spazieren wir neben dem Rand der Abbrüche dahin. Dann rechts halten und über das licht bewaldete Plateau in

Der Muddusfallet ist die landschaftliche Attraktion im Muddus-Nationalpark.

Am Ende der Urwaldrunde durch den Nationalpark bietet die Muddusfallet-Hütte willkommene Rast und, wenn erforderlich, auch Nächtigung.

20 Minuten zum Rastplatz am kreisrunden **Pårkaljaure** (380 m).

Auch anschließend ist die Route mustergültig bezeichnet. Dunkelgraue Bartflechten hängen von den Ästen und Zweigen der Kiefern. Nach ½ Stunde auf einer Holzbrücke erneut über den **Touljejokk**. Zwischen Moor und Hochwald führt der Pfad in 10 Minuten zu einem wichtigen Wegweiser. Rechts setzt sich die große Runde durch den Nationalpark fort. Wir laufen jedoch geradeaus Richtung »Muddusfallet«. Verkohlte Baumleichen erzählen von Waldbränden der Vergangenheit. Rechts des Wegleins haben Ameisen einen Baumstumpf in ihre stattliche Siedlung integriert. Wir wandern eben dahin. Ein Brettersteg leitet über die dunklen, aus felsigem Bett fließenden Wasser des **Asjkasbäcken**, einen Zufluß des Muddusälven. Am Ufer blühen Alpenscharte und Korallenwurz.

Einer kurzen Steilstufe schließt sich der Gang über einen von Bächen unterbrochenen Rücken an, orographisch rechts des Asjkasbäcken, der abschließend auf einer Brücke überquert wird. Jetzt sind es nur mehr 5 Minuten zur unbewirtschafteten, lobenswert ausgestatteten **Muddusfallet-Hütte** (325 m). Vom Parkplatz 5¼ Stunden; zum Ausgangspunkt nicht ganz 2 Stunden.

Links Richtung »Skaite«. Kurz danach erlaubt links ein Rastplatz grandiose Blicke auf den 42 Meter hohen **Muddusfallet** sowie in die Titanenschlucht des Muddusälven, der seine Wasser talaus wälzt.

10 Minuten später geht es links. Kurz danach führt links ein unscheinbarer Stichpfad zur Aussichtskanzel auf den aus dem gegenüberliegenden Waldhang stürzenden **Asjkas-Wasserfall**. In der Folge läuft man an den drei Gabelungen entweder jeweils rechtshaltend auf dem »Lättare Stig« (leichterer Steig) oder links davon, am Rande der Steilhänge des Muddustales. Beide Wege führen zum **Parkplatz Skaite**.

Nützliche Informationen

Anfahrt: Von Jokkmokk auf dem Inlandsvägen (Straße 45) Richtung Gällivare 26 km. Nach dem Luleälven-Staudamm (Liggadammen) links der Tafel »Muddus-Nationalpark« folgend 11,5 km auf der Schotterstraße zum Parkplatz. Keine Busverbindung.
Ausgangspunkt: *Parkplatz Skaite* (225 m), am Ende der unter Anfahrt genannten Schotterstraße.
Gehzeiten: 7¼–7½ Std. Parkplatz – Touljejokk 80 Min. Touljejokk – Pårkaljaure 1¾ Std. Pårkaljaure – Asjkasbäcken 65 Min. Asjkasbäcken – Muddusfallet-Hütte 70 Min. Hütte – Parkplatz knapp 2 Std.
Unterkunft und Verpflegung: *Jokkmokk*: 38 km vom Parkplatz Skaite; u. a. Hotel Jokkmokk (Solgatan 45, am See); ganzjährig; Tel. (0971) 11320. Hotel Gätis (Herrevägen 1); Tel. 10012. Skabram Semesterby, Hütten; ganzjährig; Tel. 10752. Vandrarhem-Jugendherberge (Stockgatan 24 a); 1 km vom Bahnhof; ganzjährig; Einlaß 12.6.–31.8. 8–10 Uhr, 17–19 Uhr, sonst nur 17–19 Uhr, Selbstversorgerküche; Tel. 55977.
Camping: *Turistcenter*: Hütten, Caravaning, Zeltplätze, Gaststätte; 3 km östlich an der Straße Jokkmokk – Luleå; ganzjährig; Tel. (0971) 12370.
Großer Rundweg: Ungefähr 6 Std. länger; tadellos beschildert und rot markiert. Etwa 40 Min. nach dem *Pårkaljaure* (380 m) an der *Gabelung* rechts halten, vorbei am *Nammajaure* (380 m) und über die *Nammatas-Wanderhütte* (410 m) in 3½ Std. zur *Muddusluoppal-Wanderhütte* (380 m); abseits der Hütte Vogelbeobachtungsturm. Anschließend 2½ Std. zur *Muddusfallet-Wanderhütte* (325 m).
Sehens- und Wissenswertes in der Umgebung: *Jokkmokk*: 3400 Einwohner, Bahnhof, Zentrum einer Gemeinde am Polarkreis von der Größe Hessens, Marktgründung im 17. Jh., »Hauptstadt« der schwedischen Samen, 1950 Gründungsort des Svenska Samernas Riksförbund. Svenskt Fjäll och Samemuseet Ájtte (Kyrkotan 3) mit botanischem Fjällgarten und Restaurant (samische Spezialitäten), hervorragendstes Samenmuseum Schwedens; geöffnet 18.6.–20.8. Montag bis Freitag 9–18 Uhr, Mittwoch bis 20 Uhr, Samstag/Sonntag 11–18 Uhr, sonst 9–16 Uhr bzw. 12–16 Uhr. Alte Kirche (Gamla Kyrka), nach dem Brand von 1972 neu errichtet 1976; um das Gotteshaus eine Rekonstruktion der Holzmauer, in deren Hohlräumen während des Winters die Verstorbenen verwahrt wurden, bis im Frühjahr der Boden nicht mehr gefroren war.
• *Gällivare*: 18700 Einwohner, Bahnhof, nordöstlich des Nationalparks. Beschilderter (schwedisch/englisch), 2 km langer Kulturstigen (Stadtrundgang), Faltblatt im Turistbyrå. Hembygdsgården (Heimatmuseum); 15.6.–16.8. täglich 10–17.30 Uhr.
• *Malmbergert*: Zusammengewachsen mit Gällivare; Kåksta'n, Hüttensiedlung, 1988 rekonstruiert zum 100. Jubiläum der Eisenbahn in Gällivare. Gruvmuseet (Grubenmuseum) mit Mineraliensammlung, geöffnet 15.6.–16.8. täglich 10–17 Uhr, sonst werktags 13–15.30 Uhr. Beim Museum ein Abtransportstollen (hermelinstola) des Bergwerks; Grubenbus täglich 10.30 Uhr. Besteigung des aussichtsreichen Förderturmes Gruvspelet. Busrundfahrt (Gruvbussen) durch die Grubenstadt. Beschilderter Kulturstigen (Rundgang durch die Grubenstadt sowie zum Freizeitzentrum Tippsta), Faltblatt im Turistbyrå Gällivare.
Auskunft: Turistbyrå, Stortorget 4, S-96223 Jokkmokk; Tel. (0971) 12140, 17257.
• Turistbyrå, Storgatan 16, S-98221 Gällivare; Tel. (0970) 16660.
Wanderkarte: Muddus Nationalpark 1:50000. Erhältlich im Turistbyrå Jokkmokk oder Gällivare.

Kungsleden – der Königspfad

Mit einem Monarchen hat der Kungsleden nichts gemein. Allerdings gebührt ihm »königliche« Ehre, denn es handelt sich dabei um die frequentierteste und auch international renommierteste Weitwanderung Schwedens, ja ganz Skandinaviens. Ein Viertel der Begeher sind Ausländer: Deutsche, Österreicher, Schweizer, Dänen. Jahr für Jahr tippeln mehr als 30000 Wanderer auf einer der Etappen, zwischen Kvikkjokk und Abisko (176 km) rund 25000, weshalb kritische Schweden diesen Abschnitt ironisch »Sillasksväg« nennen und damit zum Ausdruck bringen, daß man sich, saisonbedingt, auf dem Kungsleden oftmals wie in einer Heringskonserve fühlt!

Der »klassische« Kungsleden (318 km) verbindet Abisko mit Ammarnäs. Hier ist bewußt die Gegenrichtung gewählt, ab Ammarnäs, wegen der Erkenntnis und des Erlebens sich zunehmend steigernder Landschaftsformen und Eindrücke, der Annäherung an den Polarkreis und schließlich wegen des Wechsels in die polare Zone Europas und durch das höchste Gebirge Schwedens.

Der ausreichend markierte 320-Kilometer-Trail (17 Etappen) von Ammarnäs bis Abisko wird in diesem Buch in fünf Kapitel gegliedert, und zwar so gestaltet, daß jedes als separate Tour unternommen werden kann, eingeschlossen die Möglichkeit, den Ausgangsort mit öffentlichen Verkehrsmitteln wieder zu erreichen. Darüber hinaus hilft der Text über die Gesamtlänge, die jedoch nicht viele in einem Zug begehen!

Ein Problem sind – generell bei Unternehmungen solcher Art – die Gehzeiten, weil Leistungsgefälle und Lauftechnik, vornehmlich absteigend, bei den einzelnen Personen stark schwanken und auch von der Last auf dem Rücken abhängen. Die genannten Zeiten entsprechen erfahrungsgemäß dem Vermögen eines trainierten, gebirgsgewohnten Wanderers!

Diese Einteilung ist lediglich als praktikabler Vorschlag gedacht. Manche Tagesstrecken können durch Hütten-Zwischenstops verkürzt, aber auch beliebig verlängert werden. Nicht vergessen: Ausreichend Bargeld mitnehmen, primär für die Bootspassagen, bis 100 Kronen pro Person. Euroschecks und gängige Kreditkarten akzeptieren nur Fjällstationen und teilweise Geschäfte.

Übersicht der Etappeneinteilung:

Ammarnäs – Adolfsström	47 km	2 Tage
Adolfsström – Jäkkvik	22 km	6–6½ Std.
Jäkkvik – Kvikkjokk	71 km	4 Tage
Kvikkjokk – Saltoluokta	67 km	4 Tage
Saltoluokta – Abisko	109 km	6 Tage

Am Ende des zweiten Tages erreicht man Bäverholmen, wo der Wanderer von einem empfehlenswerten Gasthaus erwartet wird.

29 Von Ammarnäs nach Adolfsström

Über den Björkfjället ins Iraft-Delta

Tourencharakter: Unschwierig. Bei schlechter Sicht ernstzunehmende Orientierungsprobleme! In der Örtlichkeit Biergenis entspricht die auf der Karte eingezeichnete Route nicht dem tatsächlichen Verlauf. Ab Bäverholmen im Motorboot des Gasthausbesitzers in 10 Min. nach Adolfsström. Die Rückkehr von Adolfsström nach Ammarnäs mit öffentlichen Verkehrsmitteln nimmt einen Tag in Anspruch; siehe bei Zielort.
Ausrüstung: Wanderkleidung; festes Schuhwerk. Zelt.
Beste Jahreszeit: Ende Juni bis Ende September.
Reine Gehzeit: Etwa 13 Std. (bis Bäverholmen) bzw. zwei Tage.
Weglänge: 49 km bis Bäverholmen; bis Adolfsström 57 km.
Markierungen: Blaue Schilder »Kungsleden«. Andreaskreuze. Farbzeichen (orangerot).
Steigungen: Nicht ganz 700 m.

Mit dem Björkfjället (Birkengebirge) stellt sich Kungsleden-Wanderern der erste Gebirgszug entgegen: kahle, grasige, gewässerreiche Höhen, deren Scheitelpunkt bei 940 Meter überschritten wird. Man kreuzt die Grenze der lappländischen Provinzen Västerbotten und Norrbotten. Dahinter neigt sich die Route in das Tal des Dellikälven und seiner Seenplatte. Den Ausklang intoniert die Bootsfahrt durch das Iraft-Delta nach Adolfsström.

Der Wegverlauf

1. Tag: Ammarnäs – Dellikälvental

Vom **Hotel Ammarnäsgården** auf der Straße östlich, vorbei an der Telefonzelle und am Lebensmittelgeschäft. Nach 500 Metern geht es links in das Sträßchen *Lapplassvägen.* Auf dem Quersträßchen rechts. Rechter Hand folgt der Hang des Moränenkegels *Potatisbacken* (Kartoffelhügel). Dort baute Nils Johansson Mitte des 19. Jahrhunderts erstmals Kartoffeln an, die er auf dem Jahrmarkt zu Lycksele erworben hatte, wohin die neue Frucht aus Amerika gelangt war.

Zur Brücke über den tosenden **Vindelälven**, einen der vier unberührten großen Flüsse Schwedens. Links 150 Meter zum **Parkplatz**, dem »Einstieg« des **Kungsleden**. Vom Hotel eine ¾ Stunde.

Am Ende des Parkplatzes rechts. Auf dem breiten Weg 150 Meter, dann halb rechts bergan im Wald, markiert mit hölzernen Andreaskreuzen des Winterweges. Die Rechtsabzweigung nach ½ Stunde gilt nur für Angler im 20 Minuten entfernten Stenträsket. Wir halten uns links und überqueren die licht bewaldete Höhe **Mälgedakke** (ca. 650 m). Anschließend verläßt man das *Vindelfjäll-Naturreservat.* Nordwärts durch Birkenheiden und Feuchtgebiete sowie über

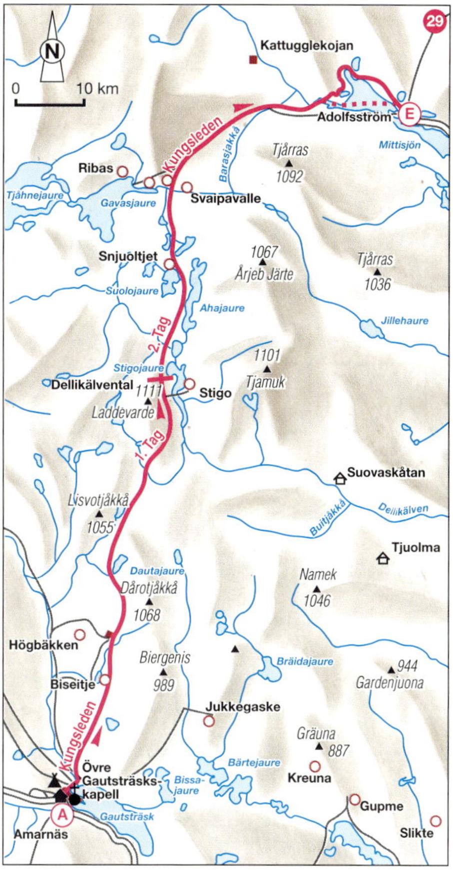

Auftakt des Kungsleden nördlich von Ammarnäs im Björkfjället bzw. am Dautajaure.

einen Steg. Dann zwischen *Stor-Bissitjaure* (664 m) und *Lill-Bissitjaure* hindurch (Hütte). Etwa ½ Stunde später stößt man auf ein Schottersträßchen und einen *Parkplatz* (600 m) in der Örtlichkeit **Biergenis**.

(Vor dem Parkplatz geht es rechts auf der Straße in 5 Min. zu einer großen Rengärde. Dort werden im September die Rentiere getrennt, d. h. die Kälber markiert bzw. das Schlachtvieh aussortiert.)

Der »Alisvággi«, wie die Samen den *Kungsleden* nennen, überquert den *Parkplatz*. Links der Informationstafel geht es mäßig abwärts, dann erneut bergan. Nach ½ Stunde gibt uns der Wald frei. An dieser Stelle wenden wir uns von den Andreaskreuzen ab und vertrauen den Farbzeichen. Links der Kuppe Dårotjåkke (1068 m) wird die Anhöhe (910 m) am Südwestrand des **Björkfjället** erreicht.

Am Südufer des **Dautajaure** (877 m) über den Holzsteg. Dahinter stößt man erneut auf Andreaskreuze. Auch weiterhin säumen hochgestellte Felsplatten den Weg. Er schwenkt in Nordwestrichtung ein und läßt die stumpfen Kuppen der beiden Lisvotjåkke links liegen, ebenso den Lisvojaure. Etwa 1½ Stunden nach dem Dautajaure senkt sich der Pfad spürbar in das Trogtal des Dellikälven. Dort orientieren wir uns an den Farbzeichen des Sommerweges. Bei mehreren hintereinander liegenden kleinen Seen – abends im Schatten des steil hochstrebenden, felsigen Laddevardo – oder vorher an den Bächen besteht Zeltmöglichkeit.

2. Tag: Dellikälvental – Adolfsström

Zwischen den Laddevardo-Abstürzen und der Seenkette wird der *Kungsleden* nördlich beibehalten, und man kommt zur Hängebrücke über den **Vourojukke** (720 m). Rechts lagert der See Tjegnalis. Etwa 20 Minuten nach der Hängebrücke weicht der Sommerweg für ¼ Stunde den Sümpfen links aus, vorbei an einem Rentierzaun. Dann begleitet uns links der *Suolojaure*, rechts der *Ahajaure*.

Auf dem *Steg* über den Zusammenfluß der Seen. Unter der Telefonleitung (links zu der 1 km entfernten Sjnjultje sameviste) hindurch. Seen und Moore, wohin man schaut. Sie verursachen streckenweise feuchten

Ab Bäverholmen gelangt man entweder per Boot direkt oder zu Fuß nach Adolfsström.

Untergrund. Von der Telefonleitung bis zur **Barasjåkkå-Hängebrücke** (700 m) läuft man 1 Stunde. Jenseits leicht bergan den Wald verlassend in 40 Minuten zum *Wegweiser* (790 m) in einem Birkenwäldchen. Rechts halten, nordöstlich. In dieser Richtung erscheint der Pieljekaise-Nationalpark, in den der Kungsleden hinter Adolfsström eindringt. Wieder im Wald, führt der Pfad an die Telefonleitung, eine Verbindung der Renwächterstationen, heran. Bei einer **Unterstandhütte** geht es erneut über den **Barasjåkkå**. Links, ½ Stunde zur Brücke über den **Laisälven** und rechts 5 Minuten zum 1922 erbauten **Wirtshaus Bäverholm** (465 m) in traumhaft schöner Lage auf der Biberinsel (Bäverholmen).

Nützliche Informationen

Ausgangsort: *Ammarnäs* (405 m), siehe Tour 17.
Gehzeiten: 1. Tag insgesamt 7 Std. Ammarnäs – Parkplatz ¾ Std. Parkplatz – Biergenis 2¼ Std. Biergenis – Dautajaure 1¼ Std. Dautajaure – Dellikälvental 2¾ Std. 2. Tag insgesamt knapp 6 Std. Dellikälvental – Vuorojukke 1 Std. Vuorojukke – Barasjåkkå 2¼ Std. Barasjåkkå – Bäverholmen 2½ Std.
Unterkunft/Einkehr unterwegs: *Bäverholms Wärdshus*: Auch Hütten für Übernachtung; Tel. (0961) 23018.
Zielort: *Adolfsström* (462 m), siehe Tour 18. Busse Adolfsström – Laisvall 12.6.–14.8. Montag, Mittwoch, Freitag 9.30 Uhr. 9.7.–6.8. Samstag 9.05 Uhr. Ab Laisvall Busse über Arjeplog nach Arvidsjaur an der Bahnlinie (17.6.–13.8.) Gällivare – Östersund. Rückkehr nach Ammarnäs: Bahn oder Bus von Arvidsjaur nach Sorsele und Bus nach Ammarnäs.
Auskunft: Turistbyrå (Hotel Ammarnäsgården), S-92075 Ammarnäs; Tel. (0952) 60132; geöffnet 8.30–19 Uhr, Samstag/Sonntag 13–18 Uhr.
Wanderkarte: Fjällkartan 1:100000, Blatt BD16.

30 Von Adolfsström nach Jäkkvik

Durch den Nationalpark Pieljekaise

Tourencharakter: Unschwierig. Für die eventuelle Rückfahrt nach Adolfsström mit öffentlichen Verkehrsmitteln muß ein Tag eingeplant werden.
Ausrüstung: Wanderkleidung; feste Schuhe.
Reine Gehzeit: 6–6½ Std.
Weglänge: 22 km.
Markierungen: Schilder, Farbzeichen (rot), Schneestangen.
Steigungen: 500 m.

Das Kernstück dieser Tagestour bildet der 1909 im Lebensraum des Samendorfes Semisjaus-Njarg auf einer Fläche von 15 340 Hektar eingegrenzte Nationalpark Pieljekaise. Grund für naturschützerisches Engagement war der für diese Breitengrade Skandinaviens charakteristische montane Birkenwuchs. Er nimmt zwei Drittel des Parks ein. Rund 1300 Hektar sind Gewässer, 700 Hektar Moore, 200 Hektar Wiesengrund, der Rest ist Kahlfjäll, gipfelnd im 1137 Meter hohen Pieljekaise, den die Route umgeht.

Der Wegverlauf

In **Adolfsström** (462 m) vom *Hafen* etwa 450 Meter durch den Ort, dann zweigt links der **Kungsleden** beschildert ab. Hinter der *Nationalpark-Informationstafel* bergan, nach 10 Minuten rechts vorbei am kleinen **Lomtjärn** (504 m, Windschutzhütte). Man wandert über die licht bewaldete Anhöhe *Åkerberge* und hinunter zur **Rappajåkåtj-Brücke** (520 m). Hier beginnt die eigentliche Anstrengung der Etappe. An der Wegegabel rechts: 1¼ Stunden, und wir haben den vor-

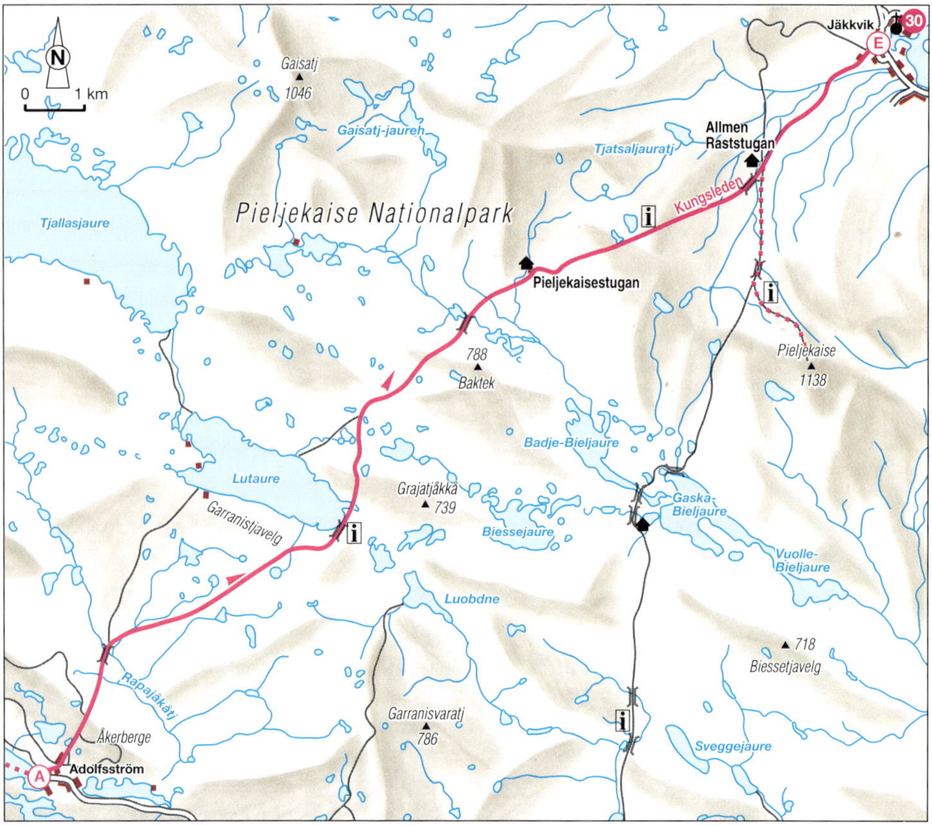

In Adolfsström bricht man zur tagesfüllenden Tour durch den Nationalpark Pieljekaise auf.

läufigen Scheitel (700 m) gewonnen. Der Pfad führt abwärts zum Ausfluß des **Lutaure** (629 m, Informationstafel).

Am anderen Ufer empfängt uns der **Pieljekaise-Nationalpark**. Eine Gegensteigung muß überwunden werden. Nach ½ Stunde mündet links der alte Weg aus jener Zeit, als der Lutaure noch mit dem Boot überquert werden mußte. Durch Feuchtgebiete, die Kuppe des Baktek (788 m) nordwestlich passierend, gelangen wir in 1 Stunde zur kleinen, in den sechziger Jahren errichteten **Pieljekaisestugan** (720 m).

Wenig später entläßt uns der Laubwaldgürtel und bei zwei kleinen Seen auch der Nationalpark (Informationstafel). Damit sind wir auf dem freien, heideähnlichen Kamm (820 m) des Pieljekaisegebirges, dessen höchster Gipfel sich rechts erhebt. Skilauf-Markierungsstangen legen die Route fest. Nördlich, jenseits der Seenplatte im Tal, beherrscht der Riebneskaise (1136 m) das Landschaftsbild. Kurz nach einem Holzsteg zeigt der Wegweiser rechts Richtung »Vjenäs«, was gleichbedeutend ist mit dem Zugang an die Basis des doppelgipfeligen, aussichtsreichen Pieljekaise (siehe Tour 19). Geradeaus über Bohlenstege kommen wir in 5 Minuten zu der bereits sichtbaren **Allmen Raststuga** (700 m), die links des Weges steht.

Weiter abwärts. Nach 10 Minuten erscheinen die Dächer von Jäkkvik. Durch den Birkenwald gelangen wir zu einer Bachbrücke und abschließend auf Bretterstegen zu den ersten Häusern von **Jäkkvik** (430 m); rechts das Café Jäkkviksgården. Geradewegs hinaus zum *Lebensmittelgeschäft* bzw. die Durchgangsstraße (Silvervägen) kreuzen und zum *Wanderheim Kyrkans Fjällgård.*

Nützliche Informationen

Ausgangsort: *Adolfsström* (462 m), siehe Tour 18.
Gehzeiten: Insgesamt 6–6½ Std. Adolfsström – Lutaure 2 Std. Lutaure – Pieljekaisestugan 1½ Std. Pieljekaisestugan – Allmen Raststuga 1½ Std. Allmen Raststuga – Jäkkvik knapp 1 Std.
Unterkunft unterwegs: *Pieljekaisestugan* (720 m): Kleine Notunterkunft; immer offen. • *Allmen Raststuga* (700 m): Aufenthaltsraum mit Kochmöglichkeit, ständig offen, Wasser im nahen Bach; Schlüssel für die vier Schlafplätze gegen Leihgebühr in Thorfves Fjällstugor (Adolfsström), Rückgabe im Lebensmittelgeschäft Sandgrens Livs (Jäkkvik).
Zielort: *Jäkkvik* (430 m), siehe Tour 19. Busse 12.6.–14.8. Montag bis Freitag 10.30 Uhr nach Arjeplog. Von dort Verbindungen zum Bahnhof Arvidsjaur (Zugverkehr 17.6.–13.8.) der Strecke Gällivare – Östersund. Rückkehr nach Adolfsström mit Bussen ab Arjeplog über Laisvall nach Adolfsström.
Auskunft: Turistbyrå, Torget, S-93090 Arjeplog; Tel. (0961) 10595.
Wanderkarte: Fjällkartan 1:100000, Blatt BD16.

Knapp eine Stunde vor Jäkkvik lädt die Allmen Raststuga zur letzten Pause vor dem Ziel ein.

31 Von Jäkkvik nach Kvikkjokk

Über den Polarkreis hinaus

Tourencharakter: Unschwierig. Watstellen. Bei Nebel schwierige Orientierung im freien Gelände! Anforderung des Bootes über den Hornavan nach Saudal durch den Besitzer von Jäkkviks Stugby; Tel. 21120 oder 21023. Er bestellt für Sie auch das Boot über den Riebnesjaure (Saudal – Riebnesjaure 2½ Std. Gehzeit) nach Vuonatjviken; Selbstbestellung Tel. 43015 in Vuonatjviken.
Ausrüstung: Wanderkleidung; festes Schuhwerk. Zelt.
Beste Jahreszeit: Ende Juni bis Ende August.
Reine Gehzeit: 21–22 Std. bzw. 3½ Tage plus 1¼–1½ Std. Bootsfahrten (insgesamt etwa 30 km).
Weglänge: 71 km.
Markierungen: Hinweisschilder, Steinmänner, Farbzeichen (rot).
Steigungen: 1600 m.

Bereits die Fahrt über den Hornavan – mit 222 Metern tiefster See Schwedens und zweitgrößter (ca. 280 km²) Lapplands – wird zum Erlebnis, wie das »Schippern« über den Riebnesjaure in die Samen-Einöde Vuonatjviken zu Elin und Tåge Johansson. Frischer Fisch gefällig für die Abendmahlzeit? Es kann auch genächtigt werden. Die Türe der »Zivilisation« fällt ins Schloß. Wir tauchen ein in die Menschenleere des Fjäll mit seinen kahlen Bergen und den unzähligen Seen, Flüssen, Bächen und Mooren. Wenigstens zweimal muß im Freien genächtigt werden. Einmal am Polarkreis – 66° 33′ nördlicher Breite: Trennlinie der Polarzone von den gemäßigten Zonen. Wer Lust hat, kann sich am Vilitjåkkå eigenhändig der Polartaufe unterziehen!

Der Wegverlauf

1. Tag: Jäkkvik – Vilitjåkkå

Nach dem Bootstransfer von **Jäkkvik** über den **Hornavan** geht es in **Saudal** (430 m) rechts am verlassenen Haus vorbei in den Hangwald und kontinuierlich steil bergauf, etwa 1¼ Stunden durch Wald und Gesträuch, dann über den weitläufigen kahlen Sattel (790 m) der Hochfläche **Tjidtjakvalle** südöstlich des markanten Riebneskaise (1136 m). Dann geleiten Steinmänner den feuchten Pfad durch kleine Seen an den Nordostrand des Plateaus. Dort dringt man wieder in den Wald ein und erreicht in starkem Gefälle bei einem verlassenen Samenhof das Ufer des **Riebnesjaure** (ca. 500 m).

Nach der Bootsfahrt auf dem Riebnesjaure, drüben in **Vuonatjviken** (520 m) bei der Samenfamilie Johansson, heißt es mäßig ansteigen durch Buschwerk und Mischwald, etwa 40 Minuten, ehe mit dem **Vuolep** (587 m) eine Seenplatte beginnt, die der *Kungsleden* auf feuchter, streckenweise verstegter Spur erschließt. Etwa 1½ Stunden nach Vuonatjviken leitet die stählerne Hängebrücke über den **Bartek** (603 m). Wir halten uns links und weiterhin nördlich. Zwischen den Seen *Lika* (rechts) und *Gåbdok* hindurch. Vom Gatter des Rentierzaunes ist es noch ¼ Stunde zum **Polarkreis** (610 m): »Polar-Cirkeln«, verkündet eine Tafel. Und 20 Minuten später sind wir bei der **Vilitjåkkå-Brücke** (615 m, Zeltplätze).

2. Tag: Vilitjåkkå – Falehaure

Den hochragenden Berg Vuoktan im Rücken, marschieren wir weiter dem Norden entgegen, durch einen Tannenwaldgürtel, dann im freien Hang des südwestwärts steil abfallenden Pååktjåkkå (953 m). Es geht ständig bergan, wobei sich Blicke westlich über den Bartaure zum herausragenden Kietsekaise (1085 m) ergeben. Der *Juoksakjåkkå* (920 m) wird überschritten. Nach ½ Stunde kann man den **Jåkkåkaskatjårro** (1048 m), eine stumpfe Aussichtskuppe, links haltend mitnehmen, ansonsten traversiert man seine Ostflanke (1020 m). Die Steigungen des Tages liegen hinter uns. Vom Zeltplatz 2½ Stunden.

Es vergeht eine Weile, dann schwenkt die Spur rechts in Nordostrichtung ein und führt, begleitet von Felsbrocken – auf die Farbzeichen achten! – durch die Mulde des *Tjåurajåkkå* am Saum des lichten Mischwaldes, eine »Etage« tiefer. Rechts des feuchten Pfades

Am Ende der Tagesetappe nach Jäkkvik überschreitet der Kungsleden den »magischen« Polarkreis.

steht eine Rentier-Wächterhütte. Knapp 10 Minuten später folgt die erste, nach 500 Metern die zweite Brücke (808 m) in Höhe des Ardnajauratjaure (links). Dem Kegel des Ardna (1035 m) weicht der Kungsleden rechts aus. Ehe er in den Hochwald eindringt, erkennt man nordöstlich die weiße Kapelle des Samenweilers Västerfjäll.

Die nächste »Etage« hat bereits das Niveau (455 m) des Tjeggelvas, eines von Inseln durchsetzten Sees. Unmittelbar nach der zweiten Brücke an der Gabelung links, 10 Minuten am **Tjålmokjauratjah** entlang. Die folgende Brücke führt über den **Salvojåkkå**. Etwa ¼ Stunde später muß man rechts über den Abfluß des Falehaure in den Tjeggelvas. Jenseits geht es links zur Samenhütte Luspevaratj (geschlossen, Telefon) am Ufer des **Falehaure** (460 m, Zeltplätze).

3. Tag: Falehaure – Tsielekjåkkstugan

Der *Kungsleden* wendet sich rechts haltend ab vom **Falehaure**. Man geht geradeaus unter einer Telefonleitung hindurch und stößt nach 20 Minuten am **Kistojauratj** auf den von Västerfjäll (35 Min., Unterkunft bei Oskar Ranqvist; Tel. 45023) kommenden Pfad. Gemeinsam leicht bergan in Nordrichtung. Die morastigen Spuren umgehen den Alep Sattermtjåkkå westlich und bringen uns an den Westzipfel des **Ruoutejaure** (570 m). Auf der anderen Seite des Rentierzaunes 20 Minuten in feuchtem Terrain zu einer *Brücke* (600 m). Davor rechts, neben dem **Falesjåkkå** her, an der Wegeteilung links halten und den Tannenwald verlassen. Nach etwa ¼ Stunde am Flüßchen zeigen die Farbzeichen auf einem Stein halbrechts in den Südosthang des imposanten *Kåbta-*

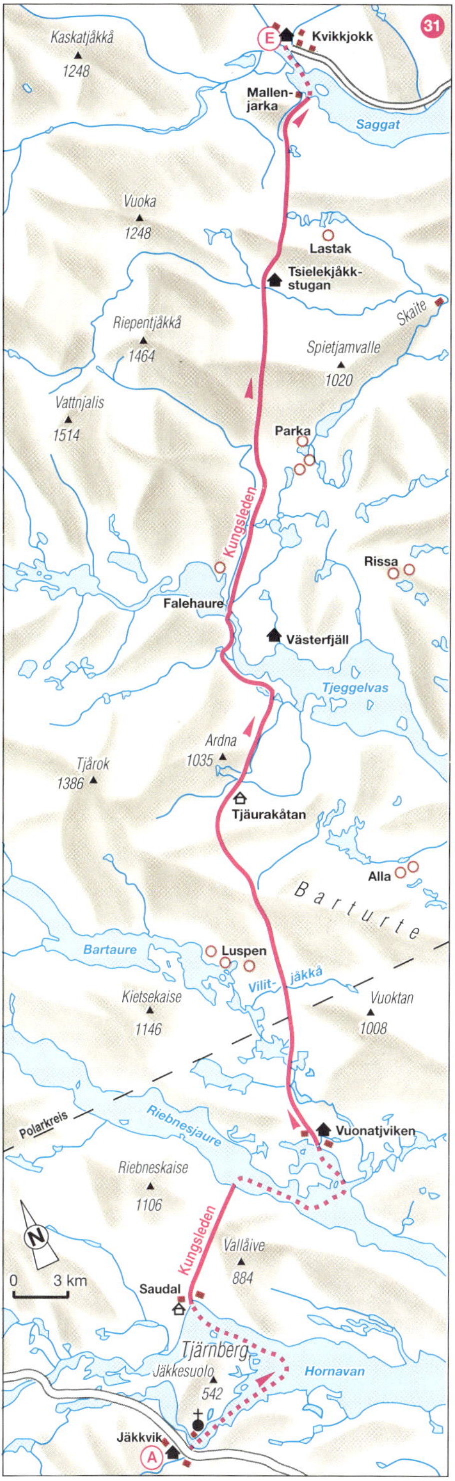

Ab der Fjällstation Kvikkjokk führt der Kungsleden ein Stück entlang der Stromschnellen des Kamajåkkå.

pakte (1266 m). Mäßig bergan. Die **Brücke** (940 m) ist der höchste Punkt des Tages. Südöstlich sehen wir in der Tiefe den blauen Spiegel des waldummantelten Parkajaure; unweit seinem Westufer befindet sich ein großes Samen-Sommerlager.

Der »Endspurt« des Tourentages beginnt –

sofern man nichts Größeres vorhat und vollends nach Kvikkjokk läuft! Leichtes Gefälle bringt uns schwach nordöstlich – Richtung Spietjamvalle-Kuppe – zum Schlund der **Suongerkårså** (kårså = Schlucht). Links in die Schlucht und ein Stück steil abwärts, den Bach *Suongerjåkkå* durchwaten, weiter in den Wald und zur kleinen **Tsielekjåkkåstugan** (630 m). Sie steht rechts der Brücke über den **Tsielekjåkkå**. Hier trennen uns noch 12 Kilometer von Kvikkjokk.

4. Tag: Tsielekjåkkstugan – Kvikkjokk

Von der **Tsielekjåkkstugan** (630 m) zur Brücke, über den **Tsielekjåkkå** und auf sumpfigem Pfad ¼ Stunde in den Wald. Letzter Anstieg! Etwa 1¼ Stunden oberhalb der Brücke kreuzt man ein Weglein (730 m, rechts ¾ Std. zur Samensiedlung Lastak).

Eine Viertelstunde geht es geradeaus; links mündet eine schwache, nicht markierte Spur. Rechts halten, zwischen kleinen Seen hindurch und abwärts auf dem ausgetrete-

Kvikkjokk ist nicht nur eine bedeutende Station am Kungsleden, sondern auch einer der meistbesuchten Ausflugsorte im lappländischen Fjäll.

nen Weg im Birken- und Tannenwald. Einen Rentierzaun übersteigen und in 50 Minuten zum Hof bzw. Bootsanleger **Mallenjarka** (310 m), einer Bucht am **Saggat**. Telefonisch das Boot aus Kvikkjokk anfordern.

In **Kvikkjokk** auf der Straße 200 Meter ansteigen, dann links hinauf zur **Fjällstation.** Von der Waage erfährt man das Rucksackgewicht. Ein Gute-Nacht-Lied singen uns die Kamajåkkå-Wasserschnellen, die unterhalb der Fjällstation rauschen.

Nützliche Informationen

Ausgangsort: Jäkkvik (430 m), siehe Tour 19.
Gehzeiten: 1. Tag insgesamt 5½ Std. Saudal – Riebnesjaure 2½ Std. Riebnesjaure (Vuonatjviken) – Polarkreis (Vilitjåkkå) knapp 3 Std. plus etwa 1 Std. Bootsfahrten.
2. Tag insgesamt 6½ Std. Vilitjåkkå – Tjålmokjauratjah 5¼ Std. Tjålmokjauratjah – Falehaure 1¼ Std.
3. Tag insgesamt 6 Std. Falehaure – Falesjåkkå 2 Std. Falesjåkkå – Kåbtapakte (Brücke) ca. 2 Std. Kåbtapakte – Tsielekjåkkå 2 Std.
4. Tag insgesamt 3½ Std. plus ¼ Std. Bootsfahrt.
Steigungen: 1. Tag: knapp 500 m. 2. Tag: 450 m. 3. Tag: 500 m. 4. Tag: 160 m.
Unterkunft und Verpflegung unterwegs: *Vuonatviken*: Betten, Fischverkauf.
• *Tsielekjåkkåstugan*: Ein Raum mit vier einfachen Schlafplätzen auf zwei Holzpritschen, ständig offen, kein Gas, Brennmaterial in der Umgebung.
Zielort: *Kvikkjokk* (315 m), siehe Tour 21. Busse nach Jokkmokk (Station der Inlandsbahn Gällivare – Östersund, Zugverkehr 17.6.–13.8.) 12.6.–17.8. täglich 11.40 Uhr, 15.45 Uhr. Rückkehr nach Jäkkvik: Ab Jokkmokk Bahn nach Arvidsjaur, von dort Bus über Arjeplog nach Jäkkvik.
Auskunft: Turistbyrå, Stortorget 4 (Box 105), S-96223 Jokkmokk.
Wanderkarte: Fjällkartan 1:100 000, Blatt BD 14.

32 Von Kvikkjokk nach Saltoluokta

Glanzlichter am Kungsleden

Tourencharakter: Unschwierig. Am Ende jeder Tagesetappe steht eine in der Wandersaison bewartete Hütte; teilweise Proviantergänzung (Aktse). Übersetzen nach Aktse zwischen 23.6. und 31.8. (außer Montag) um 17 Uhr; über den Kåbåtajaure zur Sitojaurastugorna um 15.30 Uhr. Sicherheitshalber in der Fjällstation erkundigen! Bei Fortsetzung des Kungsleden ab Saltoluokta fährt man mit dem Schiff nach Kebnatsbryggan und von dort per Bus bis Vakkotavare; Abfahrtszeiten in der Fjällstation angeschlagen.
Ausrüstung: Wanderkleidung; festes Schuhwerk.
Beste Jahreszeit: Ende Juni bis August.
Reine Gehzeit: 20 Std. plus ½ Std. Bootsfahrten.
Weglänge: 67 km (vier Tage).
Markierungen: Beschilderung, Farbzeichen (orangerot), Steinmänner.
Steigungen: 1250 m.

Von Süden kommend begegnen uns ab Kvikkjokk wesentlich mehr Wanderer auf dem Kungsleden als bis dahin. Das liegt einmal am Bekanntsheitsgrad des Abschnittes Kvikkjokk – Abisko, zum anderen an den STF-Hütten in regelmäßigen Abständen, die eine Reduzierung des Rucksackgewichts ohne Zelt zulassen, was den Genuß des Laufens steigert. Während sich der erste Tag anspruchslos, ja fast langweilig im Wald abspielt, bietet die nächste Etappe eine glanzvolle Aussichtspromenade im Sarek-Nationalpark und findet in Aktse ihren Höhepunkt.

Dort könnte man gut und gerne etliche Tage bleiben. Bootsausflüge in das einzigartige Delta des Rapaätno im grandiosen Rapadalen bieten sich an. Wer hoch hinaus möchte, besteigt das lockende Horn des Skierfe. Als Ausgleich für eventuell vermißten Komfort in den Hütten versöhnt die »mondäne« Saltoluokta Fjällstation mit einer Sauna.

Der Wegverlauf

1. Tag: Kvikkjokk – Pårtestugorna

Von **Kvikkjokk Fjällstation** (330 m) oberhalb der eindrucksvollen *Stromschnellen* des Kamajåkkå zum Ende des Parkplatzes. Eine Tafel verkündet die Entfernung zur Pårtestugan: 17 Kilometer. Zunächst am Fluß entlang, knapp ¼ Stunde, dann rechts haltend in Nordostrichtung durch den Wald. Etwa 40 Minuten später entdeckt man rechts des Weges den Stein einer ehemaligen samischen **Thingstätte** (445 m).

Nach ½ Stunde im Feuchtgebiet wird ein Zufluß des Skvalabäcken (510 m) überschritten und in schwachem Gefälle der **Njakajåkkå** erreicht. An der Gabelung (505 m, Wegweiser) hinter der zweiten Brücke rechts halten (links 3 Std. zur Samensiedlung Pårek), nun auf schmalerem Weg in 1 Stunde an das Ostufer des **Stuor-Tata** (530 m).

Etwa 20 Minuten nach einem *Rentierzaun* geht man links über die **Tjåltajåkkå-Brücke**, von der es noch eine ¾ Stunde zur kleinen bewaldeten Landzunge am **Sjaptjakjaure** ist, auf der die beiden **Pårtestugorna** (500 m) stehen.

2. Tag: Pårtestugorna – Aktse

Knapp ½ Stunde nordöstlich der Pårtestugorna leitet uns die Brücke (510 m) über den *Sjabtjakjåkåtj* in das Gebiet (1970 km^2) des 1909 zum Nationalpark erklärten **Sarek** (Informationstafel), dessen südöstlichen Ausläufer die Tour bis vor den Laitaure durchzieht.

Ansteigend im Wald ½ Stunde zur Brücke (550 m) über den **Kallakjåkkå.** Es folgt eine zweite Brücke (590 m). Weiter im Waldschatten, zunehmend steiler und durch Geröll in den **Sattel** (840 m) zwischen dem *Huornatj* (rechts) und dem Faunåiva (links); Tor in den Kahlfjäll. Über den *Jåkkejåktj* zur herrlich postierten **Unterstandhütte Rittak** (800 m), von wo man einen Ausblick ostwärts über den Tjaktjajaure hat. Südlich in der Tiefe schwimmen waldbesetzte Inselfetzen im Wasser, dahinter liegen die kulissenähnlich gestaffelten Wölbungen der Kablaberge.

Ein Stück weit geht es eben dahin, links vorbei an *Punkt 815,6*. Dann hinunter durch

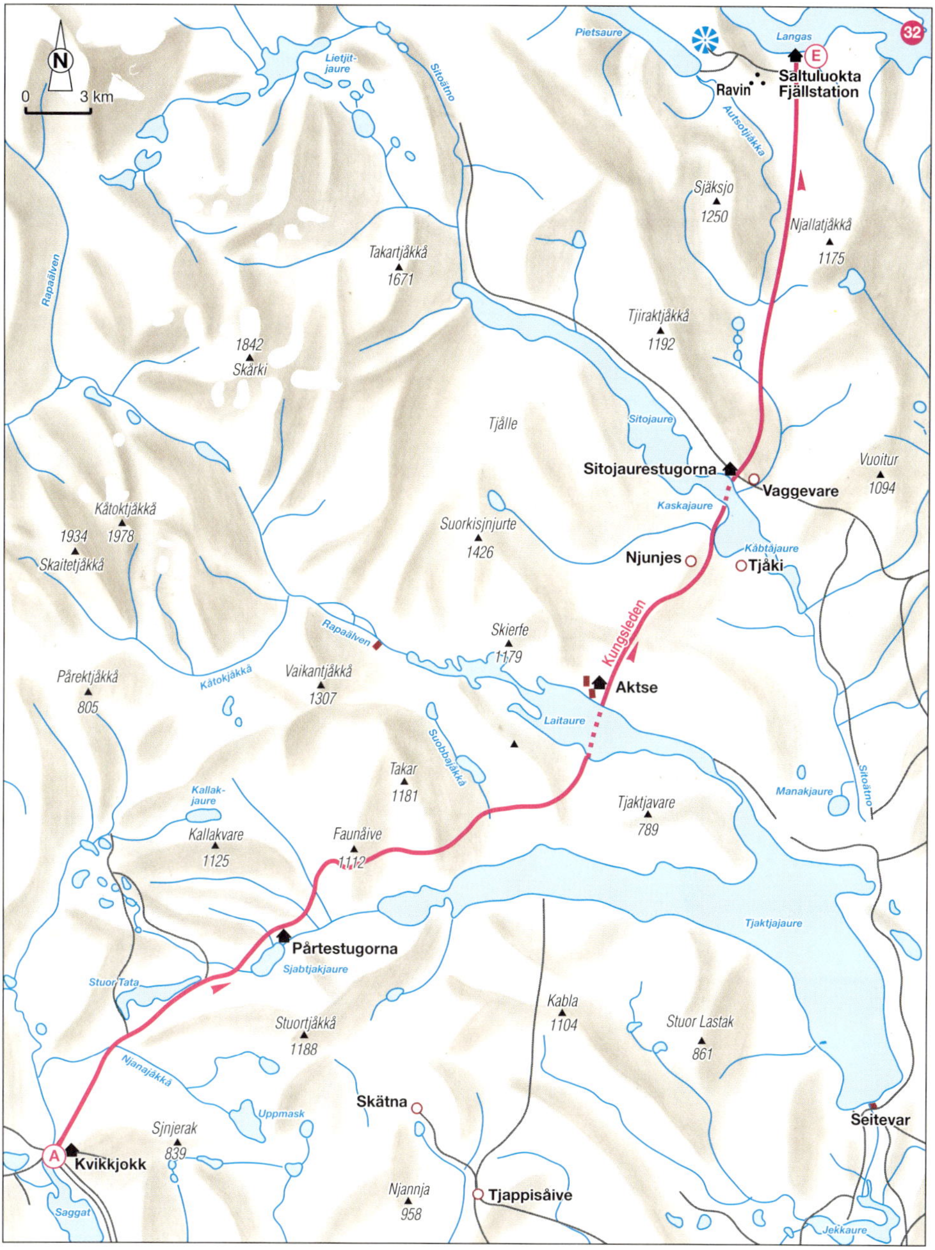

Wald zu den zwei hölzernen **Suobbatjåkkå-Brücken** (570 m); vor der Brücke führen Spuren links zur nahen winzigen Samensiedlung Pårtekietje. Über einen zweiten Steg und nun weniger steil durch den Wald, den Nationalpark verlassend, in 1¼ Stunden an den **Laitaure** (494 m, Kate als Unterstandhütte); von den Pårtestugorna nicht ganz 6 Stunden.

In **Aktse** nach ¼stündiger Überfahrt angelandet, wandern wir etwa 10 Minuten im Wald (Bretterstege) leicht bergan zur Wiesenlichtung und schwach links haltend in weiteren 10 Minuten zu den **STF-Hütten**

Wer auf die weichen Betten der Fjällhütten verzichtet, zeltet, wie hier am Stuor-Tata hinter Kvikkjokk, in freier Natur.

Aktse (530 m) auf einer idyllischen Hangwiese angesichts des heiligen Samenberges Skierfe; siehe auch Tour 20.

3. Tag: Aktse – Saltoluokta

Rechts der oberen Hütte von **Aktse** (530 m) in den Mischwald und bergan, über die Waldgrenze hinaus. Südwestlich beschirmen die gigantischen gebänderten Wandfluchten des Tjakkeli das wundervolle Rapaätno-Delta. Nach insgesamt etwa 40 Minuten zweigt links (780 m) der lohnende Stichpfad ab zum Skierfegipfel; hin und zurück etwa 4 Stunden.

Der Kungsleden nimmt den geraden Weg: geleitet von Steinmännern durch Fjällheide in den Osthang (970 m) des Tåresåive, wo auf dem stumpfen *Njunjesrücken* der »Zenit« des Tages erreicht wird; von den Hütten 1 ¾ Stunden.

Plötzlich erfüllt nördlich der Sitojaure das Blickfeld. Westlich des Martevaratj senkt sich der Pfad steil in die Waldzone. Dort bleibt die Nunjes-Kate im Mischwald links liegen. Der Brettersteg führt durch Birkenwald. Über eine *Brücke* zum *Svine-Unterstand* am verhältnismäßig flachen **Kåbtåjaure** (630 m), wo man auf das Motorboot wartet (Fahrtzeit 25 Min.). Sollte dies nicht wie vereinbart klappen, ziehen Sie am Mast die Flagge hoch: Signal für den samischen Bootsführer Erik-Ivar Kallok drüben bei Sitojaurestugorna.

Am nördlichen Ufer erwarten uns neben der *Samenkate Vaggevaratj* die **Sitojaurestugorna** (640 m).

4. Tag: Sitojaurestugorna – Saltoluokta

Die Nordrichtung bleibt bestimmend. Ab **Sitojaurestugorna** (640 m) bergwärts. Nach einer ¾ Stunde gibt uns der Wald frei. Rechts geht es an einem Rentiergehege vorbei. Letztmals die Schau zum Sitojaure, ehe er im Rückblick verschwindet. Die Spur quert den Tjiarek-Osthang (780 m). Abwärts in eine feuchte Hochtalmulde. Zahlreiche Seen säumen den durch hochgestellte Steinplatten erkenntlichen Sommerweg, der parallel zum Winterweg (hölzerne Andreaskreuze) verläuft und – nach einer harmlosen Wat-

Rückblick vom Faunåive südwestwärts, wo der Sjaptjakjaure, an dem die Pårtestugorna liegt, noch mit einem Zipfel zu sehen ist.

stelle – diesen etwa ½ Stunde vor dem **Autsutjvagge-Unterstand** (740 m) kreuzt.

Weiter durch das breite, von Rentieren als Weide bevorzugte Hochtal des *Autsutjvagga* in zahmem Gefälle absteigen, die Anhöhe (rechts) des Käinutålke westlich passieren und vollends hinunter durch den Birkenwald zur **Fjällstation Saltoloukta** (400 m).

Nützliche Informationen

Ausgangsort: *Kvikkjokk* (315 m), siehe Tour 21.

Gehzeiten: 1. Tag insgesamt 4¾ Std. Fjällstation – Thingstätte 1 Std. Thingstätte – Stuor-Tata 2½ Std. Stuor-Tata – Pårtestugorna 1¼ Std.

2. Tag insgesamt etwas mehr als 6 Std. plus 10 Min. Bootsfahrt. Pårtestugorna-Sattel 2 Std. Sattel – Rittak knapp 1¼ Std. Rittak – Laitaure 2½ Std. Aktse – STF-Hütten 20 Min.

3. Tag insgesamt 3 Std. plus ¼ Std. Motorbootfahrt.

4. Tag insgesamt 5¾ Std. Sitojaurestugorna – Autsutjvagge-Unterstand 3¼ Std. Autsutjvagge – Saltoloukta 2½ Std.

Steigungen: 1. Tag 260 m, 2. Tag 410 m, 3. Tag 420 m, 4. Tag 150 m.

Unterkunft und Verpflegung unterwegs: *Pårtestugorna* (500 m): STF; zwei Hütten mit 32 Schlafplätzen; Hüttenwart 17.6.–10.9.; Nottelefon. • *Aktse* (550 m): STF; drei Hütten mit 34 Schlafplätzen; ein Hüttenraum (zehn Schlafplätze) ständig offen; Hüttenwart und Proviantverkauf 17.6.–10.9.; Nottelefon. • *Sitojaurestugorna* (640 m): STF; zwei Hütten mit 38 Schlafplätzen, ein Raum (zehn Schlafplätze) ganzjährig offen; Hüttenwart 17.6.–10.9.; Nottelefon bei der Samenkate.

Zielpunkt: *Saltoluokta Fjällstation* (400 m), STF, siehe Tour 23. Die Abfahrt der Schiffe nach Kebnatsbryggan sowie die Abfahrtszeiten der Busse von dort nach Gällivare-Bahnhof (Zugverkehr 17.6.–13.8.) sind in der Fjällstation angeschlagen. Rückkehr nach Kvikkjokk: ab Gällivare Eisenbahn nach Jokkmokk; von dort Busse nach Kvikkjokk.

Auskunft: Turistbyrå, Storgatan 16, S-98221 Gällivare; Tel. (0970) 16660.

Wanderkarte: Fjällkartan 1:100000, Blatt 10.

33 Von Saltoluokta nach Abisko

Wo der Kungsleden am höchsten ist

Tourencharakter: Unschwierig. Bei schlechter Witterung hochalpine Verhältnisse. Die Etappen 2. Tag und 4. Tag können infolge jeweils dazwischen postierter Hütten auch halbiert werden. Provianteinkauf in Kaitumjaurestugorna, Sälkastugorna und Alesjaurestugorna. Außerdem (Trockenfisch bzw. Saiblinge) in der Samenkate bei den Tesajaurestugorna sowie in der Samensiedlung Kårjevuole; gelegentlich auch geräuchertes Rentierfleisch und Brot.
Anmerkung: Die Strecke Saltoluokta – Vaktovarestugan wird per Schiff und Bus zurückgelegt.
Ausrüstung: Bergwanderkleidung; festes Schuhwerk. Zelt ist nicht notwendig, wenn in den Hütten übernachtet wird.
Beste Jahreszeit: Juli/August.
Reine Gehzeit: 32–33 Std.
Weglänge: 109 km. 6 Etappen.
Markierungen: Beschilderung, Farbzeichen (orangerot), Steinmänner, Andreaskreuze.
Steigungen: 1900 m.

Die »Fieberkurve« Berg und Tal steigert sich auf dem populärsten Abschnitt des Kungsleden. Er ist – gerade recht für eine Wanderwoche – tadellos markiert und in angemessenen Abständen ideal bestückt mit Hütten bzw. Proviantstationen. Dies erlaubt leichtes Gepäck, was wiederum den Spaß am Unterwegssein steigert und die Betrachtungen intensiviert. Beispielsweise bei der Flora im Juli am Tjäktjajåkka das gelb und violett blühende Karlszepter (Pedicularis sceptrum-carolinum), ein Läusekraut, oder auf den Höhen, wo Gefäßpflanzen selten sind, die Moose und Flechten; wunderschön ist auch die vielgestaltige Bergwelt, die Landschaft als solche. Und dies nicht allein in den Nationalparks Stora Sjöfallet und Sarek, welche die Route teilweise durchmißt.

Freunde skandinavischer Alltagskultur dürfen sich auf die holzbeheizte Sauna der Alesjaurestugorna freuen. Gewissermaßen als Belohnung, denn vor ihrem Erreichen hat der Kungsleden im Tjäktjapasset nordwestlich des Kebnekaise seinen höchsten Punkt (1150 m). Durch das »kanonrör« des Passes fegt ständig eisiger Wind, weshalb sich die Marschierer kaum der Aussicht hingeben oder die neuen Perspektiven bewundern, sondern flugs weniger exponierten Gefilden zustreben.

Der Wegverlauf

1. Tag: Vakkotavarestugan – Teusajaurestugorna

Der »Einstieg« befindet sich links neben der **Vakkotavarestugan** (440 m). Kurz danach auf einem Steg über den hier klammähnlichen *Karnjelajåkkå* und orographisch rechts des Wildbaches auf steinigem Pfad bergan. Nach etwa 1 Stunde, oberhalb der Baumgrenze, liegt die größte Steigung vorläufig unter uns. Die Fährte wird feucht, ist teilweise verstegt. Sie erlaubt Rückblicke in den Sarek-Nationalpark.

Über den *Råssejåkkå* und in 40 Minuten zur Holzbrücke (860 m) am Auslauf eines Seeleins. Nach ¼ Stunde geht es über den nächsten Steg und stets aufwärts (bis 940 m) am grasigen Westrücken des Rappatjårro. Damit haben wir die hauptsächlichen Tagesanforderungen gemeistert! Von Vakkotavare 2¾ bis 3 Stunden.

Im Gefälle traversiert die Route den Auslauf eines Hochtales. Dort durchwatet man den **Kuolpanajåkkå**. Anschließend rechts oberhalb des Kappejåkkå durch sein Birkenwaldtal hinunter, zuletzt einen *Windschutz* passierend, an das Südufer des langen, schlauchförmigen, 1966 gestauten **Teusajaure** (500 m), dessen mittlere Längsachse die Grenze des 1909 eröffneten Naturparkes Stora Sjöfallet bildet; Bootsanleger am Sandstrand. Jetzt werden die Armmuskeln strapaziert: beim Rudern 1 Kilometer über den See – links der Bojen halten! – zu den sichtbaren **Teusajaurestugorna** (525 m) am Nordufer.

2. Tag: Teusajaurestugorna – Kaitumjaurestugorna – Singistugorna

Kurz, aber heftig, nämlich 200 Höhenmeter ist das Steilstück von den **Teusajaurestugorna** (525 m) zum Rand der Hochfläche an

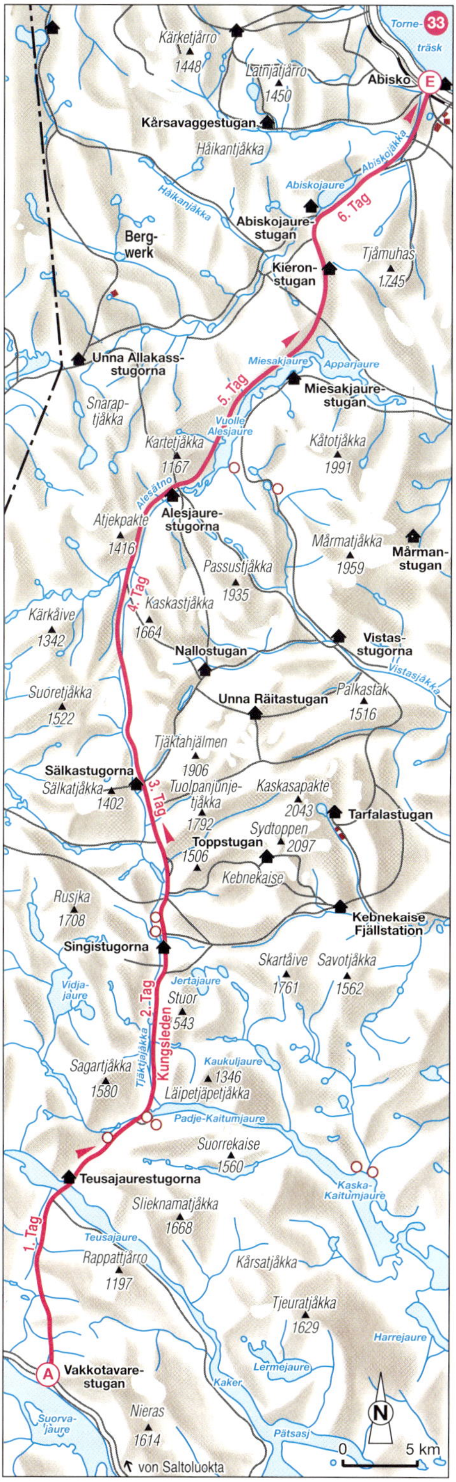

den südöstlichen Ausläufern des Urtticohkka (1202 m). Wir laufen nordostwärts. Beiderseits münden Täler. Dann heißt es absteigen und zwei Bäche durchwaten. An der *Kate* im Zwergbirkenwald rechts vorbei. Etwa 40 Minuten später an der Gabelung links (Rentierzaun) und auf der Hängebrücke über den **Kaitumjåkkå**; rechts zur Samensiedlung Kaitumkätie.

Am anderen Ufer wandert man rechts und oberhalb der Deltas am *Padie Kaitumjaure* in 25 Minuten zu den **Kaitumjaurestugorna** (600 m) an der breiten Mündung des Tjäktjajåkka-Tales.

Auf dem oberen Weglein und hinab an das Ufer des **Tjäktjajåkkå.** An seinem Westufer verläuft der Pfad stellenweise auf Holzbohlenstegen. Nach etwa 40 Minuten müssen wir abwärts zur **Hängebrücke** über eine Felsklamm des Flusses. Jenseits auf- und abwärts. Bei der *Samenkate* nach einem Seitenbach kommen wir wieder an den **Tjäktjajåkkå**. Auf sandigem Lauf talein an der Basis des Stuor-Jerta (1543 m).

Bei der Gabelung (720 m) etwa 1¾ Stunden nach der Hängebrücke geht es geradeaus (rechts kürzeste Route zur Kebnekaise Fjällstation, ca. 5 Std.) abseits des breiten, verästelten Flusses durch hügeliges Gelände in etwa 50 Minuten zu den braunen **Singistugorna** (720 m) südwestlich des Kebnekaise in einem Tälerkreuz bzw. am Schnittpunkt der Täler Ladtjovagge und Tjäktjavagge. Ersteres erstreckt sich östlich in Richtung Kebnekaise Fjällstation.

3. Tag: Singistugorna – Sälkastugorna

Zunächst von den **Singistugorna** (720 m) 10 Minuten in das malerische Sommerlager **Kårtjevuolle** der Norrkaitum-Samen; Trockenfischverkauf (Saiblinge). Rechts empor zum Durchgang des *Rentierzaunes* und oberhalb des Rundgeheges an den **Tjäktjajåkkå**. Diesseits der Brücke rechts haltend aufwärts und durch den *Singijohka* und andere Bachzuflüsse waten. Von der Brücke zum **Kuoperjåkkå-Unterstand** (770 m) über einer gewässerreichen Talweitung sind es 50 Minuten. Wir befinden uns in Höhe des östlich aufragenden Kebnekaisemassives, von dessen eisstarrender Welt leider nichts zu sehen ist.

Saltoluokta, eine namhafte, traditionsreiche Fjällstation am Kungsleden, bietet neben einfachen Unterkünften und einem Zeltplatz auch ausgesprochenen Komfort.

Beim Unterstand rechts hoch zur Brücke über den in einer Schlucht rauschenden **Kuoperjåkka**. Links. Wenig später kreuzt man den Winterweg (hölzerne Andreaskreuze), bleibt aber auf der orangerot bezeichneten Sommerroute. Talein, durch einen Rentierzaun. Abermals heißt es durch Rinnsale und Bäche waten. Der morastige Pfad steigt an und endet am Rentier-Fanggatter der Leavas-Samen. **SÄLKA** verkündet die »Ortstafel« bei der kleinen Hüttensiedlung (835 m).

4. Tag: Sälkastugorna – Tjäktiastugan – Alesjaurestugorna

Ab der **Sälkastugorna** ist der Kungsleden bis Abisko identisch mit dem 1993 eröffneten, insgesamt 800 Kilometer langen Fernwanderweg *Nordkalottleden.* Jenseits der Brücke über die Abflußadern des Stuor Reaiddavággi erfolgt der Anstieg in den Tjäktjapaß: rund 300 Höhenmeter. Anfangs sind die Steigungen kaum spürbar. Nach 35 Minuten durch ein feuchtes Zwergbirkenwäldchen. Die Fußstapfen schlängeln sich zwischen kleinen Seen hindurch, überspringen mehrere Bäche. Ungemütlich wird es erst ab der 1000-Meter-Quote, etwa 2½ Stunden nach den Hütten. Doch schon 50 Minuten später haben selbst weniger Leistungsfähige die Enge des **Tjäktjapasset** (1150 m, Unterstand) gewonnen.

Nordseitig ist das Gelände weniger steil. Nach dem Bachlauf an der Gabelung halblinks, unterhalb des Winterweges, auf den man vor der Brücke des **Tjäuftjanjira** wieder stößt. Man kann nun entweder am Westufer den nahen Aussichtsbalkon **Tjäktjastugan** (1000 m) besuchen, die höchstgelegene Kungsleden-Hütte, oder diesseits des Flusses abwärts steigen, den *Sielmmanjira* problem-

los durchwaten und, links vorbei an der ab Juni mitunter besetzten Renwärter-Hütte, vollends hinunter zum **Alesätno** (850 m) gehen. Am jenseitigen Ufer stand die alte, abgebrannte Alesjaurestuga.

Wir bleiben diesseits. Rechts haltend wenden wir uns etwas bergan, bis in die Nordwestflanke (900 m) des *Påssusvarasi*. Dann wieder bergab, über die **Bossusjohka-Brücke** (860 m) und durch das breite Tal auswärts. Schließlich überqueren wir links auf der Brücke den **Alesätno** bei seiner Mündung in den Alisjaure. Zwischen Fluß und See thronen die **Alesjaurestugorna** (780 m) auf einem Moränenrücken.

5. Tag: Alesjaurestugorna – Abiskojaurestugorna

Von den **Alesjaurestugorna** (780 m) nimmt der *Kungsleden* Kurs am Westufer des 5 Kilometer langen Alesjávre, auf Distanz zum See, an dem der Winterweg (Andreaskreuze) entlangführt. Am Ostufer erkennt man das Samen-Sommerlager. Nordöstlich erhebt sich hinter dem Visttasvarri (1299 m) der in seinen Nordflanken vergletscherte Stock des Kåtotjåkka (1991 m).

Nach ungefähr 1½ Stunden haben wir in einem Birkenwäldchen wieder Grün um uns. Dem Alesjávre folgen Rádjávre und Miesakávri. Wir halten uns an die Farbzeichen. Bei der kurzen Gegensteigung hinter dem *Rentierzaun* hat man ungefähr die halbe Tagesstrecke geschafft. Auf der Höhe (820 m) an der Wegekreuzung geht es geradeaus, auch an der Gabelung vor einem Tümpel. Hernach halblinks und im Osthang des *Kartinvare* (1154 m) durch das tiefeingeschnittene **Kartinvagge**. Ungefähr 1¼ Stunden nach der Anhöhe wenden wir uns nach rechts über die **Siellajohka-Brücke.** Links im Wald steil abwärts. Der Pfad berührt ein *Rentiergehege*, betritt den **Abisko Nationalpark** und läuft aus auf dem feuchten Talboden bei der *Brücke* über den **Kamajåkka,** die uns zu den geschützt gelegenen **Abiskojaurestugorna** (490 m) bringt.

6. Tag: Abiskojaurestugorna – Abisko

Von den **Abiskojaurehütten** (490 m) zurück über den **Kamajåkka** und links am Ostufer des **Abiskojaure** entlang – rechts die Steilhänge des Kieron (1551 m) – 1 Stunde zur verschlossenen Samenkate, die man rechts passiert. Jetzt begleitet uns der **Abiskojåkkå.** Der Weg ist im Birkenwald von Tagesausflüglern gut ausgetreten; auch der folgende **Rastplatz** zeugt von ihnen. An der Hängebrücke über den *Ballinjohka* nehmen wir die linke Spur, bleiben also am Flußufer. Auch nach dem nächsten *Rastplatz* bzw. der *Nissunjohka-Brücke,* wo wir dann vollends hinaus nach **Abisko** bei der **Turiststation** (385 m) wandern.

Nützliche Informationen i

Anfahrt: Abzweigung der geteerten Zufahrtsstraße vom Inlandsvägen (Straße 45) zwischen Porjus (7 km) und Gällivare (42 km) nordwestwärts 98 km bis Vakkotavare; von Kebnatsbryggan (Fjällstation Saltoluokta) 30 km. Parkplatz. Busse von Gällivare über Kebnatsbryggan täglich (12.6.–18.9.) 11 Uhr, 14 Uhr.
Gällivare ist Endstation der Inlandsbahn (Zugverkehr 17.6.–13.8.) von Östersund bzw. liegt an der Strecke Luleå – Kiruna.
Ausgangspunkt: *Vakkotavare* (440 m), STF-Hütte; nordwestlich von Saltoluokta am Nordufer des Survojaure bzw. an der Straße nach Ritsem im Nationalpark Stora Sjöfallet; 20 Schlafplätze, Kochgelegenheit, Aufenthaltsraum; Hüttenwart 17.6.–10.9.
Gehzeiten: 1. Tag insgesamt etwa 4½ Std. plus 20–25 Min. rudern. 2. Tag insgesamt 6½–7 Std. Teusajaurastugorna – Höhe 780 m 1½ Std. Höhe – Kaitumjaurestugorna 1½ Std. Kaitumjaurestugorna – Singistugorna 3½ Std. 3. Tag 3¾ Std. 4. Tag insgesamt knapp 8 Std. Sälkastugorna – Tjäktjapasset 3¼ Std. Tjäktjapasset – Tjäktjastugan 1 Std. Tjäktjastugan – Alesjaurestugorna 3¼ bis 3½ Std. 5. Tag insgesamt 5½–6 Std. Alesjaurestugorna – Rentierzaun 2¾ Std. Rentierzaun – Abiskojaurestugorna etwa 2¾ Std. 6. Tag Abiskojaurestugorna – Abisko 3½ Std.
Steigungen: 1. Tag 520 m. 2. Tag 550 m. 3. Tag 270 m. 4. Tag 400 m. 5. Tag etwa 120 m. 6. Tag unwesentlich.
Unterkunft und Verpflegung unterwegs: *Teusajaurestugorna* (525 m): STF; drei Hütten mit 66 Schlafplätzen, ein Raum

(sechs Schlafplätze) ganzjährig offen; Hüttenwart 17.6.–10.9.; Nottelefon; Trockenfisch-Verkauf (Saiblinge) in der Samenkate. • *Kaitumjaurestugorna* (600 m): STF; zwei Hütten (und eine Kate, offene Feuerstelle) mit 30 Schlafplätzen, ein Raum (acht Schlafplätze) ständig offen; Hüttenwart und Proviantverkauf 29.6.–13.9.; Nottelefon. • *Singistugorna* (720 m): STF; 60 Schlafplätze in vier Hütten, ein Raum (neun Schlafplätze) immer geöffnet; Hüttenwart 16.6.–15.9.; Nottelefon. • *Sälkastugorna* (835 m): STF; 56 Schlafplätze in vier Hütten; Hüttenwart und Proviantverkauf 17.6.–15.9.; Nottelefon. • *Tjäktjastugan* (1000 m): STF; eine Hütte mit 20 Schlafplätzen, eine Hüttenwartshütte mit ständig offenem Notraum; Hüttenwart 17.6.–15.9.; Nottelefon. • *Alesjaurestugorna* (780 m): STF; fünf Hütten mit 86 Schlafplätzen sowie Sauna-Hütte, die Nothütte (vier Schlafplätze) ist ganzjährig geöffnet; Nottelefon; Hüttenwart und Proviantverkauf 16.6.–15.9. • *Abiskojaurestugorna* (490 m): STF; drei Hütten mit 54 Schlafplätzen, eine Hütte des Wartes, ein Hüttenraum (acht Plätze) ganzjährig offen; Nottelefon; Hüttenwart 12.6.–15.9.

Zielort: *Abisko* (385 m), siehe Tour 26. Busse 26.6.–13.8. Abisko – Kiruna täglich 8.40 Uhr, 15.25 Uhr. Rückkehr nach Vakktovare: Von Kiruna nach Gällivare per Eisenbahn; von dort Bus (12.6.–17.9.) u.a. 14 Uhr nach Vakktovare.

Auskunft: Kiruna Turistbyrå, Hjalmar Lundbomsvägen 42, S-98185 Kiruna; Tel. (0980) 18880.

Wanderkarten: Fjällkartan 1:100000, Blätter BD8 und BD6.

Nach der Überfahrt Saltoluokta–Kebnatsbryggan beginnt der letzte Abschnitt des Kungsleden: noch sechs Tage bis Abisko.

Gotland

34 Insel Fårö

Felswunder Raukar

Tourencharakter: Unschwierig. Streckenweise weglos.
Ausrüstung: Wanderkleidung; festes Schuhwerk.
Beste Jahreszeit: Mai bis Herbst.
Reine Gehzeit: 5¼ Std.
Weglänge: 19 km.
Markierung: Keine.
Steigungen: Unbedeutend.

»Ich wußte, daß Ingmar seine Insel gefunden hatte«, schrieb die norwegische Schauspielerin Liv Ullmann in ihrem Buch »Wandlungen«. Ingmar Bergman, bekannter Theater- und Filmregisseur, besitzt, und der am 28. Februar 1986 in Stockholm ermordete Ministerpräsident Olof Palme besaß auf Fårö ein Sommerhaus. Die 110 Quadratkilometer große Insel, Gotland nordöstlich vorgelagert, war bis Mai 1991 militärische Sicherheitszone, Horchposten gegen den kommunistischen Osten, und durfte von Ausländern nur mit einer Sondergenehmigung besucht werden.

Angesichts mangelnder Zukunftchancen haben zahlreiche Insulaner, besonders junge Leute, ihrer Heimat den Rücken gekehrt. Abgesehen davon, wird man das Gefühl nicht los, auf Fårö scheint die Zeit stillzustehen, in alle Ewigkeit, wie an der Nordwestküste das stumme Heer der eigenwilligen Raukar, der großartigsten Naturerscheinungen des spröden und doch irgendwie sympathischen Eilandes. Als Gott die Welt erschuf, kommentiert eine Sage die Entstehung der Raukar, haben ihm die ersten Menschen und Tiere nicht gefallen. Er ließ sie zu Stein werden…

Raukar: »Kaffeemühle« (kaffekvarnen) bei der im Mittelalter existierenden und dann untergegangenen Ortschaft Gamlahamn.

Der Wegverlauf

In **Lauterhorn** wandert man nordwärts ohne Weg entlang der Küste. Steine, Steine und nochmals Steine. Manche zieren die Fossilien von Muscheln, Schnecken, Algen. Schwäne und Enten lassen sich von den Wellen schaukeln, die in kalter Schwere an das Ufer branden, um in heller Gischt zusammenzubrechen. Stürme und Salzwasser haben die Raukområde meilenweit gemeißelt und aus dem anstehenden Kalk sonderbare Gestalten modelliert, die **Raukar**, so das Dialektwort für die skulpturalen Formationen. Umwoben von den Sagen der Fischer und Schafhirten nähren sie seit jeher die Phantasie der Menschen, sind Mythos geworden.

Ihre erste Konzentration in dem 113 Hektar Küstensaum umfassenden *Naturreservat Digerhuvud* erwartet uns 25 Minuten nach Lauterhorn. Während Autofahrer auf das Teersträßchen angewiesen sind, schlendert der Wanderer unmittelbar am Meer entlang, wohl weglos, den Maschendrahtzaun zweimal übersteigend, aber ohne Probleme und ständig im Spannungsfeld der abstrakten Gebilde.

Die Handvoll winziger, dunkler Fischerhütten von **Helgumannen** steht dichtgedrängt am Strand. Vor dem nächsten Drahtzaun geht es zur Straße, der man links etwa 400 Meter folgt. Nach dem Abfluß des Bondansträsk wieder links der Straße, dem Langhammarsvik ausweichend. Von dem im 17. Jahrhundert gegründeten Hof *Langhammars* – Reste einer von Ochsengespannen rundlaufend betriebenen Kornmühle – tippeln wir auf der Schotterstraße in ½ Stunde nach **Langhammarshammar**, dem landschaftlichen Superlativ dieser Tour.

Zurück knapp 1 Stunde an die Stelle, an der beim Herweg die Straße betreten wurde. Hier biegen wir nach links in den Fahrweg.

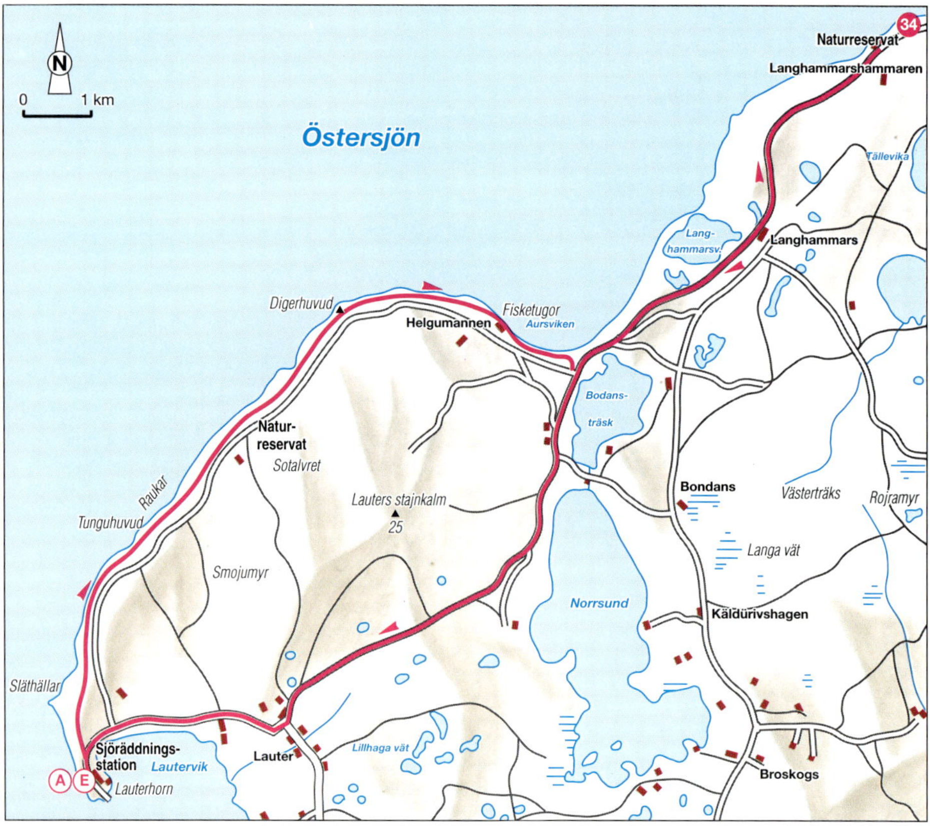

Insel Fårö: Die eigenwilligen Gestalten der Raukar bei Langhammarshammar.

Wenig später geht es rechts auf dem Schottersträßchen westlich des Sees *Bondansträsk*. Wir kommen an der Siedlung **Sike** vorbei. Ein Gatter wird passiert. Unmittelbar danach läuft man an der Gabelung rechts auf der breiten Wegspur über Schafweiden, die von Steinmäuerchen parzelliert werden. Es dauert eine Weile, ehe die Häuser und die Windmühle von **Lauter** ins Blickfeld rücken. Links ist es nicht weit zu dem 1783 erbauten Haus des heimeligen *Café Lauter* mit leckerem Kuchen der Wirtin Karin Enderberg.

Zum Ausgangspunkt geht es auf der Straße nach rechts, etwa ¼ Stunde. Dann spaziert man in Strandnähe zum windigen **Lauterhorn**.

Nützliche Informationen

Anfahrt: Von Visby auf der Straße 148 bis Fårösund 55 km. Mittels Autofähre kostenlos übersetzen (5 Min.) zur Insel Fårö. Dort 13,5 km über die Ortschaft Fårö nach Lauterhorn. Von Visby Linienbusse bis Fårö.

Ausgangspunkt: *Lauterhorn*, kleiner unbewohnter Fischerhafen und Seenotrettungsstation an der Nordwestküste; Parkraum.

Gehzeiten: Insgesamt 5¼–5½ Std. Lauterhorn – Helgumannen 1½ Std. Helgumannen – Langhammarshammar 1¼ Std. Langhammarshammar – Lauter knapp 2 Std. Lauter – Lauterhorn ½ Std.

Unterkunft und Verpflegung: *Café Lauter*:

Unweit der Wanderroute, drei einfache Holzhütten; Tel. (0498) 224306.
• *Fåröhus*: Am nordwestlichen Ortsrand von *Fårö*, fünf Doppelzimmer, drei Einzelzimmer, empfehlenswertes Selbstbedienungs-Restaurant; 11–19 Uhr.; Tel. 224010.
• *Lebensmittelgeschäft in Fårö* an der Durchgangsstraße. • Bei *Sudersand Jugendherberge* Vandrarhem Fårögården; 18.5.–30.8.; Tel. (0498) 223639.
• Hotels, Camping auch in *Fårösund*.
Camping: *Solhaga-Camping*: 2,5 km vom Fähranleger, rechts der Straße; 1.6.–20.8.; Tel. (0498) 224143. • *Sudersands Camping*, 29.4.–30.9.; Tel. 223612.
Einkehr unterwegs: *Café Lauter* (etwas abseits), 12–18 Uhr.
Sehens- und Wissenswertes in der Umgebung: *Gamlahamn*: Im Mittelalter Hafen und Ort; Grundrißreste der Olofskirche. Naturreservat. Am Strand, 5 Min. vom Parkplatz entfernt, in einem Raukarfeld die markante, 5,5 m hohe »kaffekvarnen« (Kaffeemühle). Das geschotterte Zufahrtssträßchen (1,8 km) zweigt 2½ km von Fårö von der Straße nach Lauterhorn links ab zum Parkplatz; Informationstafel. • *Fårö*: Ursprünglich mittelalterliche Wehrkirche, im 18. Jh. umgestaltet; am Haupteingang links ein Runenstein; ebenfalls links, an der Wand, die »Stora Kutatavlan« (große Robbentafel; Kut = gotländisch Robbe) von 1618, eine Votivgabe von 15 einheimischen Seehundjägern, die 1603 nach Schiffbruch auf einer Eisscholle zwei Wochen im Meer trieben, ehe sie bei Stockholm an Land gelangten; links auf der Tafel eine zeitgenössische Darstellung der Visborg in Visby. Gegenüber der Kanzel das Bild einer Pfarrersfamilie mit ihren 15 Kindern; sechs davon (rotes Kreuz über dem Kopf) starben früh. • Bei der Fahrt Visby – Fårösund unbedingt das *Freilichtmuseum* in *Bunge* besichtigen; geöffnet 15.5.–14.6. und 16.–31.8. täglich 10–18 Uhr, 15.6.–15.8. 10–16 Uhr.
Auskunft: Turistbyrå, Donners Plats, S-62125 Visby; Tel. (0498) 247065; geöffnet Montag bis Freitag 8–17 Uhr, Samstag/Sonntag 10–16 Uhr.
Wanderkarte: Gröna kartan 1:50000, Blatt 66D. Erhältlich in Visby, Buchhandlung Wessman & Pettersson, Adelsgatan 5.

35 Mittelalter in Visby

Gotlands Vision der Vergangenheit

Stadtrundgang: Hafen – Stadtmauer – Burgruine Visborg – Hafen – Donners Plats – Landesmuseum – Botanischer Garten – St. Clemens – Heiliggeistkirche – St. Marien – Stora Torget – St. Karin – Rathaus – Kunstmuseum – St. Per/St. Hans.
Öffnungszeiten der Kirchenruinen: 12.6.–15.8. täglich 10–18 Uhr; sonstige Zeiten im Turistbyrå erfragen.
Beste Jahreszeit: Mai/Juni sowie September, wenn der Ferientourismus die Stadt verschont. Wochenenden meiden!
Reine Gehzeit: 2 Std. Bei gründlicher Besichtigung mindestens ein halber Tag.

Am Hafen und in der Stadt quirlt es von mittelalterlich gewandeten Menschen, von feinen Damen, Edelmännern, Bauern, Gauklern, Bettlern, Kaufleuten, Seefahrern, Waffenknechten, Mönchen. Händler bieten lautstark Eier, Mehl, Gewürze, Salz, Öl, Honig, Heringe feil; dazwischen gackern Hühner, grunzen Schweine. Ein Schmied biegt das glühende Hufeisen. Die Luft ist erfüllt von vielerlei Gerüchen. Stimmengewirr. Fiedelklänge, Flötenspiel. Dichte Atmosphäre.

Zum Abend hin schlägt die Stimmung um. Der dänische König Valdemar Atterdag reitet ein, grimmig die Miene, das kettengepanzerte Haupt golden bekrönt; im Gefolge Ritterschaft, Knappen, Marketenderinnen. Die Dänen hatten das unzureichend bewaffnete gotländische Bauernheer vor den Toren der Stadt hingeschlachtet. Visby, das egoistisch eine eigene Republik bildete und dem flachen Land im Bürgerkrieg vor 80 Jahren eine Niederlage zugefügt hatte, tat so, als ginge es das gar nichts an. Und nun spüren die Bewohner die Dänen am eigenen Leib, besser gesagt im Geldsäckel bzw. dem Tribut, für dessen Entrichtung der König die Stadt vor Plünderung und Brandschatzung verschonte. Geschehen anno Domini 1361 und Motto der »Medeltidsveckan« alljährlich Anfang August, wenn Geschichte zu theatralischem, phantasievoll verzerrtem Spektakel wird.

Die verklungene Gewichtigkeit der nordeuropäischen Handelsmetropole versinnbildlicht die vor 1288 errichtete, wahrscheinlich im 14. Jahrhundert verstärkte und erhöhte, 3,6 Kilometer lange Stadtmauer, vor allem ihr landseitiger Gürtel. Vom Bering existieren noch stolze, erstaunlich gut erhaltene 3000 Meter aus hellem Kalkstein. Rund 160 Gebäude des historischen Zentrums stehen unter Denkmalschutz. Visby – seit Dezember 1995 ein UNESCO-Weltkulturgut. Für den im kleinen småländischen Ort Råshult geborenen Naturforscher Carl v. Linné (1707–1778) war die Stadt »Rom im kleinen Format«, sicherlich bezogen auf die verhältnismäßig vielen Kirchen. Andere vereinnahmende Prädikate wie »Rothenburg des Nordens« oder »Carcasonne der Ostsee« werden gern und wenig geistreich formuliert.

Visby ist jedoch trotz mancher Gemeinsamkeiten anders als die anderen, weil es am Meer liegt. Von da her wehte nach der silberträchtigen Wikingerzeit (800–1060) der Wind des neuen Aufschwunges Mitte des 12. Jahrhunderts, erfolgte die eigentliche Stadtgründung, ungefähr gleichzeitig mit der Lübecks. Es dauerte nicht lange, da bestimmten Kaufleute der Hanse – sie hatte das Handelsmonopol auf der Ostsee errungen – sogar die kommunale Entwicklung. Das expandierende Visby hatte 1270 mehr Kirchen als irgendeine andere schwedische Stadt. Orden ließen sich nieder. Bevölkerungsexplosion und Überfremdung durch Deutsche war dann im 14. Jahrhundert angesagt. Die Blüte währte, bis Dänemark kam.

Stadtrundgang

Vom **Hafen** hinaus zum Schwimmbad und anschließend entlang der *Strandpromenade*. Als erste Bastion begegnet uns der **Pulverturm** von 1140, das älteste Verteidigungswerk. Sein früherer Name »Lambtornet« (Widderturm) nahm Bezug auf das Wappentier Gotlands, den Christus-Widder. Erfreulicherweise informieren hier, an der *Seemauer*, wie auch an anderen beachtenswerten Stellen der **Stadtmauer** Lehrtafeln mit deutschem Text. So wird der Bummel zu einer aufschlußreichen Unterrichtsstunde mittelalterlicher städtebaulicher Wehrarchitektur.

Vor der *Landmauer* ist der einstige Wassergraben noch gut ausgeprägt. 12 Meter hoch ist Visbys romantisches Schutzschild; manche der insgesamt 44 Türme, von denen fünf beheizbar waren, messen 26 Meter. Ihr Vorbild könnte die Kölner Stadtmauer gewesen sein, im Grunde genommen war es jedoch Byzanz, der Ursprung des Systems vorspringender Flankierungstürme. In Skandinavien wurde es hier erstmalig realisiert. Aber auch in der Gesamtwirkung ist der Schutzmantel einmalig im nordeuropäischen Raum.

Ab **Österport**, dem Osttor, geht es innen an der Mauer weiter. Der Wehrgang verlief, wie teilweise noch erkenntlich, unterhalb der Schießscharten. Kurz nach *Kaiserporten* bietet *Effes-Bar* im Freien eine Besinnungspause.

Beim nächsten Tor, **Söderporten,** spazieren wir wieder außerhalb der Mauer. Es folgt *Skansporten*. Wenig später das Sträßchen rechts verlassend, erreichen wir die Mauern der 1679 zerstörten **Visborg.** Sie wurde 1411 auf Veranlassung der Tochter des dänischen Okkupators Valdemar, der Unionskönigin (über Schweden, Norwegen, Island) Margarete, errichtet und war Zwingfeste wider die verarmten Bürger Visbys. Dänemark konnte und wollte nicht helfen, als Lübeck 1525 die Stadt überfiel, was im Sinne des 1523 unter König Gustav I. Vasa selbständig gewordenen Nationalstaates Schweden war. Damals gingen die Kirchen, außer St. Marien, in Flammen auf, blieben Mauerskelette.

Am Ende der geschäftigen **Hafenzeile** rechts haltend durch die **Hamngatan** in die **Altstadt**. Rechts das Gemäuer der *Residenz,* Nachfolgerin der Visborg als Statthaltersitz. Am **Donners Plats** offeriert links das *Turistbyrå* reichhaltiges Informationsmaterial und freundliche Auskunft.

An der Platzecke kann das **Haus Burmeister**, 1661 erbaut vom Lübecker Kaufmann Hans Burmeister, nicht übersehen werden. Es stellt das stattlichste erhaltene jener Gebäude dar, die nach der Brandschatzung 1525 aus Holz errichtet wurden.

Ein typisches mittelalterliches Packhaus und Warenmagazin an der Strandgatan in Visby.

Aus der *Strandgatan* spitzen Giebel ansehnlicher mittelalterlicher Packhäuser hervor, mehrgeschossige Warenmagazine der Kaufleute. Die in der Regel zweistöckigen Wohnhäuser lagen rückseitig. Später baute man die Magazine für Wohnzwecke aus und erweiterte ihre Lichtschlitze zu Fenstern; nur das oberste Geschoß blieb Lagerraum.

Strandgatan 14 birgt das **Landesmuseum Gotlands Fornsal** mit einem fundierten Querschnitt durch die Inselgeschichte (geöffnet außer Montag 11–18 Uhr, 1.9.–14.5. 12–16 Uhr). An der Straße reihen sich Gasthöfe und Hotels. In dem während des 13. Jahrhunderts hochgezogenen **Gildehaus Clematis** (Nr. 20) serviert der *Meltidskrogen* in romantischen Gewölben bei Kerzenlicht auf Wunsch ein Menü à la Mittelalter. Das hübsche Gebäude des feinen *Restaurant-Hotel Värdshus Lindgården* (Nr. 26, Spezialität Lammgerichte) stammt aus dem Jahre 1605. In der **Alten Apotheke** (Gamla Apotek, Nr. 28) arbeitet eine Silberschmiede.

Das *Strand-Hotel* (Nr. 34, in einer ehemaligen Brauerei) passieren. Wenig später rechts und durch den 1885 angelegten **Botanischen Garten** (Botaniska Trägård). Danach im Häusergewinkel die **Clemens kyrkan** suchen! St. Clemens war einer der ersten Nachfolger auf dem Stuhl Petri. Unter Kaiser Trajan als Märtyrer gestorben, auf der Krim mit einem Anker um den Hals im Schwarzen Meer ertränkt, gilt er als Schutzheiliger der Seefahrer. Ihm widmeten vermutlich dänische Kaufleute Mitte des 12. Jahrhunderts die selbst in ruinösem Zustand noch beeindruckende Kirche an der Stelle eines heidnischen Kultplatzes.

Helgeandskyrkan – Heiliggeistkirche. Zweifellos der originellste Sakralbau: ein massiges, für Schweden einmaliges, von vier starken Pfeilern gestütztes, zweigeschossiges Oktogon. Möglicherweise eine Kopie der Palastkapelle Karls des Großen in Aachen. Dem achteckigen Zentralbau ist ein hoher, rechteckiger, flachapsidialer Chor vorgesetzt. Begonnen wurde damit um 1200, wahrscheinlich als persönliches Bethaus des in Riga residierenden Bischof Livlands, Albert von Bremen. Er heizte hier die Kreuzzugsideologie an und förderte ein Seminar für Baltikum-Missionare. Im Obergeschoß des Zentralbaues wohnten Adelige und kirchliche Würdenträger der Messe bei, im Untergeschoß ihr Gesinde.

Unweit überragen die Domtürme das Dächermeer. **St. Marien** entstand ab 1190 aus Geldern, die auf anlegenden deutschen Schiffen gesammelt worden waren. Als sich immer mehr deutsche Kaufleute niederließen, wurde St. Marien ihre Gemeindekirche. Mitte des 13. Jahrhunderts erfolgte der Umbau in eine dreischiffige Hallenkirche. Der Papst erteilte den beiden Brüdern Swerting, Söhne eines hingerichteten Bürgermeisters, 1349 die Erlaubnis, eine Kapelle einzurichten, den sogenannten »Kaufmannschor« an der Südseite; Gedenkstätte für die mit dem von einem sowjetischen U-Boot – wider geltendes Völkerrecht – torpedierten Passagierdampfer Hansa in einer Novembernacht 1944 zwischen Nynäshamn und Visby Untergegangenen. Hauptaltarbild: »Anbetung der Könige«. Das Gemälde an der Nordwand des Chorraumes erinnert an den Lübecker Bürgermeister, Admiral Bartholomäus Tinnapfel, und seine 6000 Leidensgenossen beim Schiffbruch einer dänisch-lübeckschen Kriegsflotte 1566 im Sturm vor Visby. Der Sandsteinaltar »Vertreibung aus dem Paradies« des rechten Seitenschiffes, eine »gutnische« Arbeit, war 1682 bis 1808 Bestandteil des Hauptaltares. Vor dem linken Seitenaltar steht der größte aller gotländischen Taufsteine, aus rötlichem Kalkstein, gearbeitet Mitte des 13. Jahrhunderts. Dieser Zeit gehört auch die gefaßte Holzskulptur »Auferstandener Christus« an.

Und der Beichtstuhl? Keineswegs deplaziert! Die Reformation hatte die Beichte nicht grundsätzlich abgeschafft. Mit der 1572 erfolgten Einrichtung des protestantischen Bistums Visby erklomm St. Marien die Stellung eines Domes.

Geradewegs spazieren wir nun auf den **Stora Torget**, kurz »Stora Torg« genannt: Marktplatz, Seele des Ortes und beliebter Treffpunkt Einheimischer und Touristen. Das Szenarium bestimmt die schönste Ruine Visbys: **St. Karin**, die Kirche der Franziskaner, von denen sich etwas mehr als ein Dutzend 1233 auf der Insel niedergelassen hatten. Ihr

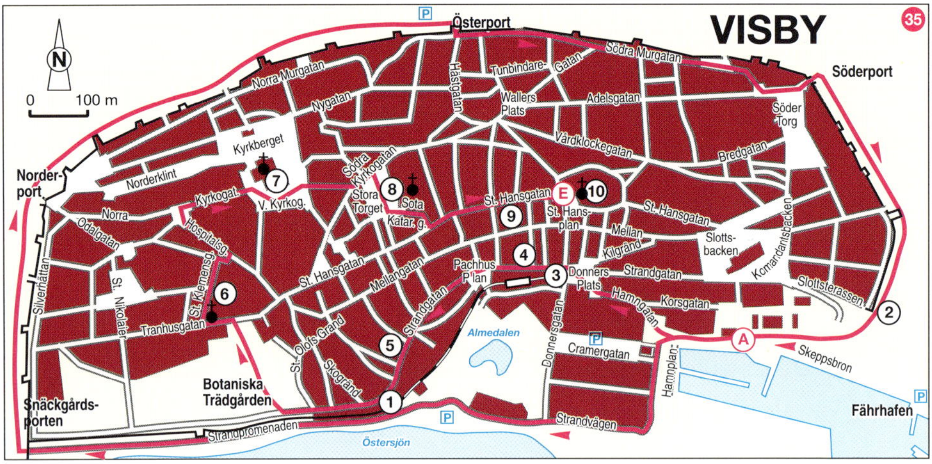

① **_Pulverturm,_** ② **_Visborg,_** ③ **_Haus Burmeister,_** ④ **_Landesmuseum,_** ⑤ **_Strandhotel,_** ⑥ **_St. Clemens,_** ⑦ **_Dom St. Marien,_** ⑧ **_St. Karin,_** ⑨ **_Kunstmuseum,_** ⑩ **_St. Per/St. Hans_**

kleines Kloster verfiel durch die Reformation, die Kirche war schon vorher zur leeren Hülle ausgebrannt bzw. die dreischiffige Halle nie vollendet worden. Der ab 1376 entstandene hochgotische Chor indes darf als gelungenstes Beispiel auf Gotland gelten.

Etwas ganz Profanes: Am oberen Rand des Platzes ein **Systembolaget**, die staatliche Alkohol-Ausgabestelle für Nüchterne ab 20 Jahren. Am Markt bieten »Blå måne« und »Jordnära« gediegene gotländische Kunstgewerbe-Erzeugnisse an. *»Bosses Bagarbod«* verkauft schon um 5 Uhr morgens frische Backwaren. *»Rosengarten«* und *»Nunnan«* sind die kulinarischen Oasen neben dem *»Torkrogen«* und dem Gourmet-Tempel *»Wisby Börs«* in der nahen Södra Kyrkogatan.

Vorbei am **Rathaus** und am Kunstmuseum (Schwerpunkte: moderne Kunst und Gegenwartskunst; geöffnet 10–18 Uhr, Wochenende 11–18 Uhr, 1.9.–14.5. außer Montag 12–16 Uhr). Durch die *St. Hansgatan* zu den Mauerstümpfen von St. Per und St. Hans. Älteste Substanz – Mitte des 12. Jahrhunderts – ist **St. Per,** wahrscheinlich die erste Gemeindekirche überhaupt. Als sie zu klein wurde, verzichtete man auf einen Erweiterungsbau und machte aus der östlichen Nordwand in Höhe des Chores die westliche Südwand der Kirche **St. Hans**, was allerdings das übriggebliebene Mauerwerk nur noch vage zur Geltung bringt. Vergangenheit im Durcheinander der sich scheinbar klagend, wie protestierend reckenden Ruinen! In ihrem Schatten lassen wir den Rundgang stimmungsvoll ausklingen im idyllischen Garten des *St.-Hans-Cafés.*

Nützliche Informationen

Anfahrt: Per Fährschiff von *Oskarshamn* (ca. 4 Std.) oder *Nynäshamn* (ca. 5 Std.). Von Nynäshamn fährt auch dreimal täglich ein Katamaran (450 Passagiere, 96 Pkw) in 2½ Std.

Ausgangsort: *Visby*: 20300 Einwohner, größte Stadt der Insel, an der Westküste. Busbahnhof vor dem Österport; Parkplätze beschildert, günstig die Plätze beim Fähranleger.

Gehzeiten: Insgesamt 2 Std. Hafen – Österport ¾ Std. Österport – Hafen ½ Std. Altstadt ¾ Std.

Unterkunft und Verpflegung: *Vandrarhem*: Östlich außerhalb; 10.6.–15.8.; Tel. (0498) 269159. • Einfaches *Hotel Solhem* beim Tor Skansporten; Tel. 279070. • In der Altstadt mehrere gediegene Hotels. • Am Hafen *Almedalens Lägenhetshotel*, Appartements, Parkplätze; Tel. 271866. • Diverse *Speiselokale* und *Schnellgaststätten.*

Die Türme des 1190 begonnenen Domes St. Marien polarisieren optisch das reizvolle Stadtbild von Visby.

• Großer *Supermarkt* (mit Postamt, Parkplätzen) südlich des Tores Söderport.
• Nördlich (4 km) *Appartement-Hotel Snäck*: Hangkomplex, preisgünstig für vier Personen, geräumige Balkone seeseitig; Parkplätze; Tel. (04 98) 20 80 00.

Camping: Nächster Platz *Norderstrand*: 2 km nördlich; ganzjährig; Tel. (04 98) 21 21 57. • *Snäcks Camping*: Etwa 1 km weiter; 1.5.–30.9.; Tel. 21 17 50.

Sehens- und Wissenswertes in der Umgebung: *Lummelundagrottan* (13 km nördlich an der Straße 149): Karsthöhlensystem bzw. Tropfsteingrotten; 1.5.–11.9., Führungen (20 Min., warm anziehen!). Das Wasser aus der Höhle treibt Nordeuropas größtes Mühlrad (Kvarnhjulet), Rest einer Papiermühle des 18. Jh. Einkehr Brukets Servering.
• *Villa Villekula* (3 km südlich, rechts der Straße 140): Freizeitpark mit ca. 50 Attraktionen, z. B. Villa Kunterbunt, eine Kulisse aus dem Film »Pippi Langstrumpf«; Eintritt Mai und September 45 Kronen, sonst 95 Kronen, geöffnet 9.5.–6.9. täglich 10–18 Uhr. • *Insel Stora Karlsö* (2,5 km², 6,5 km vor der Westküste): Ende Mai/Anfang Juni blühende Orchideenwiesen; Heideland, Laubbaum-Haine; Felsformationen; prähistorische Stätten. Paradies für Tausende von Trottellummen und Tordalken, großen arktischen, an Pinguine erinnernde, kaum fliegende Meeresvögel, die in Kolonien auf Küstenfelsen nisten. Rundwanderung nur im Rahmen einer Führung! Am Schiffsanleger Naturmuseum bzw. Dauerausstellung »Mensch und Umwelt auf Stora Karlsö«. Ganzjährig besetzter Leuchtturm. Wanderheim; Tel. (04 98) 24 05 00. Restaurant, Kiosk. Schiffahrt eine ¾ Std. von Klintehamn (30 km südlich von Visby); Abfahrten 6.5.–31.8. täglich 10 Uhr, Rückfahrt 16.15 Uhr; 11.5.–10.8. zusätzlich 12 Uhr bzw. 18.15 Uhr; während dieser Zeit direkte Busverbindungen mit Visby. • *Lilla Karlsö* (Klein Karlsö): ruhiger als Stora Karlsö; gleichfalls Vogelschutzinsel; höchster Punkt 66 m; Grotten; Weiden der Gotlandschafe. Überfahrt (20 Min.) 15.6.–15.8. täglich 10 Uhr vom Fischerdorf Djupvik (10 km südlich Klintehamn).

Auskunft: Turistbyrå, Donners Plats 9, S-62125 Visby; Tel. (04 98) 24 70 65.

36 Rätsel um Torsburgen

Ein Ring des Altertums

Tourencharakter: Unschwierige Rundwanderung.
Ausrüstung: Leichte Kleidung; Wanderschuhe.
Beste Jahreszeit: Frühling bis Herbst.
Reine Gehzeit: 1 ¾ Std.
Weglänge: 6 km.
Markierungen: Beschildert; rote Farbzeichen.
Steigungen: Etwa 50 m.

Torsburgen ist eine von 70 unterschiedlich geräumigen Fluchtburgen Gotlands aus verschiedenen Epochen. Fünf Kilometer mißt der Torsburgen-Ring, ungefähr in der Inselmitte, am Westrand der östlich ins Meer hinausragenden Östergarn-Landzunge. Um 300 n.Chr., als sich das erste Runenalphabet ausbreitete, schichtete man eine 2000 Meter lange Mauer auf der Südseite des den Meeresspiegel 68,14 Meter überragenden, annähernd runden Tafelberges; Fläche 115 Hektar. Dadurch war der Wehrring geschlossen, denn die Ost-, West- und Nordseite verteidigten steile Felsen.

Die gängige These, das Areal sei eine stadtähnliche Siedlung gewesen, ist nicht haltbar. Man stieß auf keinerlei infrastrukturelle Beweismittel. Naheliegender erscheint die Fluchtburg-Theorie. Einer anderen Vermutung zufolge war hier ein Aufmarschplatz, wohl deshalb, weil früher die meisten feindlichen Landungen an der Ostküste infolge zahlreicher flacher Buchten geschahen.

Die frühmittelalterliche Guta-Saga erzählt, jeder dritte Gotländer sei durch Losentscheid infolge Übervölkerung zur Emigration gezwungen worden. Doch die Betroffenen hätten die Insel nicht verlassen, sondern sich unter Führung des Tor aus Hajdeby auf »Torsberg« eingeigelt, ehe ihre Landsleute sie endgültig auf die Insel Dagö vertrieben. Jedenfalls sollten Mauer und Fels eine Schutzfunktion erfüllen. Wissenschaftliche Erkenntnisse verdanken wir Johan Engström. »Wahrscheinlich«, äußert sich der Professor zurückhaltend, sei die Befestigung »zwei Angriffen ausgesetzt« gewesen, eine Folgerung, die »zwei niedergebrannte Mauerabschnitte« zulassen. Das ergaben die Untersuchungen 1977 sowie 1980 bis 1983 durch Studenten der Universität Uppsala. Mehr hat die Fluchtburg nicht preisgegeben. Die Rätsel bleiben bestehen. »Genießen Sie sie«, rät Engström.

Genießen können aber auch Botaniker. Der schwedische »Blumenkönig«, Naturforscher Carl v. Linné, war 1741 nach seiner Exkursion auf Torsburgen hellauf begeistert von der vielfältigen Flora. Raritäten sind die im Juni an Hängen blühende Strauchwicke, ein Hülsenfrüchtler; die Gotländische Küchenschelle, eine Unterart der Gemeinen Küchenschelle; sowie die Quendelwurz. Ebenso kommen geologisch Interessierte auf ihre Kosten. Der Berg entstand vor 12000 bis 10000 Jahren mit dem Schmelzen der Eisdecke. Aus dem sogenannten Baltischen Eissee traten Bastionen hervor – die »Geburt« von Torsburgen.

Der Wegverlauf

Am **Parkplatz**, rechts neben der Informationstafel, in den Wald und rechts halten. **»Kungstenen«** erinnert an den Besuch des schwedischen Kronprinzenpaares Gustav Adolf VI. und Louise im Jahre 1927. Vor dem Königsstein links und durch die romantische Felsszenerie der **Tjängvide luke** hinauf zum Plateaurand von **Torsburgen**. Beim Wegweiser rechts. Der 1963 erstellte eiserne Aussichtsturm, gleichzeitig Feuerwachtturm, schenkt weitreichende Rundblicke, vor allem über die Ostsee.

Das Weglein bleibt am Saum der Hochfläche. Die schmale Kluft rechts, *Svartstuen,* gilt in der Sage als Wohnung des Donnergottes Thor, der dem Berg seinen Namen gegeben habe. Svartstuen ist gotländischer Dialekt und heißt »Schwarze Stube«. Unterhalb befindet sich im Fels der Ofen Thors, mit dessen Hilfe er angeblich Gewitter erzeugt, die Regen für die Früchte des Feldes bringen!

Ungefähr 20 Minuten nach dem Parkplatz führen rechts Holzstufen hinunter zur **Linné-**

Auf dem vor rund 1700 Jahren errichteten, noch immer deutlich ausgeprägten Wall der Wehranlage Torsburgen.

Grotte (linnés grotta). Höhle und Kalkgestein sind von den Wellenschlägen des Baltischen Eissees gezeichnet.

Noch 5 Minuten geht es entlang der Felsabstürze, begleitet von Küchenschellen. Dann stoßen wir auf die von sorgfältig geschichteten Kalksteinplatten und Geröll gebildete, an der Basis bis 20 Meter breite, stellenweise 7 Meter hohe **Mauer,** die mehrmals ausgebaut und ausgebessert wurde, praktisch bis zur Wikingerzeit (800–1050).

Ab der **Ala luke,** einem von mehreren Toren (lukor = Tor, Durchgang), schlendern wir entlang von Pfadspuren auf der Mauerkrone dahin. Maiglöckchen und Knabenkräuter blühen. Erschreckt flattert eine Waldtaube davon. *Halsgårde luke* bleibt zurück. Knapp ½ Stunde nach der Ala luke ist der Damm deutlich unterbrochen. Hier führte Professor Engström 1977 seine grundlegenden Untersuchungen durch.

Hinter dem archäologischen »Schnitt« erreicht man die **Ardre luke**. Jetzt wandern wir wieder entsprechend der roten Markierung links der Mauer und der sich anschließenden Felswände. In ¼ Stunde gelangt man zu dem besonders stark befestigten Punkt **Slottet** (Schloß), vielleicht eine Art Kommandozentrale. Herrliche Blicke über das Diksmyr und die Halbinsel Östergarn!

Das Weglein schlängelt sich nordwestwärts durch den Wald und passiert einige Verwerfungsschichten. Suchen Sie die Quendel-Sommerwurz, ein Schmarotzergewächs des lila blühenden Fels-Thymian! Zum Schluß geht es wieder durch die **Tjängvide luke** hinab zum **Parkplatz**.

Nützliche Informationen

Anfahrt: Ab Kräklingbo (32 km von Visby) 2 km Richtung Östergarn, dann rechts 3,3 km zum uralten, typischen, im 17. Jh. in drei Höfe aufgeteilten Gut Hajdeby; Information, Karten, Literatur, Getränke. Von dort 1,5 km zum Parkplatz.
Ausgangspunkt: *Parkplatz Tjängvide luke,* am Südrand des 1994 eröffneten Naturreservates Torsburgen; Rastplatz; Informationstafel. Von Kräklingbo (nächste Bushaltestelle) knapp 7 km.
Gehzeiten: Insgesamt 1¾ Std. Parkplatz – Ala luke ½ Std. Ala luke – Ardre luke ½ Std. Ardre luke – Parkplatz eine ¾ Std.
Unterkunft und Verpflegung: *Kräklingbo*: Lebensmittelgeschäft. • *Katthammarsvik*: 10 km östlich von Kräklingbo am Meer; Jugendherberge Katthamra Gård; ganzjährig; Tel. (0498) 52009. Wanderheim (und Museum) Kalkpatronsgården Borgvik, in

einem ehemaligen Herrenhaus (frühes 18. Jh.) des Kalkbrennerei-Besitzers; auch Restaurant, Cafeteria und Hütten am Strand; Tel. (0498) 52087, 52006.
Camping: Nächstgelegener Platz in *Ljugarn,* 20 km südlich Kräklingbo: Ljugarns Camping, schmaler Sandstrand; 1.6.–31.8.; Tel. (0498) 493117.
Sehens- und Wissenswertes in der Umgebung: *Kräklingbo***:** Turmlose (hölzerner Helm) Nikolauskirche, ursprünglich 1211 geweiht, neues Langhaus um 1300 erbaut. Reichverzierte Südportale. An der linken Langhauswand zwei, von romanisch-französischem Einfluß geprägte Freskofriese aus der Zeit vor 1211. Über dem Triumphbogen eindrucksvolles Kruzifix (an den Balkenenden die Evangelisten) aus dem späten 13. Jh. Geschnitzter Altaraufsatz, gotländische Arbeit des frühen 16. Jh., gefaßt 1908.
• *Gammelgarn* (10 km südöstlich von Kräklingbo): hochgotische Kirche; Chor und Langhaus erste Hälfte 14. Jh. Der Turm, dessen Kammer einst als Getreidespeicher diente, ist älter. Künstlerische Augenweide: Südportal aus der Werkstatt des Meisters »Egyptus« mit ausdrucksstarken Szenen des Alten Testamentes, vom Paradies bis zur Arche Noah, eine der besten gotländischen

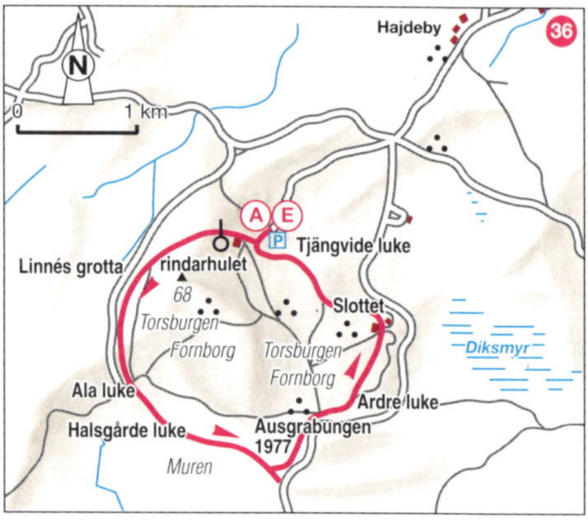

Steinmetzarbeiten. Im Inneren Fresken (Mitte 15. Jh.) und geschnitzter Altaraufsatz (14. Jh.); im Boden des Chores der Grabstein eines Mannes namens Hallvis (Runeninschrift). Neben der Kirche wuchtige Turmruine einer Burg des späten 12. Jh.
Auskunft: Turistbyrå, Donners Plats, S-62125 Visby; Tel. (0498) 247065.
Wanderkarten: Gröna kartan 1:50000, Blatt 56 D. Zweckmäßiger (und billiger) ist das Kartenfaltblatt (Fritidskarta, schwedischer Begleittext) 1:10000, das in der Information Hajdeby käuflich erworben werden kann.

Der Ring von Torsburgen bot bei Gefahr bis in die Wikingerzeit 7000 bis 8000 Menschen Schutz.

37 Gotlands Süden

Felsen und Meer

Tourencharakter: Unschwierige Rundwanderung. An der Südküste weglos. Badegelegenheit.
Ausrüstung: Leichte Kleidung; festes Schuhwerk.
Beste Jahreszeit: Mai bis Herbst.
Reine Gehzeit: 4½ Std.
Weglänge: 17 km.
Markierung: Keine.
Steigungen: Etwa 100 m.

Hoburgen heißt bei den Einheimischen der teilweise heideähnliche, aber auch mit Heuwiesen bestückte Südwestzipfel Gotlands, obwohl der Kalkstock Hoburgen – umzäunte, unterminierte militärische Sicherheitszone – mehr als 1000 Meter Abstand von der definitiven Landspitze hat. Die Gegend ist politisch Bestandteil der Gemeinde Burgsvik, das an einer Landenge liegt. Südlich davon, auf der Halbinsel Storsudret, zu der Hoburgen gehört, blieb es wohltuend ruhig. An den unbewohnten Küstenstreifen fühlte man sich wie in einer anderen Welt, wäre nicht das Geschrei der Seevögel.

Vereinzelt entragen den Küsten prächtige Raukar: erodierte, pittoreske Felsgestalten. Nordöstlich Sundre liegt das botanisch interessante Naturreservat Myskmyr.

Den weitesten Rundumblick – bei klarem Wetter 50 Kilometer – garantiert der ersteigbare, 1946 errichtete, 1978 automatisierte 20 Meter hohe Leuchtturm östlich von Hoburgen, zu dem von der Straße ein mit »fryren« beschilderter Stichweg leitet. Auch die Plattform des massigen, einst dreigeschossigen, 800 Jahre alten runden Turmes der verschwundenen Burg von Sundre, Gotlands südlichstem Kirchspiel, vermittelt eine Panoramaschau, die unser Betätigungsfeld einschließt.

Der Wegverlauf

Am **Parkplatz**, vor dem Zaun des Militärareales, nimmt man links den breiten Weg südwärts. Nach 400 Metern geradeaus, vorbei an einem betonierten Bunker, zur Landspitze **Rivet**. Scharf links und die Bucht *Rivviken* ausgehen. Nordöstlich erscheint der Leuchtturm. Das Holzgatter wieder schließen! Hinter der Landspitze **Udden** empfängt uns die weite Bucht *Flisviken*.

Die kleine *Bootswerft* nach ¼ Stunde kann offenbar von Aufträgen nur noch träumen. 10 Minuten später zeigt sich der Kirchturm von Sundre. Am Horizont ziehen gelegentlich verschwommene Konturen von Schiffen vorbei. Vögelkadaver faulen zwischen Grasbüscheln. Möwen fliegen hoch, beäugen kreisend den Wanderer. Seeschwalben führen elegant Flugkunststücke vor. Die runden Steine scheinen Riesenhände geschmirgelt zu haben. Bei Ebbe kriecht stinkender, modriger Geruch aus dem Vorfeld. Strandgut liegt verstreut, Plastik, Glas,

Der Kalkstock Hoburgen bildet das südlichste Kap der 140 Kilometer langen Insel Gotland.

Styropor, Holz. Weder Pfad noch Steg sind vorhanden. Man hält sich in beliebigem Abstand zum Wasser, übersteigt Stacheldrahtzäune, weicht morastigen Stellen und sumpfigen Flecken aus. Vereinzelt weidet Vieh.

Ungefähr 1¼ Stunden »beschäftigt« uns die Bucht Flisviken. Gute 10 Minuten nach einer *Hütte* erreichen wir, mühsam durch Kieselsteine watend, die teilweise durchlöchert sind wie Anhänger, das Kap **Barshageudd** an einer Traumbucht.

Erst jetzt wenden wir uns landeinwärts. Der Fahrweg peilt vorerst den Kirchturm von Sundre an. Beiderseits »alvar«, das heißt nahezu baumloses, vereinzelt wacholderbestandenes Heideland auf Kalkböden. Nach ½ Stunde biegt man links in das geteerte Sträßchen ein. Beim Bauernhof **Digrans** wird die von der Anreise bekannte Straße betreten. Rechts etwa ¼ Stunde, dann links Richtung Hallbjäns. Nördlich der Straße liegt das *Naturreservat Vaktbackar.* Am *Bauernhof Hallbjäns* rechts vorbei, erreichen

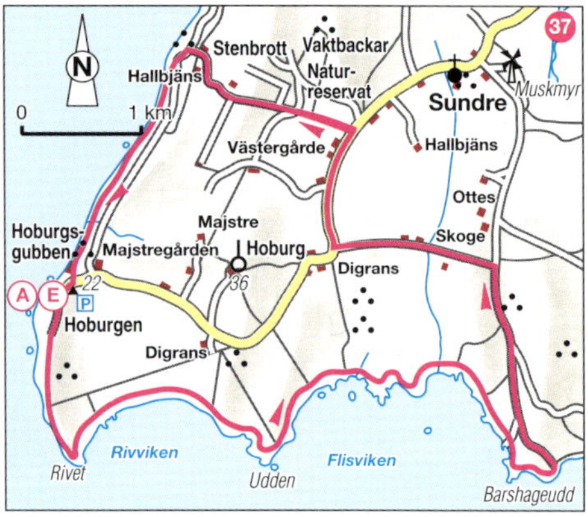

wir an einem Rastplatz die Westküste. Rechts erstreckt sich auf eine Länge von 3 Kilometern das aus Erosionsgestein bestehende Naturschutzgebiet Husrygg.

Wir gehen links, entweder am Ufer oder auf der Böschung. Nach ½ Stunde bietet oberhalb das gut geführte **Restaurant-Cafeteria Majstregården** Einkehr an windgeschützten Tischen im Freien.

Dann »verneigt« sich **Hoburgsguppen** vor dem Ankömmling. Und rechts, unterhalb des Raukar, gähnt der »Speisesaal des Hoburgriesen«. An dieser Höhle rechts vorbei, steigen wir in den Sattel an. Dort wird nach rechts mit grandioser Sicht das grasdurchsetzte Karstplateau überschritten. Rechter Hand befinden sich die ungefähr 40 Meter hohen, schroffen Abbrüche des »klintar«, wie der schwedische Begriff für solche Strukturen lautet. Dadurch verstehen wir auch die geologische *Lehrtafel* am **Parkplatz** besser.

Nützliche Informationen

Anfahrt: Von Visby 94 km auf der Straße 140, von Sundre 5,5 km. Busse (Linie 11) ab Visby-Busstation 9 Uhr, Rückfahrt 13.15 Uhr (für die Wanderung unbrauchbar); fahren nur bis Sundre.

Ausgangspunkt: *Hoburgen-Parkplatz* (22 m), am Ende der Straße unmittelbar vor dem Militärgelände.

Gehzeiten: Insgesamt 4½ Std. Parkplatz – Rivet 25 Min. Rivet – Udden 35 Min. Udden – Barshageudd 1¼ Std. Barshageudd –

Wanderdorado »alvar«, eine heideähnliche Landschaft auf kalkreichen Böden zwischen den Gestaden der Ostsee.

Digrans 50 Min. Digrans – Majstregården 1¼ Std. Majstregården – Parkplatz 10 Min.
Unterkunft und Verpflegung: *Värdhuset Guldkakken*: Westlich von Burgsvik am Strand; Zimmer und Wohnungen; Tel. (0498) 497309, 497311. • *Holmhällar*: Pension Holmhällar, 200 m vom Strand; Tel. (0498) 498030.
Camping: *Fidenäs*: 7 km nördlich von Burgsvik, 75 km von Visby; westlich der Straße 140 an einer flachen, teilweise verschilften Bucht; 1.5.–31.8.; Tel. (0498) 483910.

Einkehr unterwegs: *Majstregården*; 12–16 Uhr; auch Kiosk.
Sehens- und Wissenswertes in der Umgebung: *Sundre*: Burgturm und benachbarte Kirche romanisch (erste Hälfte 12. Jh.). Sie ist eine von 94 mittelalterlichen, allesamt vor 1350 geweihten Dorfkirchen der Insel, typisch durch ihre bodenständige Schlichtheit. Sandsteinbau wie viele Gotteshäuser im Süden; Portale aus Kalkstein. Im Innenwinkel des Südportales ein beachtenswertes Weihwasserbecken. Beim Hochaltaraufsatz handelt es sich um eine Rekonstruktion nach Fragmenten des 14. Jh. Auf dem nördlichen Seitenaltar geschnitzte »Trauernde Maria« (Mitte 13. Jh.). Kanzel am südlichen Seitenaltar Anfang 19. Jh. Die linksseitigen Langhaus-Fresken »Golgatha-Szenen« schuf der sogenannte »Passionsmeister« im 15. Jh, so daß die Kleidung der Personen von dieser Epoche kündet, wie das Kruzifix im Triumphbogen. • *Bottarvegården* (4 km südlich von Burgsvik rechts der Straße 140): südgotländischer, musealer Bauernhof von 1844. Auf dem Wohnhaus Kalksteindachziegel, die Wirtschaftsgebäude – Scheune und rundes Mühlenhaus für Ochsengespanne – sind schilfgedeckt. • *Vamlingbo* (zwischen Burgsvik und Sundre): Während des Mittelalters größte und reichste Gemeinde Südgotlands. Dreischiffige Pfarrkirche aus der Mitte des 13. Jh. (auf älteren Grundmauern), ehemals Wallfahrtsstätte im Glauben, hier sei der Erzengel Michael begraben. An der linken Langhausseite spätromanisches, motivlich von Deutschland beeinflußtes rahmenloses Fresko (»Seelenwägung Kaiser Heinrichs II. durch St. Michael«) aus der Zeit um 1250, eine der größten und sehenswertesten mittelalterlichen Malereien Gotlands.
Auskunft: Turistbyrå, Donners Plats 9, S-62125 Visby; Tel. (0498) 247065.
Wanderkarte: Gröna kartan 1:50000, Blatt 56A (Hoburgen). Erhältlich in Visby, Buchhandlung Wessnan & Pettersson, Adelsgatan 5.

Öland

38 In die Steppe Stora Alvaret

Eine Durchquerung der Insel Öland

Tourencharakter: Unschwierige Streckenwanderung.
Ausrüstung: Leichte Wanderkleidung.
Beste Jahreszeit: Frühling bis Herbst. Am schönsten im Frühsommer während der Blumenblüte.
Reine Gehzeit: 5 Std.
Weglänge: 19,5 km.
Markierung: Keine.
Höhenunterschied: Etwa 30 m.

»Im flachen Hochland gibt es keine anderen Gebäude als Windmühlen, und der Rasen ist so dünn, daß das weiße Kalkgestein darunter hervorschimmert«, läßt Selma Lagerlöf ihre Romanfigur Nils Holgersson anläßlich seiner Schwedenreise auf dem Rücken des Gänserichs über Öland feststellen.

Alvaret heißen die Kalkheiden Ölands, die Steppen der Insel. Dieser Natur- und Landschaftstyp ist mehrfach vertreten. Am eindrucksvollsten offenbart er das Bild der Weite auf Stora Alvaret im Süden, ab der Höhe von Skogsby – Sandby. Etwa 40 Kilometer lang und bis 10 Kilometer breit ist das über dem Inselniveau schwach erhöhte Plateau. Sand, Ton und Fossilien, vor Jahrmillionen auf dem Meeresgrund abgelagert, wurden gepreßt, erstarrten zu Kalk und traten an die Wasseroberfläche.

Beinahe 10000 Jahre sind vergangen, seit die Schichtungen vom letzten Binneneis gehobelt wurden. Es hinterließ im Süden das anfangs nackte, graue Gestein. Im Wandel der Zeiten legte sich eine dünne Humusschicht auf das karstige, kaum entwässerte Hochland: Stora Alvaret – Großes Alvaret. Einmalig in Skandinavien.

Nur hier wachsen Gelbes Öland-Sonnenröschen, die Symbolblume des Eilandes, und Alvar-Beifuß. Das Öland-Strauchfingerkraut, das in Sibirien Artverwandte hat, ist auf der Insel (und auf Gotland) endemisch für Schweden. Bergrispengras und Bergnelken sind Relikte der Eiszeit. So wird das Wandern zu einem Bummel durch die Erd- und Naturgeschichte.

Der Wegverlauf

Vom **Parkplatz** die *Schranke* passieren. Kurz danach zeigt links ein roter Hinweispfeil »domarring«: Auf dem Weglein in den Wald, mittels Holzkonstruktion den Zaun übersteigen und links zum größten von 15 Gräbern eines frühgeschichtlichen Friedhofes auf einer Fläche von 100×20 Metern.

Am Fahrweg folgt rechts der vorbildlich

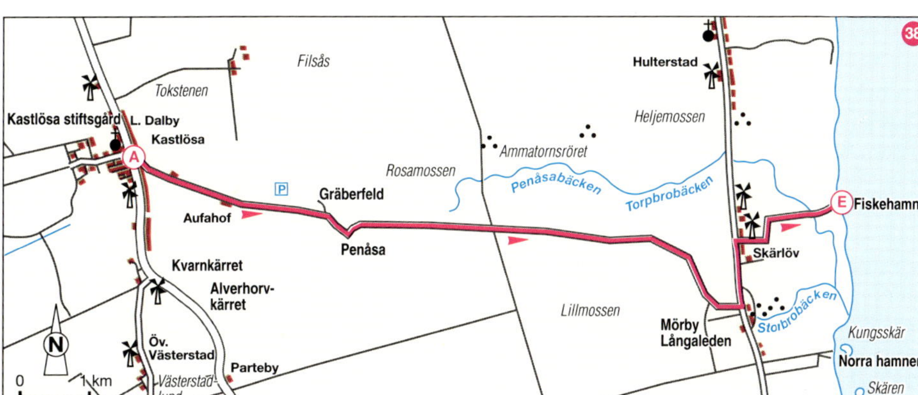

Stora Alvaret ist der sonderbarste, eigenwilligste Landstrich auf der Insel Öland – einzigartig in Skandinavien.

gestaltete Rastplatz von **Penåsa**, das von 1911 bis 1961 bewohnt war. Am Südrand, bei einem Mauerdurchbruch, vertraut man den roten Richtungspfeilen. Vor dem Kanal links auf einem Damm, bis uns das Buschwerk freigibt. Rechts zu den Mauerresten der im 18. Jahrhundert gegründeten und 1844 verlassenen Siedlung **Ödeby** in herrlicher Alvaret-Landschaft.

Zurück, mit der Holzkonstruktion über das Mäuerchen. Auf dem breiten Weg rechts, wie mit dem Lineal gezogen östlich auf dem Damm der 1961 stillgelegten Eisenbahn durch das **Stora Alvaret**. Anfangs gibt es noch etliche Waldflecken. Dann nur mehr steppenähnliche Vegetation. Hier und dort sprießt frisches Grün an Tümpeln und Mooraugen, wo im Juli die Echte Sumpfwurz, eine von 30 Orchideenarten der Insel, karminrot blüht. Plattiger, splittriger Kalkstein wird von Flechten überzogen. Ein Goldregenpfeifer, der typische Vogel des Alvaret, flötet sein klagendes Lied. Im Endlosen sich auflösende Trockenmäuerchen umschließen und trennen Grund und Boden. Zwischen den akkurat geschichteten Steinplatten brütet das weiß-braune Steinschmätzer-Weibchen. Im Juni/Juli blühende Decken des Natterkopfes, bei uns besser als »Blauer Heinrich« bekannt. Gleichermaßen im Blau die Gewöhnliche Kugelblume, die in Schweden nur auf Öland gedeiht. Alvaret – so weit wir schauen können!

Die Route ist identisch mit dem *Mörbylångaleden* (siehe Andere Wanderung). Der Weg scheint direkt in die bleiche, dunstige Helle der aufgehenden Sonnenscheibe zu zielen. Ungefähr eine ¾ Stunde nach dem

Die Idylle des Fischerhafens Skärlöv. Er ist Dreh- und Angelpunkt der Stora-Alvaret-Wanderung.

Parkplatz bildet eine kaum ausgeprägte Höhe den *Kulminationspunkt*, von dem aus sieben Kirchtürme zu sehen sein sollen. Nach einer weiteren ¾ Stunde treffen wir beim Parkplatz vor dem ehemaligen Bahnhofsgebäude ein. Der Mörbylångaleden überklettert rechts das Steinmäuerchen und hält sich jenseits links. Wir schlendern gleich links, zu den Häusern von **Skärlöv.**

Auf der Straße links durch das typische südöländische Reihendorf. Nach dem letzten Gehöft wird die Straße rechts verlassen. Von hier in ½ Stunde zum malerischen **Fiskehamn**, dem Fischerhafen von Skärlöv. Ein halbes Dutzend rotgestrichener Holzhütten döst vor sich hin; zwei Kutter ankern. Netze liegen ungeordnet herum, ein verrosteter Anker. Das Wasser schlägt behutsam gegen die betonierte Kaimauer. Eine steife Westbrise beugt das hohe Gras, verweht heisere Möwenschreie. Eigentlich Lautlosigkeit.

Nützliche Informationen

Anfahrt: Von Kalmar (Festland) über die 6072 m lange Sundbrücke – längste Brücke Europas – nach Öland. Dort rechts (südwärts) auf der Straße 136. Busverbindungen (umsteigen in Mörbylånga).
Ausgangsort: *Kastlösa*, Dörfchen in Südöland, unweit der Westküste.
Ausgangspunkt: *Parkplatz* im Stora Alvaret. Zufahrt: Von Kastlösa rechts neben dem Restaurant Alvargården 3 km.
Gehzeiten: Insgesamt 5 Std. Parkplatz – Penåsa 20 Min. Penåsa – Skärlöv 1½ Std. Skärlöv – Fischerhafen eine ¾ Std. Rückweg knapp 2½ Std.
Unterkunft und Verpflegung: *Kastlösa Stiftsgård* (hinter der Kirche): 100 Betten in Ein- bis Sechsbettzimmern; Tel. (0485) 42175. • Weniger gediegen: *Hotel Alvargården*, Selbstbedienungs-Restaurant; Tel. 42025. • Lebensmittelgeschäft Köpcentrum. • Nächstgelegenes empfehlenswertes Hotel-Restaurant in *Morbylånga* (11 km): *Kajutan*; Tel. (0485) 40810.
Camping: Auf der Rückseite des Hotels Alvargården.
Sehens- und Wissenswertes: *Kastlösa*: Pfarrkirche aus dem 19. Jh., umgebaut nach 1950.
Sehens- und Wissenswertes in der Umgebung: *Gettlinge gravfält* (8 km südlich, rechts der Straße 136): aussichtsreich gelegenes, 1,5 km langes Grabfeld mit rund 130 Gräbern von der jüngeren Bronzezeit (1000 v. Chr.) bis zur ausklingenden Wikingerzeit (1050). Auf dem Feld außerdem eine 30 m lange »Schiffsetzung«, deren Umrißform 23 Granitsteine bilden. Im Bugstein sind ca. 20

schalenförmige Vertiefungen 1 cm eingemeißelt, wodurch dieses Grab in die Bronzezeit datiert wird. Die *Windmühle* kann auch innen besichtigt werden. • *Bårbyborg* (5 km nördlich, links der Straße 136): in schöner Lage über dem Kalmarsund, eine von 16 Fluchtburgen Ölands; in Halbkreisform, den westseitigen Steilhang nutzend, um 500 n. Chr.; neu errichtet wohl im frühen 11. Jh., genutzt bis 1300.

Andere Wanderung: *Mörbylångaleden*: Weitwanderweg (79 km) vom Träffpunkt Öland zur Südspitze der Insel. Gut markiert mit rostbraunen Pfeilen an Holzpfosten. Informationsmaterial (farbiges Kartenfaltblatt »Vandra på Öland – gå Mörbylångaleden« sowie deutsche Kurzbeschreibung) im Träffpunkt Öland erhältlich; siehe Auskunft.

Auskunft: Träffpunkt Öland (nach der Sundbrücke rechts); Informationszentrum. Postadresse: Ölands Tourist AB. Box 74, S-38621 Färjestaden.

Wanderkarten: Blå kartan 1:100 000, Blatt 55 Öland; ohne bezeichnete Wanderwege. • Übersichtlicher: Ölands Kartan 1:100 000. Erhältlich beim Träffpunkt Öland.

Anhang

Allgemeine Informationen

Alkohol: 0,2 Promille am Steuer. Mehr als 0,2: hohe Geldstrafen oder Gefängnis! Außerdem kann der Führerschein eingezogen werden.
Alkoholverkauf: Lättöl (Klasse I, 1,8% Stammwürze) und Folköl (Klasse II, 2,8–3,3%) sind Dünnbiere und frei erhältlich. Starköl (Klasse III) – entspricht deutschem Normalbier – nur in Hotels, Gasthöfen, Kneipen etc. mit Schanklizenz; ein Glas »Stor« sind 0,4 Liter. Ansonsten (neben Wein, Spirituosen) besitzen das Monopol die 1955 eingeführten staatlichen Verkaufsstellen Systembolaget, geöffnet Montag bis Freitag 10–18 Uhr für Erwachsene ab 20 Jahren in nüchternem Zustand.
Angeln: Informationen: Sportfiskarna, Box 11501, S-10001 Stockholm; Tel. (08) 7430790. Der Verband verlegt das Buch »Svenska Fiskevatten«; Auskunft über mehr als 60000 Angelgewässer.
Anrede: Wird man als Ausländer geduzt, ist dies keine Unhöflichkeit, sondern entspricht einer schwedischen Gewohnheit.
Anreise: Jede Anreise – ausgenommen per Flugzeug – ist mit einer Fährpassage verbunden. In der Hochsaison (Ende Juli bis Mitte August) Vorausbuchung ratsam. Unterschiedliche Preise für Fahrzeuge bis 1,95 Meter inklusive Dachgepäck und höher sowie bis 6 Meter Länge und mehr. Gesamtprospekt der Ostsee-Fähren: Deutsche Fährgesellschaft Ostsee, Industriestraße 8, 18069 Rostock.
Von Deutschland:
Vogelfluglinie. Meistbefahrene Route. Fähre (Abfahrten fast ¼stündlich rund um die Uhr, Fahrtzeit knapp 1 Std.) von Puttgarden (155 km von Hamburg) nach Rødby/Dänemark und Autobahn nach Kopenhagen. Von dort entweder Fähre nach Malmö oder Trelleborg; oder Weiterfahrt bis Helsingør und Fähre (rund um die Uhr, 25 Min. Fahrtzeit) nach Helsingborg.
Kiel – Göteborg (14 Std.), täglich 19 Uhr. Stena-Line, Schwedenkai 1, 24103 Kiel; Tel. (0431) 9090.
Kiel – Oslo (19–20 Std.), täglich 13.30 Uhr, 16.30 Uhr. Color Line, Oslokai, 24103 Kiel; Tel. (0421) 974090.
Kiel – Stockholm-Nynäshamn (25–26 Std.), Abfahrt Samstag 15 Uhr. Baltic Line, Schwedenkai, 24103 Kiel; Tel. (0431) 9820060.
Travemünde – Trelleborg (7½ Std. am Tag, 9½ Std. nachts), viermal täglich. TT-Line, Mattenwiete 8, 20457 Hamburg; Tel. (040) 3601442.
Travemünde – Malmö (8 Std. tagsüber, 10 Std. nachts), alle zwei Tage. Euroway, Mühlenstraße 24, 23552 Lübeck; Tel. (0451) 1607220.
Rostock – Trelleborg (5¾ Std. tagsüber, nachts 8 Std.), dreimal täglich. TR-Line, Mattenwiete 8, 20457 Hamburg; Tel. (040) 3601442. Per Katamaran (600 Passagiere, 175 Pkw) 2¾ Std.
Saßnitz – Trelleborg (3½ Std.), zwölfmal täglich. ATS-Line, Trelleborger Straße, 18546 Saßnitz; Tel. (038392) 22267, 33071.
Von Dänemark:
Grenå – Varberg (4¼–5½ Std.), ein- bis dreimal täglich. Von Hamburg bis Grenå 410 km, überwiegend Autobahn. Karl Greuther, Martinistraße 58, 28195 Bremen; Tel. (0421) 14970, 14981.
Grenå – Halmstad. Wie oben.
Fredrikshavn – Göteborg (3¼ Std.), täglich sechs- bis achtmal. Die Katamaran-Schiffe benötigen nur knapp 2 Std. Von Hamburg bis Fredrikshavn etwa 550 km.
Arzt: Nur im Krankenhaus (Sjukhus); Beschilderung: rotes Kreuz. Gebühr bei Behandlung in der Ambulanz (Akutmottnagning) für Deutsche und Österreicher pauschal 90 SKR. Ansonsten, auch bei Zahnärzten (Tandläkare), Barzahlung.
Auskunft: Next Stop Sweden, Lilienstraße 19, 20095 Hamburg; Tel. (040) 330185, 337950. Freigebig mit Informationsmaterial.
Autobahnen: Etwa 1000 km, hauptsächlich in Süd- und Mittelschweden, bis Stockholm – Uppsala; gebührenfrei.
Bahn: ScaRail Paß (in Deutschland kaufen!) für die skandinavischen Staatsbahnen mit unterschiedlicher Gültigkeitsdauer. Inlandsbanen-Kort für die Inlandsbahn Östersund – Gällivare (746 km).
Banken: Öffnungszeiten Montag bis Freitag 9.30–15 Uhr, vor Feiertagen bis 13 Uhr. In größeren Städten einmal wöchentlich bis 17.30 Uhr.
Benzin: 25–30 Prozent teurer als in Deutschland. Zapfsäulen-Aufschrift »Ej För KATALYSATOR«: Nicht für Katalysatorfahrzeuge. Siehe auch »Tankstellen«.
Botschaften: Deutsche Botschaft, Skarpötgatan 9, S-11527 Stockholm; Tel. (08) 6701500. Österreichische Botschaft, Kommendörsgatan 35, S-11458 Stockholm; Tel. (08) 233490. Schweizerische Botschaft, Birger Jarlsgatan 64, S-10041 Stockholm; Tel. (08) 6767900.
Busse: Landesweit gute Verbindungen; siehe auch bei Wander-Informationen.
Camping: Die Plätze in Schweden sind mit ein bis drei »Sternen« in Kategorien unterteilt. Empfehlenswert: Svenskt Campingkort. Akzeptanz bei den 650 Plätzen, die dem Campingverband Schwedens (SCR) angeschlossen sind. Beim ersten schwedischen Campingplatz erhält man die

Regenbogen über den Wäldern Lapplands.

vorläufige Campingkarte mit der Jahresmarke für 11 DM (1996); später durch Postversand die eigentliche Karte. Zahlreiche Campings bieten für Besitzer dieser Plastikkarte separate, einfache »Quick-Stop-Stellplätze« (ab 21 Uhr bis 9 Uhr) abseits des Sanitär-/Servicegebäudes; Ermäßigung 30–35 Prozent. Dieser Ausweis ist seit 1996 auch in Deutschland, England, Schottland, Irland, Luxemburg, Spanien und Österreich gültig. Erwerb vor Reiseantritt bzw. Informationen der Campingkarte: Sveriges Campingvärdars Riksförbund, Box 255, S-45117 Uddevalla.

Kostenloser, alljährlich neu erscheinender Katalog »Camping i Sverige« beim Sveriges Campingvärdars Riksförbund oder Next Stop Sweden (siehe Auskunft).

Caravaning: Mit Wohnwagen oder Wohnmobil sollte auf einem Campingplatz übernachtet werden! Freies Abstellen am jeweiligen Platz ist für eine Nacht erlaubt, jedoch von den Schweden wegen Überhandnahme und der damit verbundenen Auswüchse nicht gern gesehen! Das vielzitierte »Jedermannsrecht« (siehe dort) gilt nur für Wanderer bzw. Zeltler. Bei Caravaning ist »geschlossenes Abwassersystem« vorgeschrieben; kann auch auf manchen Plätzen geliehen oder gekauft werden.

Datumsschreibweise: Umgekehrt, d.h. für den 25.7.1996 = 960725.

Essen: Siehe Preise.

Euroschecks: Werden meist nur von Banken akzeptiert, bis 1800 SKR pro Scheck.

Feiertage: 1. Januar, 6. Januar (Hl.-Drei-Könige), Karfreitag, Ostermontag, 1. Mai, Christi Himmelfahrt, Pfingstmontag, 6. Juni (Nationalfeiertag, aber Arbeitstag), Mittsommer (Wochenende ab dem Freitag, der dem 23.6. am nächsten liegt), Allerheiligen, Weihnachten (24./25.12.).

Ferien: Schulferien Anfang Juni bis Mitte August, Werksferien Ende Juni bis Anfang August.

Gas (gasol): Blaue Camping-Einwegkartuschen flächendeckend erhältlich.

Tausch von leeren gegen gefüllte blaue Butan-Flaschen wenig verbreitet. Preiswerte Gasol-Einwegbehälter mit dazugehörigen Kochern, Laternen, Heizgeräten etc. Im Telefonbuch-Branchenverzeichnis unter G (Gas) suchen.

Kein Umtausch der grauen Camping-Euro-Flasche bzw. in Skandinavien andere Anschlußgewinde als in Kontinentaleuropa. Deshalb Flaschen-Adapterset anschaffen und in Schweden an großen Tankstellen Propangas (11-kg-Pfandflasche etwa 180 DM, Füllung 40 DM) kaufen; infolge des niedrigeren Druckes schwedischer Regler wesentlich längere Kochzeit.

Füllung ausländischer Propangasflaschen durch Primus Svenska AB. Informationen über Orte mit Füllstationen: Oljehamnen, S-15138 Södertälje; Tel. (0755) 39680. AGA Gas AB Varnägen 2–10, S-12530 Älvsjö; Tel. (08) 472820.

Geschäftszeiten: Außer Warenhäuser, Supermärkten etc. Montag bis Freitag 9.30–18 Uhr, Samstag bis 13 Uhr. Apotheken bis 22 Uhr sowie nachts (Hinweis: Nattöppet). Generell kein Ladenschlußgesetz!

Geschwindigkeitsbegrenzungen: Werden jeweils angezeigt, üblicherweise 70 km/h, innerhalb geschlossener Ortschaften 50 km/h, Schnellstraßen und Autobahnen 90–110 km/h. Pkw mit Wohnwagen und Wohnmobile über 3,5 Tonnen dürfen nicht über 70 km/h fahren und müssen dem überholenden Verkehr Platz machen. Bei

Übertretung von beispielsweise 15 km/h etwa 150 DM Strafe.
Haustiere: Bezüglich der Mitnahme von Hund oder Katze vorher Formular anfordern: Statens Jordsbruksverk, S-55182 Jönköping; Tel. (von Deutschland) (0046) 36/155000. Deutschsprachige Mitarbeiter.
Hotels: Jährlich neu erscheinendes Verzeichnis (deutsch) mit 440 Hotels unterschiedlicher Kategorien. Kostenlos, siehe Auskunft.
»Rum« oder »Rum at hyra« heißt Bett und Frühstück bei Privatvermietern.
Jedermannsrecht (allemansrätten): Ungeschriebenes, ins Mittelalter zurückreichendes Gewohnheitsrecht für Wanderer. Es garantiert, daß jeder in Wald und Flur umherstreifen, Pilze suchen, wilde Beeren sammeln und wilde Blumen pflücken darf, sofern sie nicht unter Naturschutz stehen. Baden und Bootfahren auf Seen und Flüssen. Doch das allgemeine Nutzungsrecht verlangt, daß die Eigentümer von Grund und Boden respektiert werden und auf andere Menschen sowie auf Tiere Rücksicht genommen bzw. nicht gegen das Gesetz und die Bräuche verstoßen wird. Offenes Feuer, wenn keine Waldbrandgefahr besteht, und nur mit herumliegendem Holzmaterial. Infolge der latenten Mißachtung des Jedermannsrechtes vor allem durch Deutsche (siehe auch bei Caravaning) und durch Pauschaltouristen, erwog das Parlament 1991 die Abschaffung für gewisse Personengruppen.
Jugendherberge: Siehe Wanderheim.
Kaffee: Preiswertestes Getränk. Mancherorts wird eine Tasse (ca. 2 DM) bezahlt, die nächsten dürfen gratis aus der Kanne nachgeschenkt werden.
Kanu: Auskünfte: Svenska Kanotförbundet, Idrottens Hus, S-12387 Farsta; Tel. (08) 7136000. Der Kanuverband gibt jährlich die Broschüre »Kanotvåg – Paddla i Servige« heraus.
Kreditkarten: Gängige Karten werden fast überall akzeptiert.
Leergut: Da für Getränkedosen und Flaschen Pfand erhoben wird, können diese (auch im Ausland gekaufte Cola-, Fanta-Dosen und -Flaschen etc.) als Leergut (ca. 15 Pfennige) wieder zurückgegeben werden. In Supermärkten Recycling-Automaten; der Bon wird an der Kasse vergütet.
Meilen: Werden gelegentlich als Entfernung angegeben: 1 Meile = 10 Kilometer.
Mittsommer: Feier der Midsommardagen drei Tage ab dem Freitag, der dem 21. Juni am nächsten liegt. Nahezu alle Geschäfte geschlossen!
Mückenplage: Für Mitteleuropäer unvorstellbar. Von Ende Juni bis August, bis zum ersten Frost, an Seen und in Feuchtgebieten. Empfehlenswert: helle, nicht anliegende Kleidung aus dichtgewebten Stoffen! Sämtliche gängigen, teilweise gepriesenen deutschen und schwedischen Mittel haben sich in der Praxis des Autors beim Wandern als untauglich erwiesen! Feinmaschige Netze, über den Hut gespannt und in den Hemdkragen gestopft, behindern die Sicht beim Laufen. Moskitonetze (ab 50 DM) für Caravan und Zelt in Kaufhäusern usw. erhältlich.
Netzspannung: 220 Volt.
Notruf: 90000 – kostenlos von allen Telefonzellen. Auf den Alarmknopf drücken und wählen.
Nummernzettel: In Postämtern, Banken und vielen Geschäften zieht man Papiernummern aus einem Spender im Raum oder am Eingang. Sobald der jeweilige Schalter etc. frei ist, erscheint die Nummer dort auf einer Anzeigetafel.
Pannenhilfe: Tel. (020) 910040 oder (020) 912912.
Parken: Bei Verstößen empfindliche Geldbußen, in Stockholm zwischen 90 und 300 DM.
Postämter: Geöffnet Montag bis Freitag 9–18 Uhr, Samstag 9–12 oder 13 Uhr. In kleinen Orten 9–10.30 Uhr, 15–17 Uhr. Porto in EU-Länder für Postkarte und Brief 6 SKR.
Postsparbuch: Abhebungen unbürokratisch pro Tag bis 1000 DM, im Monat bis 2000 DM gegen Ausweiskarte und Paß.
Preise: Infolge von Abwertungen der Krone ist Schweden, verglichen mit Mittel- und Südeuropa, kein »sündteures« Land mehr! Ausnahme sind alkoholische Getränke; Bier – »Starköl« – beispielsweise 6–8 DM für 0,4 Liter. Relativ billig sind Hotels (gewöhnlich üppiges Frühstücksbüffet) sowie Tagesgerichte (dagsrättan, dagens rätt) einschließlich Kaffee zur Mittagszeit. Als Abendessen (schwedisch: middag) kostet das gleiche Gericht teilweise das Doppelte. Günstig an Schnellimbiß-Kiosken: »Kötbullar« (Hackfleischklößchen), »Korv« (Bratwurst), Hamburger etc.
Der Kauf von Lebensmitteln entspricht allgemeinen schwedischen Verhältnissen, zumal sich vier Handelsketten das Monopol teilen; z.B.
1 Kilogramm Schweinefleisch ca. 18 DM,
1 Kilogramm Rindergulasch ca. 20 DM.
Radio: Deutsche Kurznachrichten und Wetterberichte in den Sommermonaten durch die »Schwedenwelle« (MW 1179 kHz, KW 6065 kHz) 14 Uhr, 18.30 Uhr, 22 Uhr.
Reisedokumente: Personalausweis oder Reisepaß, der bei der Einreise noch drei Monate gültig sein muß.
Reparaturen: Mechanikerstundenlohn bei 100 DM.
Sehenswürdigkeiten: Hinweise an den Straßen auf Schildern in Form eines Quadrates mit einem mit dem Quadrat zeichnerisch verschlungenen kleinen Kreis an jeder Ecke.
Semesterby: Feriendorf mit Holzhütten (siehe Stuga); meist auch Ladengeschäft, Cafeteria, Sauna.
Sicherheitsgurte: Anschnallpflicht auf allen Sitzen. Geldbuße 70 DM!
Souvernirs: Samische Handarbeiten tragen das Garantiesiegel »Sami Duodji«.

Smörgasbord: Typisches schwedisches Büffet mit Fisch, kalten und warmen Gerichten, Dessert.
Stuga/Stugor: Holzhütten oder kleine Holzhäuser zur Miete für eine oder mehrere Nächte. Entsprechend Größe und Preis ausgestattet (Fließwasser, Kochgelegenheit, Wohnraum, Betten), aber auch mit Dusche/WC und Sauna. Keine Bettwäsche!
Tankstellen: Abends unterschiedliche Schließzeiten; bei 24-Stunden-Dienst der Hinweis »Nattöppet«. Tankautomaten (Sedelautomat) nehmen 20- und 100-Kronen-Scheine.
Tax-Free-Shopping: Für Bürger aus EU-Staaten am 1.1.1995 entfallen.
Telefonieren: Nicht von Postämtern! Hingegen vom Fernsprechamt (televerket). Inlandsgespräche pro Minute eine Einheit. In das europäische Ausland und die USA pro Minute 7 Einheiten.
In Hotels etc. kosten Gespräche mindestens das Doppelte, oft sogar das Drei- bis Vierfache.
Münzfernsprecher nehmen 50 Öre, 1 und 5 Kronen.

Telefonkarten (Telefonkort) mit 30, 60 und 120 Einheiten (120 markeringar ca. 19 DM), erhältlich in den Verkaufsstellen der Telia (= schwedische Telekom), in Kiosken, ähnlichen Geschäften, Tankstellen. Rund 60 Prozent aller Telefonzellen sind mit Kartentelefon (korttelefon) ausgestattet. Außerdem kann man für eine Einheit ein Gespräch z.B. mit Deutschland vermitteln lassen, dessen Fortsetzung der Empfänger zahlt. Voraussetzung ist die Vorwahl (020) 799049.
Gewöhnliche Vorwahl (nach der ersten 0 einen Ton abwarten):

Deutschland	00949
Österreich	00943
Schweiz	00941

Danach die Ortskennzahl ohne erste 0.
Von Deutschland, Österreich und der Schweiz nach Schweden: 0046, dann die Ortskennzahl ohne erste 0.
Trampen: Sehr zeitraubend, da in Schweden nicht gern gesehen! Ausgenommen Wanderer in den Gebirgsregionen.
Trinkgeld: Obwohl in allen Serviceleistungen bereits enthalten, wird in Restaurants aufgerundet. Für Taxifahrer und Friseure 10–15 Prozent.
Verkehrsregeln: Besonderheiten sind:

Tagsüber mit Abblendlicht fahren; Verstöße etwa 100 DM Strafe.

Nebel-Schlußleuchten dürfen nicht benutzt werden.

Ausweichen auf den Seitenstreifen, um nachfolgenden Fahrzeugen das Überholen zu erleichtern.

Unbeschrankte Bahnübergänge blinken ständig weiß, bei Warnung rot.

M-Schild weist bei schmalen Straßen auf Ausweichstellen hin.

»Datumparkering« (Tafel am Ortseingang) bedeutet während der angegebenen Zeiten parken an geraden Tagen auf der Straßenseite mit geraden Hausnummern und umgekehrt.

Gelbe Streifen am Straßenrand heißt Halteverbot.
Wanderheim (Vandrarhem): Wie Jugendherberge, für alle Reisenden ohne Altersbeschränkung. Übernachtungspreis (bei mitgebrachter Bettwäsche, Schlafsäcke nicht zugelassen) etwa 18 DM mit Jugendherbergsausweis, sonst etwa 25 DM.
Währung: Keine Beschränkung für Ein- und Ausfuhr schwedischer oder ausländischer Währung. Kurs 1996: 100 Kronen rund 22 DM.
1 Krone = 100 Öre.
Wildwechsel: Wird gewöhnlich durch das »Elch-Schild« angezeigt. Vorsicht Rentiere! Hauptsächlich in Lappland während der Morgen- und Abenddämmerung. Wildschäden sofort der nächsten Polizei-Dienststelle melden.
Zelten: Abseits offizieller Plätze und soweit kein besonderes Verbot besteht für 24 Stunden erlaubt, solange man keinen Schaden anrichtet oder den Besitzer stört bzw. belästigt, der in jedem Falle – wenn erreichbar – um Erlaubnis gefragt werden sollte.
Zollfreie Einfuhr: Lebensmittel pro Person über 12 Jahren: 15 Kilogramm (außer Frischwaren, eingeschweißten und geräucherten Lebensmitteln).

Alkohol pro Person über 20 Jahren: 1 Liter Spirituosen oder 3 Liter andere alkoholische Getränke bis 22 %, zudem 5 Liter Tafelwein und 15 Liter Bier.

Tabak pro Person über 15 Jahren: 300 Zigaretten oder 150 Zigarillos oder 75 Zigarren oder 400 Gramm Tabak.

Wander-Informationen

Busse: Die Zeiten der im Text genannten Busverbindungen schwanken von Jahr zu Jahr leicht; die Angaben im Text beziehen sich auf 1995. Kostenloser Fahrplan (Busstidtabell) bei den einzelnen Gesellschaften. Zum Beispiel Strecken für den Kungsleden: Länstrafiken Norrbotten, Box 183, S-95623 Överkalix; Südlappland: Länstrafiken Västerbotten, Box 134, S-92123 Lycksele. Landesweit: Swebus, Gulbergsstrandgatan 34, S-41134 Göteborg.
Fjällhütten: Keine Reservierung! STF-Hütten sind mit Holzöfen sowie mit Flaschen-Gaskochern (nur bei Anwesenheit des Hüttenwartes) ausgestattet und verfügen über Matratzenlager inklusive Decken und Kissen; Schlafsack erforderlich. Töpfe, Pfannen und Geschirr in der Küche; Besteck, Handtücher, Toilettenpapier, Kerzen etc. müssen mitgebracht werden. Keine Lichtquellen! Der Gast ist Selbstversorger, d.h., er muß das Holz hacken, einheizen, Wasser holen (vatten = Trinkwasser, slask = Abwasser), kochen, spülen und saubermachen. Manche Fjällstugor bieten Proviantkauf und Brennstoff. Nottelefon (hjälptelefon). Während der Saison sind meist Hüttenwarte anwesend, welche die Nächtigungsgebühren –

bei Überbelegung selbst für Plätze auf Bänken und Boden – kassieren (1995 150 SKR, für STF-Mitglieder 35 SKR Rabatt; Kinder von 6 bis 15 Jahren 60 SKR bzw. 15 SKR Rabatt; zelten 55 SKR) und Auskünfte geben. Ansonsten Überweisung des Betrages: STF – Postal giro service 92 91 04-8, oder Euroscheck schicken an STF.

Ermäßigte Übernachtungsgebühr mit Hütten-Schecks im Zehnerblock (erhältlich in Fjällstationen oder Bestellung beim STF), auch als Proviant-Zahlungsmittel gültig.

Die Öffnungszeiten bzw. die Zeiten der Anwesenheit von Hüttenwarten variieren von Jahr zu Jahr um einige Tage. Exakte Angaben (auch der Fjällstationen) in dem jährlich beim STF erscheinenden (schwedischen) Fjällhandbok. Im Buch die Zeiten von 1995.

Fjällstationen: Berggasthäuser des STF mit Service, aber auch Selbstversorgerküchen. Strom, fließend Kalt- und Warmwasser, Duschen, teilweise Sauna. Handtücher und Bettlaken gegen Gebühr. Beim Verlassen das Zimmer reinigen! Restaurant, Frühstück.

Hütten-STF: Siehe Svenska Turistföreningen.

Svenska Turistföreningen: Dem 1885 gegründeten Schwedischen Touristenverein (STF) gehören 80 Fjällhütten und acht Fjällstationen sowie etwa 200 Gästehäuser (die dem Internationalen Jugendherbergsverband angeschlossen sind). Rund 325 000 Mitglieder. Hauptgeschäftsstelle: Svenska Turistföreningen, Drottninggatan 31–33, S-10120 Stockholm. Geschäftszeiten Montag bis Freitag 9–17 Uhr, Samstag und Tage vor Feiertagen 10–13 Uhr; Tel. (08) 7 90 31 00.

Wanderkarten: In größeren Städten in Buchgeschäften (meist nur für den Umkreis) sowie in ausgesprochenen Tourismusstationen bzw. Fjällstationen. Große Auswahl im Sverigehuset Stockholm (siehe bei Auskunft von Tour 7). Außerdem Kartcentrum gegenüber dem Stockholmer Zentralbahnhof.

In Deutschland: Nordis Buch- und Landkartenhandel, Postfach 10 03 43, 40767 Monheim; Tel. (0 21 73) 9 53 70.

Zelten bei STF-Hütten: Campinggebühr inklusive Benützung der Küche, sanitärer Anlagen und des Aufenthaltsraumes wird beim Hüttenwart bzw. bei Fjällstationen an der Rezeption bezahlt.

Einige Weitwanderwege

Arnäsleden: 70 km. Rundweg bei Arnäs. Auskunft: Turistbyrå, Nygatan 18, S-89188 Örnsköldsvik; Tel. (06 60) 1 25 37.

Bergslagsleden: 285 km. Siehe Tour 6 bei Andere Weitwanderung.

John-Bauer-Leden: 50 km. Im nördlichen Småland östlich des Vänernsees von Huskvarna nach Gränna. Auskunft: Turism och Fri tid, Box 1027, S-55111 Jönköping; Tel. (0 36) 10 50 50. Kostenlose Übersichtskarte 1:60 000 mit Route.

Finnskogleden: 240 km. Ab Morokulien (150 km von Karlstad) an der schwedisch/norwegischen Grenze nordwärts; 15 Etappen. Auskunft: Värmlands Turistråd, Box 323, S-65108 Karlstad; Tel. (0 54) 10 21 60.

Höga Kustenleden: 130 km. Beliebte Tour am Bottnischen Meerbusen zwischen Veda (Süden) und Örnsköldsvik (Norden), u.a. 8,3 km durch den Nationalpark Skuleskogen (siehe Tour 10). Auskunft Sommermonate: Skule Naturum, S-87033 Docksta; Tel. (06 13) 4 01 71. Ganzjährig: Turistbyrå, Nygatan 18, S-89188 Örnsköldsvik; Tel. (06 60) 1 25 37, 8 80 15. Schwedische Führerbroschüre sowie drei Wanderkarten.

Holavedsleden: 59 km. Älteste und meistbegangene Weitwanderung in Småland. Zwischen Tranås am Sommensee und Gränna am Vänernsee. Auskunft: Turism och Fritid, Box 1027, S-55111 Jönköping; Tel. (0 36) 10 50 50. Kostenloses Kartenfaltblatt 1:50 000 mit Route.

Munkastigen: 40 km. Südwestlich von Örebro, von Ramindeboda (Europastraße 4) nach Olshammar am Vättern; anfangs gleichlaufend mit dem Bergslagsleden. Auskunft: Turistbyrå, Hamnen, S-69600 Askersund; Tel. (05 83) 1 08 70, 1 11 80.

Nordkalottleden: Rund 800 km. 1993 eröffnete Fernwanderroute (Schweden, Norwegen, Finnland). Auskunft und deutsches Informationsblatt: Turistbyrå, Box 113, S-98122 Kiruna; Tel. (09 80) 1 88 80.

Ringsbergsleden: 25 km. Südöstlich von Örebro, von Sandvad über den See Sottern nach Brevensbruk. Auskunft: Turstbyrå, Drottninggatan 9, S-70135 Örebro; Tel. (0 19) 21 10 80, 21 10 00.

Roslagsleden: 53 km. Nördlich und nordöstlich von Stockholm. Informationen sowie Kopie der Spezial-Wanderkarte 1:50 000 mit eingezeichneter Route erhältlich im Turistbyrå Stockholm (Sverigehuset), siehe Tour 7 bei Auskunft.

Skåneleden: 240 km. Durch die südschwedische Provinz Schonen (Skåne) von Küste zu Küste. Informationen: Turistbyrå, Kattesund 6, S-22100 Lund; Tel. (0 46) 12 59 63.

Radwandern

Spezielle Auskünfte, Broschüren (schwedisch) sowie Kartenmaterial zu den einzelnen Touren beim Schwedischen Fahrradklub: Svenska Cykelsällskapet, Box 6006, S-16406 Kista; Tel. (08) 7 51 62 04; Fax (08) 7 51 19 35.

Fahrradtransport: Per Bahn am besten zwei Tage vorher aufgeben, da keine gleichzeitige Mitnahme im Gepäckwagen garantiert ist. Busse haben teilweise Heck-Fahrradträger bzw. befördern im Fahrgastraum, sofern Platz vorhanden. Auf innerschwedischen Fähren und Schiffen meist kostenloser Transport. Auf Inlandsflügen (SAS und Tochtergesellschaft Linjeflyg) nur in einem speziellen Fahrradsack, den die Gesellschaft für ca. 100 DM verkauft.

Bei Kiruna in Lappland verrät ein Wegweiser die Entfernungen zu weltweiten Örtlichkeiten.

Literatur

Baesgen, Marlen & Bert: Schweden. Verlag Martin Felbinger, Gräfelfing 1995. Hervorragender Allgemein-Führer mit zahlreichen diversen Freizeit-Möglichkeiten.

Betz, Klaus: Wanderwege in Skandinavien. Norwegen, Schweden, Finnland. Bruckmann Verlag, München 1991.

Bohn, Robert: Gotland-Handbuch. Conrad Stein Verlag, Kiel 1989.

Bohn/Gehrke: Südschweden auf eigene Faust. Conrad Stein Verlag, Kiel 1989.

Dey, Reinhold: Richtig Reisen. Schweden. DuMont Buchverlag, Köln 1991.

Freier, Ute und Peter: Bergwandern in Schweden. Verlag Scheuble & Baumgartner, Stühlingen 1992. Umfassende Publikation.

Hassler, Andreas: Schweden Handbuch. Edgar Hoff Verlag, Rappweiler l993. Hervorragender Allgemein-Führer.

Heim/Klawatzki: Sarek. Padjelanta. Stora Sjölfallet. Konrad Stein Verlag, Kronshagen 1995.

Heinrichs, Werner: DuMont Kunst-Reiseführer Schweden. DuMont Buchverlag, Köln 1991.

Kraus, Gerhard: Trekking in Skandinavien. Rosenheimer Verlagshaus, Rosenheim l994. Schwerpunkt sind Hochgebirgstouren.

Lagerlöf/Svahnström: Die Kirchen Gotlands. Conrad Stein Verlag, Kiel 1991.

Lang/Halling/Singer: Reiseführer Natur. Nördliches Skandinavien mit Finnland. BLV Verlagsgesellschaft, München 1994.

Linné, Carl v.: Lappländische Reise und andere Schriften. Reclam-Verlag, Leipzig 1991.

Lohf, Rüdiger: Kungsleden. Exakte Beschreibungen des südlichen (Sälen – Storlien) und nördlichen (Abisko – Hemavan) Teiles. Conrad Stein Verlag, Kronshagen 1995.

Mayr, Herbert: Erlebnis Fernwandern Schweden. Pietsch Verlag, Stuttgart 1995.

MERIAN: Schweden. Zeitschrift, März 1994.

Möbius/Ster: Richtig wandern. Lappland. DuMont Buchverlag, Köln 1991. Eingeschlossen norwegisches und finnisches Lappland.

Pott/Küpker: Südliches Skandinavien. Reiseführer Natur. BLV Verlagsgesellschaft, München 1991.

Schulte/Bock: Nordschweden. Reisehandbuch. Nordis Reiseführerverlag, Essen 1989.

Schwirtz/Wisniewski: Schweden – Finnland. Landschaften, Tiere, Pflanzen. Landbuch Verlag, Hannover 1990.

Steuer/Neuwirth: Schweden. Anders Reisen. Rowohlt Taschenbuch Verlag, Hamburg 1993. Aufschlußreiche Hintergrund-Informationen.

Stromer/Schulte: Südschweden selbst erleben. Regenbogen-Verlag, Zürich 1995.

Svenska Turistföreningen: STF Fjällhandbok. Erscheint jährlich neu beim Schwedischen Touristenverein; aktuelle Angaben über Stützpunkte, Öffnungszeiten etc. Deutsche Ausgabe (Stand 1988, seitdem keine gravierenden Veränderungen) bei Nordis-Reiseführerverlag, Essen.

Zettler, Rudolf: Reclams Kunstführer Schweden. Philipp Reclam Verlag, Stuttgart 1985.

Register

Die gerade stehenden Ziffern verweisen auf die Textseiten, die *kursiven* auf die Seiten mit Abbildungen.

Bildnachweis

Hans Jürgen Sittig, Heckhuscheid: Einband-Vorderseite, Einband-Rückseite, 23, 40/41, 48/49, 70/71, 74, 82/83, 106/107, 125, 126/127, 157, 158.
Alle übrigen Fotos: Helmut Dumler, Augsburg.

Die Kartenskizzen zu den Touren und die Übersichtskarte erstellte das Ingenieurbüro für Kartographie Heidi Schmalfuß, München.

GARPEN
GRÄSGÅRD

Tourenübersicht